本书获得2022年"苏州大学人文社会科学学术专著出版资助计划"资助。

本书系2021年度苏州大学第二批人文社会科学科研项目"农民工随迁学龄前子女的家庭养育与社会支持研究"（项目号：21XM2001）、2022年度教育部人文社会科学研究规划基金项目"农民工随迁子女早期发展的家庭教育与社会支持研究"（项目号：22YJA840018）的阶段性成果。

新生代农民工人力资本与城市融入研究

张笑秋 著

中国社会科学出版社

图书在版编目（CIP）数据

新生代农民工人力资本与城市融入研究 / 张笑秋著 . — 北京：
中国社会科学出版社，2023.3
ISBN 978-7-5227-1462-2

Ⅰ.①新…　Ⅱ.①张…　Ⅲ.①民工—人力资本—研究—中国
②民工—城市化—研究—中国　Ⅳ.①F323.6 ②D422.64

中国国家版本馆 CIP 数据核字（2023）第 031490 号

出 版 人	赵剑英
责任编辑	刘亚楠
责任校对	张爱华
责任印制	张雪娇

出　　　版	中国社会科学出版社
社　　　址	北京鼓楼西大街甲158号
邮　　　编	100720
网　　　址	http://www.csspw.cn
发 行 部	010 – 84083685
门 市 部	010 – 84029450
经　　　销	新华书店及其他书店

印刷装订	北京市十月印刷有限公司
版　　　次	2023 年 3 月第 1 版
印　　　次	2023 年 3 月第 1 次印刷

开　　　本	710×1000　1/16
印　　　张	18.5
插　　　页	2
字　　　数	255 千字
定　　　价	118.00 元

凡购买中国社会科学出版社图书，如有质量问题请与本社营销中心联系调换
电话：010 – 84083683

序　言

新型城镇化背景下，与农业转移人口城市融入密切相关的户籍制度、城市公共服务供给制度、社会保险制度、农村土地制度以及地方财政政策逐步转变，农民工城市融入面临的制度约束逐渐解除。农民工是农业转移人口的主体，而新生代农民工是农民工的主体。在新型城镇化背景下，应从新的视角研究新生代农民工城市融入。

本书沿着提出问题——分析问题——解决问题的思路展开。通过分析新生代农民工城市融入研究视角的转向，引出本书的研究视角。以本视角为指导，测量主要概念，采用层次分析法确定人力资本指标体系和城市融入指标体系的权重；借助调查数据，运用模糊综合评价法评价人力资本水平与城市融入水平的所属等级，运用多层回归模型，分析新生代农民工人力资本对城市融入的影响，以及显著影响城市融入的人力资本的影响因素。根据数据分析结果，构建基于城市融入的新生代农民工人力资本投资体系。研究发现如下：

新生代农民工城市融入研究视角不仅应转向人力资本，还应引入新人力资本理论。新生代农民工城市融入面临的制度背景要求在新生代农民工城市融入提升中，提高新生代农民工的人力资本水平。新生代农民工城市融入影响因素研究积极地回应时代的要求，主要研究视角转向人力资本。但在现有新生代农民工人力资本研究中，人力资本测量的内容效度有待提高，引入以能力为核心的新人力资本理论，可有效提高新生代农民工人力资本测量的效度，增加其对新生代农民工城市融入的阐释力。

本书以新人力资本理论为指导，将新生代农民工人力资本分为知识、技能、经验、健康和能力五个维度，其中，健康包括身体健康与心理健康，能力包括认知能力与非认知能力；将新生代农民工人力资本投资分为知识投资、技能投资、经验投资、健康投资与能力投资五个维度，根据人力资本形成的多主体性、交互性和纵向性，每一个人力资本投资维度从政府、家庭、务工单位和个体中选择投资主体，据此设定人力资本投资指标。结合已有城市融入研究和本书研究的目的，本书将新生代农民工城市融入区分为就业融入、居住融入、公共服务融入与政治权利融入四个维度。

新生代农民工人力资本处于中低水平，且存在性别差异、年龄差异与区域差异。新生代农民工总体人力资本为49.50，处于低水平；技能、经验和认知能力以及能力均隶属低水平，知识、身体健康、心理健康、健康与非认知能力处于中等水平。比较分析结果显示：男性的技能、经验高于女性，女性的认知能力和能力高于男性；总体人力资本、知识、经验、身体健康、健康、认知能力、非认知能力与能力存在显著的年龄差异；总体人力资本、知识、身体健康、心理健康、健康、认知能力与能力存在显著的流出地差异。

新生代农民工城市融入处于中低水平，同样存在性别差异、年龄差异与区域差异，还存在人力资本差异。新生代农民工总体城市融入为0.55，处于半城市融入状态，位于中等水平；就业融入、居住融入处于中等水平，公共服务融入和政治权利融入处于低水平。比较分析结果表明：男性的就业融入、政治权利融入与总体城市融入水平均高于女性；总体城市融入、居住融入、公共服务融入与政治权利融入存在显著的年龄差异；居住融入和公共服务融入存在显著的流入地差异；总体城市融入与不同维度城市融入均存在人力资本差异，人力资本水平越高，城市融入水平越高。

新生代农民工的人力资本，尤其是认知能力对城市融入存在显著正向影响。总体人力资本对总体城市融入、不同维度的城市融入均存在显著正向影响。以知识、技能、经验与健康为代表的传统人力资本构成要素、新人力资本理论的核心——能力各自作为一个整体，依次放入回归模型，同样对总体城市融入与不同维度城市融入存在显著正向影响。知识、身体、健康、心理健康、认知能力与非认知能力的交互项作为一个整体，对总体城市融入和居住融入产生显著影响。身体健康、心理健康、认知能力与非认知能力显著正向影响就业融入，身体健康与心理健康存在干涉交互作用，认知能力与非认知能力存在增强交互作用；居住融入受到经验、心理健康与认知能力的显著正向影响，知识与认知能力、身体健康与认知能力存在干涉交互作用，认知能力与心理健康存在增强交互作用；公共服务融入受到知识和认知能力的显著正向影响，心理健康与非认知能力存在增强交互作用；显著影响政治权利融入的人力资本要素包括知识、经验、心理健康与认知能力，身体健康与非认知能力存在增强交互作用。总体城市融入受到知识、经验、身体健康、心理健康与认知能力的显著正向影响。在人力资本构成要素中，有且仅有认知能力对总体城市融入和所有不同维度的城市融入影响显著，且认知能力对总体城市融入、就业融入与政治权利融入的影响力度均处于影响显著因素的最高水平。

新生代农民工人力资本受到外部因素与内部因素的共同影响。外部因素是政府、家庭、务工单位与个体中的非人力资本因素，内部因素是指个体中的人力资本要素。正规教育受到政府提供营养餐与家庭的文化资本、社会资本的显著影响；继续教育参与主要受到家庭文化资本与个体变量中认知能力与非认知能力的显著影响。身体健康受到睡眠时间、对身体健康的态度、心理健康、认知能力与非认知能力的显著正向影响；对心理健康影响显著的因素包括家庭关系、睡眠时间、身体健康和非认知能力。认知能力受到政府提供营养餐、父亲受教育程度、务工单位提供能力指导培训和能力提升后的晋升奖励、知识、身体健康与非认知能力的显著正向影响；非认知能力受到务工单位提供能力指导培训、能力提升后的物质奖励和晋升奖励、态度、身体健康、心理健康与认知能力的显著影响。其中，务工单位提供能力指导培训产生负向影响，其他因素产生正向影响。显著影响总体人力资本的因素包括来自家庭的父亲受教育程度、同辈数量和家庭饮食，来自务工单位的能力指导培训、能力提升后的晋升奖励，来自个体的运动频率、睡眠时间、工作时间、知心朋友数量和态度。其中，同辈数量和工作时间存在负向影响。

根据数据分析结果，构建基于城市融入的新生代农民工人力资本投资体系。在构建中，应坚持多主体参与并分工协作、重点提升和均衡发展相结合、差异化投资和质量优先于数量的原则。政府投资指向能力、健康和知识，投资手段主要包括监控务工单位生产环境，制定并落实有助于家庭流动的政策，提供能力培训，为接受教育的新生代农民工子代提供营养餐。家庭投资主要指向知识、健康与能力，投资手段包括形成与保持健康的饮食习惯，形成和维系和谐的家庭关系和家庭成员坚持终身学习。务工单位投资亦指向知识、健康和能力，主要途径是改善工作环境，提供持续的和内容丰富的培训，实施工龄工资、能力提升晋升等激励制度，营造学习氛围与指导学习。个体投资指向知识、经验、健康和能力，个体应重视人力资本的价值，坚持学习知识，坚持干中学，养成并保持良好生活习惯，建立和维系良好的社会网络，来提升个体人力资本水平。四大主体各自可行的收支计划和完整的绩效评估可保障基于市民化的新生代农民工人力资本投资体系持续运转。

本书从28个省市自治区和直辖市采集到有效问卷1047份，非常感谢接受调查的新生代农民工！数据采集量巨大，特别感谢湖南科技大学、湘潭大学、山东财经大学与贵州师范大学的同人和学生、在东北务工的朋友对数据采集的大力支持！为评估新生代农民工人力资本水平和城市融入水平，特别感谢六位专家在层次分析和模糊综合评价中不吝赐教！在写作中，笔者引用了大量前辈的著述，再次表示深深的谢意！特别感谢中国社会科学出版社刘亚楠女士及其所在团队为本书的出版工作所付出的大量的细致的劳动！一路走来，感谢家人的陪伴和支持！

笔者才疏学浅，书中不妥之处，敬请批评指正！

目　录

第一章 绪论

第一节 研究背景与研究意义

一 研究背景

出生于 1980 年及其以后的新生代农民工已成为农民工群体的重要组成部分，更是外出农民工的主要力量。根据国家统计局公布的农民工监测调查数据可发现，近几年，新生代农民工占全国农民工总体的比例一直在 50% 左右徘徊。2017 年，新生代农民工占全国农民工总体的比例为 50.5%；2019 年，该比例上升到 50.6%；2020 年，随着农民工平均年龄的升高，该比例下降到 49.4%。在外出农民工中，近十年来，新生代农民工处于绝对主力地位，其占外出农民工的比例从 2010 年的 58.4%，上升到 2020 年的 66.8%。新生代农民工工作、生活在城市，与市民在就业、居住、公共服务等方面的差距日益缩小，但仍然存在差距。从外部来看，这一差距主要受到户籍制度、城市基本公共服务供给制度、社会保险制度与农村土地制度的影响。

（一）户籍制度改革

随着户籍制度改革的不断深入，户籍制度对农民工城市融入的阻碍作用逐渐弱化，并开始对农民工城市融入产生促进作用。十八届三中全会以来，以缩小城乡差别、实现公共服务均等化为目标的户籍制度改革全面提速，户籍制度改革与原有户口附着的社会福利的重新分配密切结合，户籍制度改革取得历史性突破，正在建立的新型户籍制度逐渐促进农民工城市融入的实现。

2014 年 7 月，城镇、农村户口统一登记为居民户口，正式取消农业户口与非农业户口的性质区分。2016 年 9 月，国务院办公厅印发《推动 1 亿非户籍人口在城市落户方案》，该方案指出："以农村学生升学和参军进入城镇的人口、在城镇就业居住 5 年以上和举家迁徙的农业转移人口以及新生代农民工为重点。"新生代农民工成为推动 1 亿非户籍人口在城市落户工作的重点群体。《推动 1 亿非户籍人口在城市落户方案》印发后，多地出台了非户籍人口落户的具体细则，在北京、广州等特大城市已有部分非户籍人口落户；2018 年，有 6019 人落户北京，广州有 7000 个落户指标。在《2019 年新型城镇化建设重点任务》中，农民工落户城市的条件进一步放松。《2020 年新型城镇化建设和城乡融合发展重点任务》指出：通过"督促城区常住人口 300 万以下城市全面取消落户限制""推动城区常住人口 300 万以上城市基本取消重点人群落户限制""促进农业转移人口等非户籍人口在城市便捷落户"等措施提高农业转移人口市民化[①]质量。2022 年 7 月发布的《"十四五"新型城镇化实施方案》显示："1 亿农业转移人口和其他常住人口在城镇落户目标顺利实现。"进入"十四五"以来，户籍制度改革继续不断深化。2021 年 4 月，国家发改委发布《2021 年新型城镇化和城乡融合发展重点任务》，同样强调"有序放宽城市落户限制"，如"城市落户政策要对租购房者同等对待，允许租房常住人口在公共户口落户"；《"十四五"新型城镇化实施方案》指出："试行以经常居住地登记户口制度。"经过多年的户籍制度改革，户籍制度对农民工市民化的影响从制约转向促进，从推力转变为拉力。

---

① 本书中的"市民化""城市融入"均指农业转移人口在就业、居住、公共服务等方面与市民的接近程度，故在同等意义上使用两个概念。《2022 年新型城镇化和城乡融合发展重点任务》强调"提高农业转移人口融入城市水平"，故本书使用"城市融入"这一概念。

（二）农民工城市基本公共服务供给制度改革

农民工城市基本公共服务供给主要以居住证为载体，随着居住证发放数量的增加和含金量的提高，农民工与市民可享受的城市基本公共服务差异日益缩小。2016年1月1日施行的《居住证暂行条例》指出："公民离开常住户口所在地，到其他城市居住半年以上，符合有合法稳定就业、合法稳定住所、连续就读条件之一的，可以依照本条例的规定申领居住证。居住证是持证人在居住地居住、作为常住人口享受基本公共服务和便利、申请登记常住户口的证明。"2020年，我国发放居住证1亿多张。

居住证与公共服务供给挂钩，居住证附着的公共服务范围不断扩大。在居住证制度实施初期，以居住证为载体，农民工流入地向农民工提供包括义务教育、基本公共就业服务、基本公共卫生服务和计划生育服务、公共文化体育服务与法律援助和其他法律服务等城市基本公共服务。在居住证制度的实践中，部分地区与居住证挂钩的公共服务范围大于《居住证暂行条例》中规定的范围，居住证附着的公共服务向教育和住房延伸。在公共教育服务中，农民工子女在务工城市公办学校就学经历了拒绝接收——缴纳高额借读费——取消借读费的发展历程，门槛逐渐降低。在高考方面，2014年北京异地高考初步"破冰"——允许符合条件的异地考生在京参加高等职业学校招生考试；完善农民工随迁子女在流入地参加高考的政策，这也是2019年新型城镇化的任务之一。在学前教育方面，《2020年新型城镇化建设和城乡融合发展重点任务》指出："增加学位供给，健全以居住证为主要依据的随迁子女入学入园政策，使其在流入地享有普惠性学前教育。"在住房方面，2017年，在山西省，居住证持有者可享受居住地人民政府规定的住房保障，居住证持有者可在符合条件的情况下申请公共租赁房；在2020年的新型城镇化建设和城乡融合发展中，要求以解决新市民住房问题为主要出发点，完善住房保障体系。

（三）社会保险制度日益完善

目前农民工的社会保险参保率虽然偏低，但随着相关制度的日益完善，参保率将不断上升，可为农民工城市融入提供保障。《中华人民共和国社会保险法》的颁布实施，至少在制度层面确保农民工可参与社会保险，为未来的生活提供保障，提高其城市融入水平。《中华人民共和国社会保险法》第六十条规定："职工应当参加基本养老保险，由用人单位和职工共同缴纳基本养老保险费。无雇工的个体工商户、未在用人单位参加基本养老保险的非全日制从业人员以及其他灵活就业人员可以参加基本养老保险，由个人缴纳基本养老保险费。"第二十三条规定："职工应当参加职工基本医疗保险，由用人单位和职工按照国家规定共同缴纳基本医疗保险费。无雇工的个体工商户、未在用人单位参加职工基本医疗保险的非全日制从业人员以及其他灵活就业人员可以参加职工基本医疗保险，由个人按照国家规定缴纳基本医疗保险费。"上述规定表明：不管是在务工单位就业的新生代农民工，还是作为个体工商户或非全日制从业人员以及其他灵活就业的新生代农民工，均可参加基本养老保险和基本医疗保险。新生代农民工参加基本养老保险与基本医疗保险，可减少城市融入进程中的健康风险，为退出劳动力市场后的老年生活提供保障。

在社会保险的五大险种中，较早将农民工纳入参保对象的是工伤保险，紧随其后的是医疗保险与养老保险，2011 年 7 月 1 日实施的《中华人民共和国社会保险法》已从立法层面将农民工纳入生育保险。在实践中，农民工参加各类社会保险险种的比例均呈上升之势。根据国家统计局的农民工监测调查数据，从 2011 年到 2014 年[①]，农民工工伤保险的参保率从 23.9% 上升到 26.2%，医疗保险的参保率从 16.7% 上升到 17.6%，养老保险的参保率从 13.9% 上升到 16.7%，失业保险的参保率由 8% 上升到 10.5%，生育保险的参保率从 5.6% 上升到 7.8%。2019 年，农民工的工伤保险参保率、职工养老保险参保

---

① 　2015 年及以后的《农民工监测调查报告》未见农民工社会保险参与率数据，故社会保险参与率数据仅采集到 2014 年。

率和失业保险参保率分别上升至 29.6%、21.7% 与 17.1%①。2015 年年底，新型农村养老保险与城镇居民基本养老保险合并为统一的城乡居民基本养老保险制度。2016—2019 年，新型农村合作医疗与城镇居民医疗保险整合成城乡居民基本医疗保险制度。至此，亿万名农村居民在统筹区域内参加非就业关联的居民社会保险——基本医疗保险和基本养老保险。这是继实行进城农民工平等参加职工基本养老保险、职工基本医疗保险、失业保险、工伤保险等就业关联社会保险之后，社会保险均等化的又一重大进展（张展新，2021）。

（四）农村土地制度修订

农地产权制度同样出现了突破，相关法律明确保护进城落户农民工的土地承包经营权。2018 年 12 月 29 日修订的《中华人民共和国农村土地承包法》（以下简称《农村土地承包法》）第二十七条明确规定："国家保护进城农户的土地承包经营权。不得以退出土地承包经营权作为农户进城落户的条件。承包期内，承包农户进城落户的，引导支持其按照自愿有偿原则依法在本集体经济组织内转让土地承包经营权或者将承包地交回发包方，也可以鼓励其流转土地经营权。"这一规定消除了农民工在选择进城落户时对农村土地承包经营权的担忧，即使进城落户，在土地承包期内仍然拥有原土地的承包经营权，可有偿流转土地承包经营权。《2021 年新型城镇化和城乡融合发展重点任务》指出："依法维护进城落户农民承包地、宅基地、集体资产等权益，支持探索农村'三权'依法自愿有偿退出机制。"《"十四五"新型城镇化实施方案》（以下简称《方案》）同样强调保护进城落户农民工的土地权益，《方案》指出："依法保障进城落户农民的农村土地承包权、宅基地使用权、集体收益分配权，健全农户'三权'市场化退出机制和配套政策。"《2022 年新型城镇化和城乡融合发展重点任

---

① 　根据新华社《"十三五"期间，我国户籍制度改革顺利、成效显著》，2020 年 10 月 7 日，http://www.mzyfz.com/html/1332/2020-10-07/content-1441425.html 与国家统计局《2019 年农民工监测调查报告》，2020 年 4 月 30 日，http://www.stats.gov.cn/tjsj/zxfb/202004/t20200430_1742724.html 的相关数据于 2022 年 2 月 2 日整理而得。

务》明确规定："依法保障进城落户农民的农村土地承包权、宅基地使用权、集体收益分配权。"

与农民工城市融入密切相关的制度逐渐破冰，并不意味着农民工可以无条件地转换为市民，与市民在就业、居住和公共服务等方面的差距必然缩小。受资源约束，部分区域，尤其是城区常住人口 300 万—500 万的 I 型大城市及以上规模的城市，相关制度在执行时，并未完全放开，更多采用积分制供给公共服务，而积分更多与个体人力资本如受教育程度、技能等关联。即使在城区常住人口 100 万—300 万的 II 型大城市和中小城市，申领居住证要求有合法稳定就业，或有合法稳定住所，或连续就读。稳定的就业与住所以及连续就读，又多与新生代农民工个体的人力资本密切关联。因此，在新生代农民工城市融入相关制度约束日益松动的背景下，具有经济价值的人力资本将成为推动新生代农民工城市融入的重要力量。

二　研究意义

本书以新型城镇化为背景，以新人力资本理论为指导，分析新生代农民工的人力资本水平、城市融入水平、人力资本水平对城市融入水平的影响，探析对新生代农民工城市融入影响显著的人力资本的影响因素，构建基于城市融入水平提升的新生代农民工人力资本投资体系。

在实践价值方面，本书可为新型城镇化背景下新生代农民工城市融入的发展速度提升实践和质量提升实践提供有益借鉴。本书以农民工城市融入直接相关制度日益完善的新型城镇化为背景，以新人力资本理论为视角，以新生代农民工为研究对象，以新生代农民工人力资本为研究内容，构建提升新生代农民工人力资本的投资体系，实现促进新生代农民工城市融入稳定发展和高质量发展的目的。

本书的**学术价值**主要体现在三个方面：

第一，拓展并完善新生代农民工城市融入和人力资本的研究视

角。本书以农民工城市融入相关制度约束日益松动的新型城镇化为背景，提出从人力资本角度研究新生代农民工城市融入。但现有新生代农民工人力资本测量研究的内容效度不高，为此，引入以能力为核心的新人力资本理论，使新生代农民工城市融入和人力资本的研究视角均得到拓展和完善。

第二，丰富新生代农民工人力资本研究和城市融入研究的内容。本书以新人力资本理论为指导，将人力资本区分为知识、技能、经验、健康和能力。同时，分析能力与城市融入的相关关系、能力对城市融入的影响以及能力的影响因素；包括认知能力与非认知能力的能力是新增维度，能力与城市融入的相关关系、能力对城市融入的影响以及能力的影响因素等研究均是对现有新生代农民工人力资本研究和城市融入研究的有益补充。

第三，对新生代农民工能力的测量进行有益尝试，丰富新生代农民工能力研究数据。本书根据新人力资本理论中能力的内涵和外延，借鉴能力的测量与实证研究，结合本书的研究对象、研究目的和研究内容，形成新生代农民工认知能力量表和非认知能力量表，并使用该量表采集新生代农民工能力数据。现有新生代农民工认知能力测量与数据较为缺乏，非认知能力测量多指向非认知能力中的单一维度，本书中能力的测量与能力数据采集可为后续新生代农民工能力的测量与数据的采集提供借鉴，充实新生代农民工研究数据。

第二节　研究内容、研究思路与研究方法

本书的核心问题是：在农民工城市融入相关制度日益完善的背景下，如何提升新生代农民工人力资本，使其在城市立下脚、扎下根？由此衍生出六个相关子问题，分别是：为什么要从人力资本视角研究

新生代农民工城市融入？人力资本、人力资本投资与城市融入如何测量？新生代农民工人力资本与城市融入处于怎样的水平？新生代农民工的城市融入与人力资本的关系怎样？显著影响新生代农民工城市融入的人力资本受到哪些人力资本投资因素的制约？如何提升新生代农民工的人力资本水平以促进该群体城市融入的稳定发展和高质量发展？为回答上述问题，具体研究内容如下：

一 研究内容

（一）新型城镇化背景下新生代农民工城市融入研究视角的转向

本部分拟在分析新型城镇化背景下农民工城市融入面临的机遇和挑战的同时，梳理农民工城市融入解释视角的代际变迁，指出从人力资本视角研究新生代农民工城市融入的重要性和迫切性。并进一步评价新生代农民工人力资本研究的不足，分析在新生代农民工人力资本研究和城市融入研究中引入新人力资本理论的意义。

（二）人力资本、人力资本投资与城市融入的测量

在明确界定新生代农民工这一研究对象的基础上，重点测量新生代农民工人力资本、人力资本投资与城市融入。其中，借助以能力为核心的新人力资本理论，在界定人力资本内涵的基础上，拟从知识、技能、经验、健康与能力五个维度测量人力资本，不同维度采用不同指标；城市融入的测量借鉴现有文献，拟从就业、居住、公共服务和政治权利四个方面进行测量。运用层次分析法确定人力资本各个维度的权重和城市融入各个维度的权重，形成新生代农民工人力资本指标体系和新生代农民工城市融入指标体系。同时，拟从人力资本形成机理的多主体性、交互性与纵向性测量人力资本投资，因为本书研究主要数据来自横截面调查，故主要从多主体性和交互性方面来测量人力资本投资。

（三）新生代农民工的人力资本水平与城市融入水平分析

本书使用前述已建立的新生代农民工人力资本指标体系和城市融

入指标体系，结合问卷调查数据，采用模糊综合评价法评估新生代农民工人力资本水平和城市融入水平。主要分析新生代农民工人力资本在不同维度的水平与总体水平，以及新生代农民工城市融入不同维度的水平与总体水平。同时，分析不同性别、年龄与流出地的新生代农民工在人力资本水平方面的差异，从性别、年龄、流入地以及人力资本分析新生代农民工城市融入的异质性。

（四）新生代农民工人力资本对城市融入的影响分析

本部分在新生代农民工人力资本与城市融入的相关关系分析基础上，采用多层回归模型，分析新生代农民工总体人力资本、不同维度的人力资本对新生代农民工总体城市融入以及不同维度城市融入的影响，考察总体人力资本、人力资本构成要素对新生代农民工总体城市融入水平以及不同维度城市融入的影响是否显著，分析出显著影响新生代农民工总体城市融入与不同维度城市融入的人力资本因素。

（五）新生代农民工人力资本的影响因素分析

因本书研究的最终目的是促进新生代农民工城市融入的稳定发展，故本部分仅分析对新生代农民工城市融入存在显著影响的人力资本构成要素的影响因素，以及总体人力资本的影响因素。结合人力资本投资测量指标与数据采集情况，拟从政府、家庭、企业和个体四个主体中选择自变量，采用多层回归模型分析新生代农民工人力资本的影响因素。

（六）基于城市融入的新生代农民工人力资本投资体系构建分析

根据实证分析结果，结合新人力资本理论，从基本原则、不同主体的投资指向与投资手段、投资保障三个方面，构建基于城市融入的新生代农民工人力资本投资体系。

二　研究思路与研究方法

本书沿着提出问题—分析问题—解决问题的思路展开，综合运用规范分析与实证分析、定性分析与定量分析相结合的方法。具体研究思路与研究方法见图 1.1。

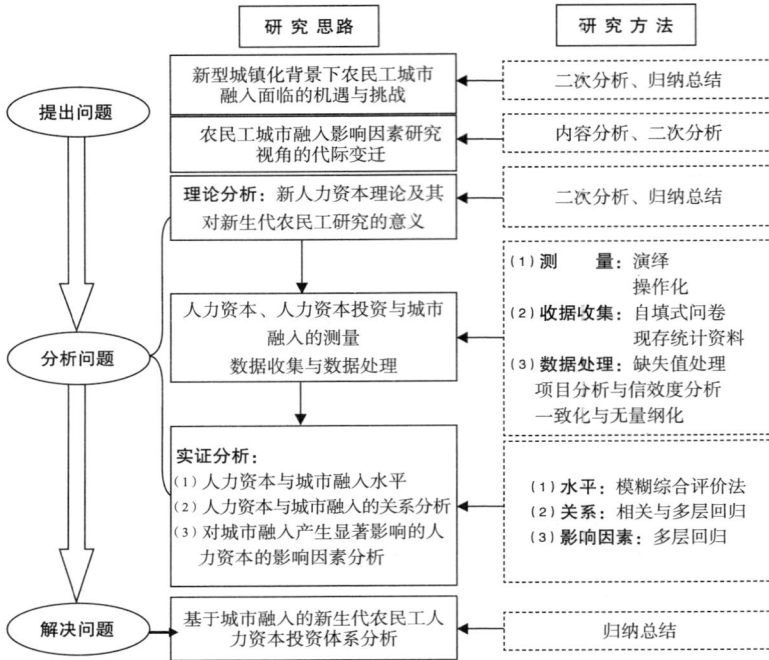

图 1.1　本著作的研究思路与研究方法

第三节　创新与不足

一　创新之处

本书的创新之处集中体现为研究视角的创新。本书以新人力资本理论为视角,将新人力资本理论贯穿于整个研究之中。在新生代农民工人力本测量中,根据新人力资本理论,引入认知能力与非认知能力，建立新生代农民工人力资本指标体系；分析包含认知能力与非认知能力的新生代农民工人力资本对新生代农民工城市融入的影响；在对新生代农民工城市融入产生显著影响的人力资本影响因素分析中，根据新人力资本理论选择影响主体，并关注人力资本构成要素之间的交互作用；以新人力资本理论为指导，结合实证分析结果，构建旨在促进新生代农民工城市融入稳定发展和高质量发展的新生代农民工人力资本投资体系。

二　不足之处

本书主要的不足之处主要有二：一是人力资本测量的不足，对非认知能力的测量与研究对象匹配度不高，导致非认知量表因子分析后的因子数量和因子含义与预期不一致；技能测量不够清晰，在一定程度上导致技能对城市融入影响不显著。二是本书采集的数据为横截面数据，对人力资本要素之间的相互影响机制未做深入分析，也未能从纵向性角度深入分析新生代农民工人力资本的形成机制。

第二章　新型城镇化背景下新生代农民工城市融入研究视角的转向

　　某一领域研究视角的转向，既与该领域面临的宏观环境息息相关，也与该领域已有研究成果密切关联。本章将从宏观环境与已有研究成果两个角度，分析新生代农民工城市融入研究视角应该转向何处，新的研究视角在目前有何不足，应引入何种理论，完善现有研究视角。

第一节　新型城镇化背景下农民工城市融入面临的机遇与挑战

　　2012 年 12 月 15-16 日召开的中央经济工作会议，正式提出"要把生态文明理念和原则全面融入城镇化过程，走集约、智能、绿色、低碳的新型城镇化道路"。在新型城镇化发展过程中，应以人口城镇化为核心内容（倪鹏飞，2013）。在以人为核心的新型城镇化中，学者们认为农民工市民化（单卓然、黄亚平，2013）或农业转移人口市民化（张占斌，2013）是新型城镇化的内涵之一。2014 年 3 月，中共中央、国务院印发《国家新型城镇化规划（2014-2020 年）》（以下简称《规划》)，《规划》指出："努力实现 1 亿左右农业转移人口和其他常住人口在城镇落户。"作为农业转移人口主体的农民工，成为新型城镇化的重要对象之一。提高包括农民工在内的农业转移人口城市融入发展速度和质量成为近几年我国新型城镇化建设的重要任务。2019 年 4 月，国家发改委印发《2019 年新型城镇化建设重点任务》，2019 年新型城镇化的任务之一是"加快农业转移人口市民化"。2020 年 4 月发布的《2020 年新型城镇化建设和城乡融合发展重点任务》指出："提高农业转移人口市民化质量。"2021 年 4 月发布的《2021 年新型城镇化和城乡融合发展重点任务》强调："促进农业转移人口有序有效融入城市。"2022 年 3 月发布的《2022 年新型城镇化和城乡融合发展重点任务》明确指出："提高农业转移人口融入城市水平。"

农民工是农业转移人口的主体，新生代农民工已经成为农民工群体的重要组成部分，且其留居城市的意愿更高。因此，新生代农民工成为新型城镇化的重中之重。在新型城镇化背景下，新生代农民工城市融入面临前所未有的机遇。

一　新型城镇化背景下农民工城市融入面临的机遇

（一）城市融入面临的制度约束逐渐解除

农民工城市融入是一个农民工与市民在就业、居住、公共服务等方面与市民差距不断缩小的过程。在这一过程中，户籍制度、城市公共服务供给制度、社会保险制度与农村土地制度等均将对农民工城市融入产生影响。在新型城镇化背景下，上述制度对城市融入的影响方向将逐渐从阻碍转变为促进。

新型城镇化是一个建立新型户籍制度的过程，同时，也是一个公共服务供给制度转变的过程。从 1984 年至今，针对农民工的户籍管理从暂住证到居住证，从不能享受城市基本公共服务到可以享受城市基本公共服务，从落户集镇到有条件落户到任何城市，其对农民工城市融入的制约越来越小。农民工城市融入的实现以就业为前提，2014年的实证研究结果显示：在次级劳动力市场上，不同户籍的劳动力的就业机会差异不明显（杨桂宏、熊熠，2014）。在户籍制度改革过程中，城市基本公共服务的供给逐渐与城市户口剥离，更多通过居住证制度向新生代农民工分配。而居住证的申领门槛并不高，故新生代农民工与以往相比，更有可能被城市基本公共服务覆盖。《中华人民共和国社会保险法》的颁布实施、《中华人民共和国农村土地承包法》的修订以及新型城镇化建设相关政策，解除了农民工落户城市对土地收益的后顾之忧，可提高农民工融入城市的积极性和融入城市的深度。

城市融入主要相关制度均在向有利于农民工城市融入的方向转变，这在中国农民工政策发展史上绝无仅有，对农民工而言，是否在就业、住房、公共服务等方面与市民一致，更多取决于自身的人力资本，农民工自身人力资本水平的高低成为该群体扎根城市的关键。

（二）城市融入需要的财力更能得到保障

农民工城市融入需要资金支持，资金支持一方面来自政策支持；另一方面来自财力支持。从政策支持来看，我国逐渐将农民工城市融入作为中央和地方财政转移支付的依据之一，此举无疑将提高地方政府开展农民工城市融入相关工作的积极性。《2019年新型城镇化建设重点任务》指出："深化'人地钱挂钩'等配套政策。深化落实支持农业转移人口市民化的财政政策，在安排中央和省级财政转移支付时更多考虑农业转移人口落户数量，2019年继续安排中央财政奖励资金支持落户较多地区。"在2020年和2021年，我国在新型城镇化建设中，加大"人地钱挂钩"配套政策的激励力度，继续安排中央财政市民化奖励资金；在2022年的新型城镇化建设中，推动省级财政建立健全农业转移人口市民化奖励机制，重点支持吸纳跨市域农业转移人口落户多的城市。

另外，虽然我国经济增长速度从高速增长转变为中高速增长，但因为经济总量较大，且持续增长，能为农民工城市融入提供充足的财力保障。以 2011 年不变价格计算，如果要实现 2011 年已在城市居住的 15863 万名外出农民工的城市融入，各级财政为此将新增支出 18091.58 亿元，从 2013 年到 2020 年，年均新增财政支出 2261.45 亿元；因财政补助标准的提高、农民工享受城市公共服务范围的扩大，该数字可能继续放大（冯俏彬，2014）。财政支出源于财政收入，而财政收入与经济总量与经济增长速度密不可分。近年来，虽然我国经济增长速度放缓，但与世界其他国家相比，仍然处于领跑状态。根据国际货币基金组织的预测，2014-2019 年，世界经济年均增长速度为 3.9%，其中，发达国家为 2.3%，新兴经济体为 5%，而我国经济增长速度仍然高达 7%—8%，远远超过世界经济的年均增长速度，也高于新兴经济体的增长速度（郑京平，2014）。根据国家统计局发布的年度国民经济和社会发展统计公报，从 2014 年到 2019 年，我国 GDP 增长率在 6.1% 到 7.4% 的区间波动，2020 年，受新冠肺炎疫情的影响，GDP 增长率为 2.3%，2021 年，GDP 增长率为 8.1%。在经济增长速度放缓的同时，经济总量将持续相对快速地增加，从而带来财政收入的增加。根据《中国统计年鉴》年度数据，从 2013 年到 2019 年，我国新增财政收入在 7030.24 亿元到 12987.8 亿元之间波动。根据冯俏彬的农民工市民化成本估算，从 2013 年到 2019 年，因农民工市民化新增的财政支出占相应年份新增财政收入的比重在 17.4% 到 32.2% 之间。

综合上述分析可发现：虽然我国经济增长速度放缓，导致相应的财政收入增加速度放缓，但经济总量与财政收入总量仍然持续增加，因农民工城市融入新增的财政支出占相应年份新增财政收入的比例除个别年份外，在 20% 左右，目前及未来的经济发展能为农民工城市融入提供财力保障。

（三）就近城市融入更易实现

在新型城镇化背景下，我国区域差距不断缩小，增加了农民工省内流动和就近务工的概率，使其就近城市融入更易实现。就近城市融入不仅成本低，而且不减弱农民工自身已有的社会资本，更能得到农民工自身的认同。具体而言，区域差距可通过区域经济差距与区域社会差距体现。在区域经济差距中，改革开放以来，不管是 GDP 区域差异，还是第二产业与第三产业、职工工资或就业的区域差异，均呈现先扩大后缩小的发展趋势，区域发展战略转变与产业的区域转移是区域差距不断缩小的重要原因（庄赟、黄怡潇，2019）。在区域经济差距中，使用人口加权基尼系数、人口加权变异系数和最大最小值之比，来度量东部、中部、西部与东北人均 GDP 的差距，研究发现：2015 年以来，我国区域经济差距轻微扩大，加权基尼系数从 2015 年的 0.20 扩大到 2017 年的 0.21，加权变异系数从 0.41 微升到 0.42，人均 GDP 最大最小值之比由 2015 年的 4.1 扩大到 2017 年的 4.28，但相应指标均低于 2005 年和 1978 年的水平，从总体来看，我国区域经济差距缩小了（张红梅等，2019）。上述两篇文献的研究结果表明：近年来，我国经济区域差距虽然有波动，但与前期相比，区域间的经济差距有所缩小。

区域社会差距表现在教育、医疗等多个方面。以教育为例，2010 年后，随着以中西部农村贫困地区为主的《关于改善贫困地区义务教育薄弱校基本办学条件的意见》的颁布，"中西部高等教育均等化"等项目的实施，中西部可得到更多的教育经费支持，2014 年，中央财政安排的教育支出近 1600 亿元，以推进义务教育的均衡发展，使农村中小学生均公用经费基准定额提高 40 元，中西部地区达到年生均小学 600 元、初中 800 元；东部地区达到年生均小学 650 元、初中 850 元（杨亮，2015）。2017 年 1 月发布的《国家教育事业发展"十三五"规划》指出："加快中西部地区教育发展，优化顶层设计，整合工程项目，加强最薄弱环节，深入实施中西部高等教育振兴计划和中西部高校基础能力建设工程，支持中西部本科高校改善办学条件，提高办学水平，办好一批高水平大学，立足中西部经济社会发展实际，大力发展职业教育，增加中西部优质教育资源，提升教育发展综合实力，进一步缩小与东部发达地区差距。"由此可见，东中西部的教育条件差距将不断缩小。

区域间差距的缩小，使在中西部就业的农民工的比重、中西部省内外出务工比重与省内务工比重不断抬升。以《国家新型城镇化规划（2014-2020年）》发布的2014年作为起点，根据《农民工监测调查报告》年度数据，到2020年，在全部农民工中，在中西部部就业的比重从37.8%上升到43.8%；同期，中部外出农民工在省内务工的比重从37.2%上升到42.1%，西部外出农民工在省内务工比重从46.1%上升到53.4%。中西部是我国农民工的主要来源区域，中西部农民工占全国农民工总量的六成左右。在中西部就业农民工的增加、中西部农民工省内务工比重的增加，将提高农民工就近城市融入的可能性。

在新型城镇化背景下，虽然农民工城市融入面临前所未有的机遇，但也面临诸多挑战。

二　新型城镇化背景下农民工城市融入面临的挑战 [①]

农民工城市融入的主体是有城市融入意愿、有能力在城镇稳定就业和生活的农民工及其家庭，即需要该群体具备与经济发展要求一致的人力资本水平、稳定的就业与日益增加的收入。但在新型城镇化背景下，农民工的人力资本水平离经济发展的要求还有一定距离，农民工就业压力增大，收入增长速度放缓，这些因素将对农民工城市融入发展速度、稳定性以及质量提升带来影响。

（一）农民工城市融入发展速度难以快速提升

农民工城市融入发展速度难以快速提升主要源于农民工人力资本落后于新型城镇化与经济新常态和社会新常态的要求。新型城镇化背景下，农民工落户城市的户籍制度障碍逐渐消除，当将农民工城市融入理解为不仅是农民工取得市民身份的过程，也是农民工在经济、居住、公共服务与政治权利方面与市民逐渐接近的过程时，农民工城市

---

① 本节在《湖南科技大学学报》（社会科学版）2016年第3期以"新常态下农民工市民化的挑战及其应对"为题发表，本书略作修改。

融入进程的推动将更多依靠农民工的人力资本水平。与此同时，新常态与新型城镇化叠加，对农民工提出了更高的人力资本要求。但农民工目前的人力资本存量难以达到新型城镇化与新常态提出的要求，导致农民工在获取更好的经济、居住、公共服务与政治权利机会方面处于劣势地位，在一定程度上导致农民工城市融入进程缓慢。

新常态是不同于以往的、相对稳定的状态。新常态包括经济新常态、社会新常态与政治新常态，与农民工城市融入密切相关的是经济新常态与社会新常态。经济新常态始于 2011 年，大概持续到 2025 年（郑京平，2014）。经济新常态主要有三个特点：一是从高速增长转为中高速增长；二是经济结构不断优化升级，第三产业、消费需求逐步成为主体，城乡区域差距逐步缩小，居民收入占比上升，发展成果惠及更广大民众；三是从要素驱动、投资驱动转向创新驱动（习近平，2014）。以李培林教授、陈光金所长、陈云副研究员等专家为代表的中国社会科学院研究者认为：我国社会新常态呈现出六大特点，第一，在城镇化发展方面，向城市集中、郊区化与逆城市化同时出现。第二，在劳动供求关系方面，目前，经济下行但失业率并未恶化；未来，劳动力结构性短缺将比较突出。第三，收入分配状况改善，未来我国居民总体收入差距将进一步缩小。第四，伴随产业结构的变迁，职业结构即将进入"白领时代"。第五，居民消费对经济拉动作用日益增强，且消费层级不断提升。第六，更加注重社会发展质量的提升（章珂，2015）。

农民工通过自身拥有的人力资本加快或延缓城市融入进程，当农民工的人力资本水平与经济社会发展要求一致时，将加快城市融入进程；反之，可能延缓城市融入进程。随着生产要素供给的减缓与减少，粗放型经济增长方式的不可持续性日益明显，新常态下，要求经济增长方式转向集约型，通过创新促进经济增长。无论是个体层面的创新能力（罗建利、郑阳阳，2015），还是国家层面的创新能力（王素、浦小松，2015），均受到人力资本的影响。同时，职业结构的白领化亦对劳动者的人力资本提出更高要求。如果以受教育程度与拥有技能来衡量人力资本，则农民工现有的人力资本水平与经济增长方式、职业结构白领化的要求还有相当距离。根据国家统计局发布的"农民工监测调查"数据，如果以 2011 年为新常态的进入时间点，可发现：进入新常态以来，受教育程度为初中的农民工的占比虽然不断下降，从 2011 年的 61.1% 下降到 2020 年的 55.4%，但初中仍然是农民工群体主要的受教育程度。如将不识字或识字很少、小学、初中、高中与大专的教育年限分别设为 0 年、6 年、9 年、12 年与 15 年，可发现：在 2011 年，农民工平均受教育年限为 9.28 年；2020 年，上升到 9.70 年，介于初中到高一之间。在技能方面，因为"农民工监测调查"数据中没有技能统计，故使用农民工接受培训的状况间接替代其技能状况，相关数据和文献表明：农民工接受职业技能培训的数量和质量不容乐观。2014 年，接受过非农职业技能培训的农民工的比重为 32%；2017 年，该指标为 30.6%，即七成左右的农民工没有得到非农职业技能培训。2014 年，接受过培训的农民工的比重为 34.8%，2017 年，该指标小幅下降至 32.9%，即近七成的农民工没有得到任何的技能培训。在接受培训的农民工中，重视技能培训，忽视能力和素质培训（尹奎等，2014），且培训对农民工收入的贡献有限，低于正规教育对农民工收入的影响（周小刚，2014），在国家、市场（企业）与社会（家庭、非政府组织）多主体参与农民工培训中，仍然存在收效甚微、进展缓慢的问题（袁小平、王娜，2018）。

实现创新与职业白领化，或依靠较高的受教育程度，或依靠一技之长。上述有关农民工受教育状况与培训现状分析表明：目前，农民工受教育程度不高，处于接近高中一年级的水平；技能培训的数量和质量使绝大部分农民工难以拥有一技之长。初中的受教育程度与未有一技之长，使农民工难以创新，难以实现职业白领化。因此，农民工目前的人力资本水平暂不能满足新常态提出的新要求，由其推动的城市融入进程将难以快速提升。

（二）农民工城市融入稳定性存在减弱倾向

农民工城市融入稳定性存在减弱倾向主要源于农民工就业压力的增加。城市融入的稳步推进需要以农民工稳定的就业为前提，但在新常态下，经济增长速度下降、经济增长方式转变与职业结构变化导致适宜于农民工就业的岗位减少，增加农民工的就业压力，从而影响农民工城市融入的稳定性。

经济新常态下，经济增长速度下降，可能导致新增就业岗位与就业总岗位数量减少，增加劳动者就业压力；经济增长方式转变，导致职业结构发生变化，出现社会新常态的重要特征——职业结构白领化，新增就业岗位更多是技术含量高、知识含量高的岗位。新增就业岗位总量的减少与新增就业岗位的技术化、知识化并存将导致适宜于农民工就业的岗位减少。当经济下行时，首先受到冲击的是人力资本存量较低的群体，如农民工。对农民工而言，该群体就业集中在制造业、建筑业、批发零售业等技术要求相对较低的劳动力密集型产业，多属于蓝领类职业。在经济下行时，出现失业的概率高于其他劳动群体。同时，新增就业岗位多为白领类职业，农民工群体短期内难以胜任，新增就业需求与农民工劳动供给之间存在偏离，农民工结构性失业的可能性增加。

不管是经济下行还是职业结构的白领化，均将影响农民工就业的稳定性，由该群体推动的城市融入的稳定性也将受到影响。当农民工就业不稳定时，部分农民工可能回流，职业由工人转换为农民，市民化进程的职业转变中断，并导致身份转变、权利均等的中断，使农民工城市融入出现波动。

目前，新型冠状病毒肺炎疫情常态化，也在一定程度上减弱了农民工城市融入的稳定性。一方面，新型冠状病毒肺炎疫情将影响农民工就业的稳定性；另一方面，新冠肺炎疫情将导致财政收入波动，影响国家对农民工城市融入的财政投入力度。

（三）农民工城市融入质量提升存在难度增加倾向

在农民工城市融入进程中，不管是个体还是群体的职业转变、身份转变还是最终变为城镇居民并融入城市生活，均需要农民工收入的支撑。新常态下，就业压力的增加以及农民工人力资本与经济社会发展的不匹配，将导致农民工工资增长速度的下降，制约农民工城市融入质量的提升。

在新型城镇化背景下，农民工城市融入质量的提升将更多依靠农民工收入的增加。当前，经济增长速度放缓，并开始传导至就业，在就业形势向不利方向发展时，农民工群体将受到较大影响。根据"农民工监测调查"数据，以前一年工资水平为基数，从 2012 年开始，外出农民工工资增速在波动中放缓，外出农民工工资增速从 2011 年的 21.2% 下降到 2012 年的 11.8%；2018 年，降至 7.9%；2019 年，进一步降至 6.5%；2020 年，又降至 2.8%。随着经济增速从高速转向中高速、经济增长方式从粗放型转向集约型、职业结构转向白领化，可预计，未来几年，农民工工资较难实现超过两位数的增长。当农民工工资增速下降时，从宏观来看，职业转变、身份转变与权利均等的程度均将受到制约，从而影响农民工群体的城市融入。从微观来看，工资收入是绝大部分农民工最主要的收入来源，工资增速下降使农民工降低对未来收入水平的预期，减少消费支出，增加对未来城市生活的担忧，降低当期生活质量。因此，当农民工工资增速放缓时，农民工城市融入质量提升将变得更加困难。

在新型城镇化背景下，虽然农民工城市融入面临前所未有的利好制度背景，但农民工在城市的生活质量若要与市民一致，则需要农民工大力提升人力资本。提升农民工人力资本水平，是应对新型城镇化背景下农民工城市融入挑战的根本之策。从实践来看，随着与农民工城市融入相关的户籍制度、土地制度、社会保障制度的完善与城市基本公共服务均等化进程的推进，农民工城市融入进程的加快、城市融入稳定性的增强与城市融入质量的提高均要依靠农民工人力资本的提升。在依靠积分入户的城市中，积分的主要来源仍然是农民工的人力资本。以北京市积分指标为例，除扣除项外，分值较大的指标来自教育背景、荣誉表彰与年龄；在苏州市的积分入户指标中，以基础分为例，基础分中的年龄、受教育程度、职业技能等级或专业技术职称资格均属于人力资本范畴，社会保障参与和房产情况与人力资本密切相关。

农民工与市民相比，是相对贫困的群体。人力资本理论之父西奥多·W. 舒尔茨（Theodore W.Schultz）指出："人的素质与能力是决定贫富的关键。"（舒尔茨，1990：44）与此同时，新生代农民工作为上一代农民工的子代，因人力资本在要素禀赋的代际传递中的至关重要的作用（王得劲，2020），新生代农民工人力资本的提升无疑有助于该群体提高收入、提高就业稳定性，推进城市融入向前发展。

不仅时代背景要求在新生代农民工城市融入推进中，关注其人力资本的提升，新生代农民工城市融入研究亦在积极回应时代的需求。

第二节　新生代农民工城市融入影响因素研究视角的代际变迁

从人口流动的学术研究来看，学术界对人口流动的研究多从规模、现状与特征、流动的影响因素与流动的效应等方面展开。人口迁移（实质为人口流动）的研究包括以下内容：数量研究、空间与模式变化研究、影响人口迁移的因子分析及上述三种类型以外的其他研究（王德、叶晖，2004）。农村劳动力流动研究可分为以下四个专题：流动者特征、流动的影响因素、流动的效应与流动中出现的新问题，如"民工荒"，对新生代农民工应该关注其流动的新特征（张永丽、黄祖辉，2008）。上述两篇具有代表性的人口流动研究综述性文献表明：影响因素研究是人口流动研究中的重要问题。因此，可将农民工市民化影响因素视为农民工研究中的基础要素（刘小年，2017）。在新生代农民工城市融入研究中，城市融入影响因素亦应是新生代农民工城市融入研究的重点，明晰新生代农民工城市融入的影响因素，是推动新生代农民工城市融入进程的前提与基础。

一　新生代农民工城市融入影响因素研究视角的转变 ①

根据《2009 年农民工监测调查报告》，2009 年，在外出农民工中，出生于 1980 年之后的新生代农民工成为外出农民工的主体。2010 年"中央一号"文件《中共中央 国务院关于加大统筹城乡发展力度，进一步夯实农业农村发展基础的若干意见》指出："采取有针对性的措施，着力解决新生代农民工问题。""新生代农民工"一词首次明确出现在中央文件中。此后，新生代农民工成为学术界研究的热点。故本书对农民工城市融入解释视角与新生代农民工城市融入解释视角的文献梳理分界时间也定在 2010 年，将 2010 年之前的农民工城市融入解释文献视为对上一代农民工城市融入的研究。

学术界对上一代农民工城市融入的解释，更关注农民工为何难以城市融入或融入城市，主要形成三种视角：现代化视角、社会网络视角与制度主义视角，即从现代性与乡土性、社会网络以及社会制度解释农民工城市融入，人力资本是现代化视角下的派生视角（梁波、王海英，2010）。

关于新生代农民工城市融入影响因素的研究视角，笔者采取内容分析法进行简要梳理。笔者于 2022 年 2 月 5 日在中国知网期刊库使用篇名搜索，搜索关键词为"新生代农民工""市民化"并"影响"，共获得期刊论文 62 篇，筛选出与本书主题无关或者重复的文献，最终获得 50 篇文献。

对 50 篇文献的梳理发现，与新生代农民工城市融入显著相关或影响显著的因素主要包括三大类：微观的个体因素、中观的家庭因素

---

① 本节在《贵州大学学报》（社会科学版）2017 年第 2 期以"农民工市民化解释视角的代际变迁：从制度到人力资本"为题发表，本书略作修改。

与宏观的制度因素和社会因素。其中，微观的个体因素包括新生代农民工的人口学特征、人力资本、心理因素、社会资本与个体经济资本。人力资本包括受教育程度、经验、技能、培训、健康等；心理因素包括态度、相对剥夺感、公平感、社会歧视感、社会隔离感、职业自我效能、政策满意度、工作满意度、住房满意度、自我身份认同、城市归属感等；社会资本包括交往对象、遇到困难的求助对象、与当地人交往、亲戚同学数量等；个体经济资本包括个体收入、住房、工作时间、工作单位性质、失业状况等。家庭因素包括家庭人口抚养比、家庭经济状况、子女受教育需求、家庭土地状况等；制度因素包括教育、社会保险、劳动合同、土地、户籍、计划生育、公共服务供给等方面的制度安排；社会因素包括城乡收入差距、经济发展环境、社会价值观念、新媒体、不确定性职业环境、房价、城市规模等。

除人口学特征外，显著影响新生代农民工城市融入或与新生代农民工城市融入相关的人力资本、心理因素、社会资本、个体经济资本、家庭因素、制度因素与社会因素在上述 50 篇文献中出现的频数依次为 30、14、16、20、8、22 与 11，相应频率依次为 24.79%、11.57%、13.22%、16.53%、6.61%、18.18% 与 9.09%。由此可见，现有新生代农民工城市融入影响因素研究主要关注人力资本、制度因素与个体经济资本。

新生代农民工城市融入解释视角与上一代农民工城市融入解释视角相比，虽然均关注制度因素与社会资本（网络）因素，但最重要的视角不同。对上一代农民工城市融入的解释更多关注宏观因素，如制度因素与社会的现代化进程，尤其是制度因素；新生代农民工城市融入解释视角更关注微观因素，如人力资本与以个体就业、收入和住房为主的经济因素，尤其是人力资本，从派生视角转变为最主要的视角。因此，从上一代农民工城市融入解释视角到新生代农民工城市融入解释视角，最显著的变化是从关注制度因素转向关注人力资本因素。

二　新生代农民工城市融入影响因素研究视角转变的缘由 ①

城市融入解释视角代际变迁的缘由主要有三：一是城市融入相关制度影响方向发生变化。近年来，与农民工城市融入密切相关的各项制度在立法层面不断完善，虽然制度落实效果还有待提升，但对农民工城市融入的影响方向均从制约转向促进。在此背景下，制度对新生代农民工城市融入的制约作用逐渐式微，影响方向将逐渐发生质的变化，在阐释新生代农民工城市融入时，对制度的关注程度降低，也是理论研究对实践世界的积极回应。

二是新型城镇化与新常态提升城市融入对农民工人力资本的要求。新型城镇化背景下，农民工获取市民权益需更多考量农民工的人力资本水平。当前，农民工城市融入中的公共服务均等化以居住证为载体，申领居住证的条件是在流入地居住半年以上，且有合法稳定就业，或有合法稳定住所，或连续就读。对新生代农民工而言，不管是实现合法稳定就业，还是拥有合法稳定住所，其前提均是个体拥有的劳动能力与经济社会发展的要求相匹配。在我国进入新常态的背景下，经济增长方式的转变与职业结构的变迁对经济活动主体的人力资本提出了更高要求。故农民工在城市融入进程中，必须不断提升人力资本水平，适应经济增长方式与职业结构的变迁。当前与未来，农民工城市融入的重点群体是新生代农民工，新生代农民工城市融入研究必将回应经济社会发展变迁的要求，在新生代农民工城市融入解释研究中，更加关注人力资本的作用。

三是新生代农民工对人力资本存在更强烈的需求。对不同群体的农民工城市融入进行阐释时，除考虑农民工城市融入面临的宏观背景外，还应考察研究对象本身的变化，即不同代际农民工的需求差

---

①　本节在《贵州大学学报》（社会科学版）2017年第2期以"农民工市民化解释视角的代际变迁：从制度到人力资本"为题发表，本书略作修改。

异。新生代农民工与整体农民工相比，因上一代农民工外出务工与宏观经济发展，家庭经济条件大为改善，为新生代农民工成长提供了更好的物质条件，导致新生代农民工在人口学特征、外出动机方面与上一代农民工存在显著差异。借助长三角、珠三角大规模（n=4152）的农民工调查发现：在外出动机方面，新生代农民工发展型动机（学技术、长见识、创业）更突出，生存型动机弱化（刘林平、王苗，2013）。如将农民工流动动机区分为经济动机与非经济动机，其中，经济动机是对收入的需要，非经济动机包括对城市生活方式的需求、对见识本领的需求以及对市民权利的需求，两代农民工流动动机的代际差异表现在两个方面：从流动动机整体来看，新生代农民工流动动机更强；从不同的维度来看，新生代农民工的经济动机更弱，非经济动机更强；在非经济动机中，新生代农民工对见识本领的需求最为强烈（张笑秋，2016）。动机是未被满足的需要，新生代农民工对技术、见识等人力资本具有更强烈的需求。在新生代农民工市民化解释研究中，回应了新生代农民工这一新特征与新需求。

新型城镇化背景下，新生代农民工应对城市融入面临的挑战，主要依靠自身人力资本的提升；新生代农民工城市融入影响因素研究的主要视角，亦随之转移到人力资本。当从人力资本视角研究城市融入时，还应明晰新生代农民工人力资本研究的现状与不足。

三 人资本视角下新生代农民工城市融入影响因素研究的不足与未来走向

（一）人力资本视角下新生代农民工城市融入影响因素研究的不足

新生代农民工城市融入影响因素研究及时回应了社会发展的需求，但是，在从人力资本视角解释新生代农民工城市融入时，对人力资本界定过窄，部分研究混淆了人力资本与人力资本投资，制约了人力资本对新生代农民工城市融入的解释力（张笑秋，2017）。

对人力资本的界定在一定程度上也是对人力资本的测量。测量人力资本的方法包括成本法、收入法、特征法与余额法（李海峥等，2014）。在新生代农民工人力资本测量研究中，多采用特征法。对概念的测量离不开理论基础，在新生代农民工人力资本测量中，一般借鉴舒尔茨对人力资本的定义。虽然理论基础相同，但不同研究对新生代农民工人力资本指标的区分不同，即使测量指标数量相同，不同研究中的指标构成也存在差异。

在人力资本对新生代农民工"城市融入"的影响研究中，使用一个指标测量人力资本时，将人力资本操作化为受教育程度（李练军，2015；刘杰等，2018）。使用两个指标测量人力资本时，或将新生代农民工人力资本区分为受教育程度与经验（张斐，2011），或区分为受教育程度与是否接受培训（李荣彬等，2013），或采用受教育程度、身体健康测量新生代农民工人力资本（罗小锋、段成荣，2013）。在使用三个指标测量新生代农民工人力资本的研究中，主要有四种测量结果，一是使用受教育年限、城市工作时间与技能测量人力资本（董金秋、孟祥林，2010）；二是以受教育程度、技能证书数量、务农经历作为人力资本的代理变量（张丽艳、陈玉婷，2012）；三是将人力资本的外延区分为受教育程度、培训经历，包括务农经历和务工时间在内的经验（任娟娟，2012）；四是以受教育程度、培训与技能作为人力资本的代理变量（陈延秋、金晓彤，2014）。在采用四个指标测量新生代农民工人力资本的研究中，主要有四种观点，一是选取受教育程度、技能证书、打工时间、接受培训时间四个变量测量人力资本（张洪霞，2014）；二是将人力资本操作化为文化程度、职业流动、培训与人力资本认知度四个变量（黄进、张舒婷，2014）；三是使用自身学历、父母学历、是否接受培训与对医疗保健的重视程度四个变量（王孝莹、王目文，2020）；四是采用受教育程度、参加培训次数、职业技能和工作年限四个维度反映新生代农民工的人力资本（李练军，2015）。

上述新生代农民工人力资本测量研究虽然存在差异，但因为均以舒尔茨的人力资本定义为基础，更多关注受教育程度、健康、技能、培训与工作经验等。这一测量存在三个问题，一是未能全面测量人力资本的内涵，即测量的内容效度不高，未关注人力资本的能力要素，部分研究虽然研究了农民工的能力，但农民工能力研究仍然存在不足。"人力资本"这一概念被提出以来，才能或能力被视为该概念的重要内涵，但囿于当时能力研究的缺乏，在人力资本的实证研究中，忽略了能力要素。例如，人力资本理论的开创者舒尔茨认为：人力资本是"体现在个体身上的知识、技能、经验和熟练程度等"；保罗·罗默（Paul M.Romer）使用"专业化知识"代表人力资本，罗伯特·卢卡斯（Robert E.Lucas）使用"技能"测量人力资本（郭龙、付泳，2014:20、200、202）。在人力资本视角下，新生代农民工城市融入影响因素研究同样忽略了人力资本中的能力要素，但现有研究表明：能力是实现市民化的重要保障（徐建玲，2008）。虽然已有部分学者展开农民工能力研究，对农民工就业能力（罗恩立，2012）、创业能力（党佳娜、魏凤，2012）、可行能力（徐玮、董婷婷，2009）与市民化能力（陈俊峰、杨轩，2012）等进行了测量。前述能力与人力资本理论中的能力并不等同，且现有农民工能力研究对农民工能力的内涵认识不清晰。二这集中体现在，一方面对农民工能力未形成相对科学的分类，不同能力之间存在一定的交叉与重复，如市民化能力与就业能力。另一方面，混淆能力测量的构成要素与影响因素，尤其是能力与人力资本的关系。现有研究对能力与人力资本的关系还未能达成一致，部分分析将人力资本作为能力的构成要素，部分研究将人力资本作为能力的影响因素。二是缺乏分维度的和定量的能力比较分析。现有农民工能力水平研究多是整体的、定性的研究，未对各维度能力进行分维度的、定量的比较。三是对策研究不够具体，特别是发挥家庭、组织和社区在农民工能力提升中作用的对策措施研究不够具体。（张笑秋）2016。

另外，部分研究混淆了人力资本与人力资本投资。人力资本是人力资本投资的结果，人力资本投资是形成人力资本的途径。

例如，通过培训获得技能，培训是人力资本投资的手段，技能是人力资本，但部分研究将培训视为新生代农民工人力资本之一，同时将培训和技能纳入新生代农民工人力资本测量指标之中。

（二）人力资本视角下新生代农民工城市融入影响因素研究的未来走向

“在新生代农民工市民化解释研究中，过窄的人力资本界定与混淆人力资本和人资本投资将在一定程度上降低人力资本对新生代农民工市民化的解释力。在未来新生代农民工市民化解释研究中，因宏观环境的变迁与研究对象的特征，仍应坚持人力资本视角，但应克服现有研究的不足。”（张笑秋，2017）在界定和测量人力资本时，扩大人力资本的内涵和范围十分必要。“同时，还应区分人力资本与人力资本投资，明确人力资本各构成要素的形成机理与要素间的关系。”（张笑秋，2017）以能力为核心的新人力资本理论，既扩充了人力资本的内涵和范围，还分析了人力资本形成的机理，为人力资本投资指明方向。在研究新生代农民工人力资本对新生代农民工城市融入的影响中，引入新人力资本理论，可有效弥补现有人力资本视角下新生代农民工城市融入影响因素研究的不足。

第三节　新人力资本理论及其对新生代农民工研究的意义

新人力资本理论作为人力资本理论在完善阶段的呈现，其产生与发展同人力资本理论的变迁密不可分。

一 人力资本理论的发展历程

国外人力资本理论经历了萌芽、形成、发展和完善四个阶段。随着人力资本理论的发展，人力资本的内涵越来越清晰，对人力资本的测量的内容效度不断提高；对人力资本投资的阐述越来越具体深刻；人力资本的价值边界被不断扩展。

（一）人力资本理论的萌芽时期

人力资本理论萌芽于古典经济学时期，在古典经济学时代，人力资本的核心是能力，人力资本投资的途径既强调分工，也强调家庭抚育、学校教育、培训、医疗保健，人力资本的价值主要体现在工资差异中，并对收入分配产生影响。在萌芽阶段，亚当·斯密（Adam Smith）是第一个明确提出人力资本概念的经济学家，并探讨了人力资本投资。斯密认为：人们在壮年期在不同职业上表现出来的极不相同的能力，并不是起因于天性，主要是通过后天分工而形成的习惯、风俗及教育的结果（王亚南，1979）。斯密将人力资本的核心视为能力，人力资本投资的主要途径是分工。此外，威廉·纳索·西尼尔（W.Nassau Senior）在探讨人力资本时，将人力里资本视为技能和能力，并强调教育对人力资本形成的重要影响；约翰·斯图亚特·穆勒（J.S.Mill）从生产劳动的角度，揭示家庭抚育、学校教育与培训、医疗保健等具有人力资本投资功能；理查德·坎蒂隆（Richard Cantillon）、让·巴蒂斯特·萨伊（Jean Baptist Say）、穆勒等经济学家揭示了人力资本对工资与收入分配的影响（张凤林，2011）。

（二）人力资本理论的形成时期

20世纪50年代末到70年代是人力资本理论的形成时期，这一时期，人力资本的内涵逐渐清晰，人力资本投资的途径得以更加明确，人力资本的价值在家庭、社会等层面体现。在形成阶段，舒尔茨、雅各布·明瑟尔（Jacob Mincer）和加里·贝克尔（Gary

S.Becker）对人力资本理论做出了卓越贡献，他们沿着不同方向展开研究，其研究成果奠定了现代人力资本理论的基本框架体系。

舒尔茨沿着经济发展与增长研究展开人力资本分析。20 世纪 30 年代，舒尔茨从事农业经济问题研究；20 世纪 50 年代末期，舒尔茨致力于人力资本理论的研究；20 世纪 60 年代后，舒尔茨将人力资本理论研究与农业经济问题研究结合起来，将人力资本内涵、人力资本投资与人力资本价值融入发展中国家的农业问题研究中，为人力资本理论的形成做出了开创性的贡献。在相关研究中，舒尔茨（1961）明确了人力资本的内涵、形成途径及其对经济增长的作用，人力资本是人力资源中的质量部分如技能、知识和提高劳动者生产效率的相似特征，但相似特征的测量较为困难；人力资本的形成途径包括健康设施与服务、在职培训、正规教育、非企业组织且针对成人的研究项目以及个人和家庭的迁移；经济增长和动态发展中的许多矛盾和迷惑在纳入人力资本后，均可以得到较好的解释。在人力资本投资中，教育是最大且最容易理解的组成部分，是向人投资的合适代表，一般而言，对教育收益率的估算是初等教育大大高于中等和高等教育（舒尔茨，2016）。

明瑟尔从个人收入分配和劳动经济问题研究展开人力资本分析。明瑟尔对人力资本理论的贡献表现在以下四个方面：第一，利用"收益函数"分析人力资本对收入分配的重要影响，建立了人力资本投资的收益率模型。（明瑟尔，1958）第二，提出了人力资本的工资收入函数，人力资本投资包括学校教育投资和学校教育后投资，分别用教育年数和工作经验年限表示。第三，提出了"赶超点"的概念，该概念对具有同样的受教育年限但在职培训量不同的同期组的工资具有良好的预测能力，它表明单个个体之间的工资收入方差在达到"赶超点"之前递减，随后上升。第四，在劳动力市场行为与家庭决策中应用人力资本理论与分析方法，并提出许多新的见解。例如，明瑟尔最先将非市场的家庭经济活动与市场活动结合起来，从两种活动的替代关系分析家庭成员，尤其是已婚妇女的劳动供给；从工作经历的间断性所导致的经验年限减少解释女性工资低于男性工资的现象；从家庭行为中的机会成本解释家庭规模以及人口转变；从企业职业培训差异解释美日劳动力流动行为的差异（张凤林，2011）。

贝克尔（2016）使用成本收益法，分析人力资本投资的收入效应、人力资本投资的收益率、大学教育与高中教育的回报率，并将该分析方法运用在非经济领域，如消费、生育、婚姻等。具体而言，贝克尔对人力资本理论的贡献表现在以下四个方面：第一，贝克尔根据新古典利润最大化原理，建立严密的人力资本投资均衡模型。第二，贝克尔将人力资本分析方法置于马歇尔的供求分析框架下，分析个人收入分配问题，将以往的供求均衡模型改造成为人力资本导向的收入分配模型。第三，利用基本经济模型，考察个体或家庭终生的物品与时间配置。第四，将人力资本分析方法运用于增长研究，提出将人口增长内生化的增长模型。贝克尔的人力资本研究，使人力资本分析广泛地融入现代经济学发展的主流之中，推动人力资本理论研究范式的迅速成熟和扩展（张凤林，2011）。

（三）人力资本理论的发展时期

20 世纪 80 年代和 90 年代是人力资本理论的发展阶段，该阶段的人力资本理论融入新经济增长理论中，向以构建内生化增长模型为中心的方向发展，视人力资本为经济长期稳定增长的源泉。罗默和卢卡斯等学者在对当时占据统治地位的新古典经济增长理论的严厉批评和更新的基础上，将人力资本纳入经济增长模型中，从人力资本角度分析经济长期增长。

罗默（1986）在完全竞争框架下，将知识引入投入—产出模型，假定知识收益递增，知识还可以使其他资本产生递增的收益，从而带来经济的长期增长。1990 年，罗默将"人力资本"概念引入投入—产出模型，人力资本是经济增长中的投入要素之一，独立影响经济增长。总体来看，罗默高度重视知识和技术进步，将人力资本视为现代经济长期增长的决定因素（周绍森、胡德龙，2019）。卢卡斯（1988）认为：新古典增长理论并非有效的经济发展理论，因为该理论无法解释现实中不同国家经济发展水平的差异和经济增长率的差异，在索洛经济增长模型中引入人力资本，将人力资本积累作为经济长期增长的决定因素，使之内生化，可使不同国家发展水平和经济增长率的差异得到较好解释；人力资本积累途径主要有二：一是脱离生产的正规、非正规学校教育，二是"干中学"，在生产中积累经验。卢卡斯将经济增长的源泉由外生转为内生，将经济增长的源泉归为人力资本的增长，放弃了以往资本收益递减的假定，认为资本收益不变，因为人力资本收益递增，实物资本收益递减，二者相互抵消（吴培新，1995）。

（四）人力资本理论的完善阶段

进入 21 世纪以来，随着心理学的发展，能力研究取得丰硕成果，人力资本理论朝着以能力为核心的新人力资本理论方向完善，艾瑞克·A. 哈努谢克（Eric A.Hanushek, 2011）提出了相应的研究议程，研究内容围绕能力的形成、能力的测量与能力的价值等方面展开。在新人力资本理论中，人力资本被视为"通过人力资本投资所开发形成的人的各种能力的总和"（张凤林，2011）。弗拉维奥·库尼亚（Flavio Cunha, 2010）等深入分析能力的形成机理；詹姆斯·J. 赫克曼（James J. Heckman, 2006）等、蒂姆·考茨（Tim Kautz, 2014）等、黄国英、谢宇（2017）强调能力对个体经济表现、社会行为以及生活的影响。因为人力资本以能力为核心，这一时期的人力资本理论呈现出跨学科融合的特点，以经济学为主，融合了心理学、神经学、管理学等多学科的相关研究成果。

从生命周期视角来看新人力资本理论，在生命早期，更多地探讨能力的形成；在生命中晚期，更多地探讨能力的影响。在个体生命早期，早期人力资本的形成受到家庭、社区、学校和国家多个主体的共同影响。其中，家庭是最为重要的主体，众多研究表明：家庭比学校能更好地解释学生成绩的差异。在家庭因素中，虽然不同研究得出的结论不同，但主流研究均认为：时间投入比金钱投入对孩子能力形成具有更加重要的影响。在个体生命中后期，认知能力和非认知能力对个体经济、社会行为表现的影响各有侧重。在经济表现中，认知能力比非认知能力更重要，但在工作复杂程度低的劳动力市场中，非认知能力扮演着重要角色。在社会行为如婚姻、移民以及吸烟、酗酒等不良行为中，非认知能力发挥了不可替代的作用；非认知能力比生物因素更能有效预测老年人的寿命（李晓曼、涂文嘉，2020）。

纵观人力资本理论的发展历程可发现：人力资本理论的发展，是一个对人力资本测量从抽象到具体再到抽象的过程，也是一个人力资本价值广泛化的过程。在萌芽阶段，将人力资本视为能力；在形成和发展阶段，因当时能力研究的匮乏，采用知识、技能、工作经验等作为人力资本的测量指标；在完善阶段，又将能力视为人力资本的核心，与萌芽阶段不同的是，在完善阶段，因能力研究的发展，大量相关研究对能力进行测量和实证分析，并从心理学、经济学、统计学等多学科探讨能力的形成机理，及其对个体、对社会和国家的深远影响。随着人力资本内涵和测量的发展，人力资本的价值体现在更加广阔的社会实践中。在人力资本理论的完善阶段以前，主要关注人力资本对工资、收入分配的影响；从人力资本理论的形成阶段开始，人力资本的价值领域开始扩充，从工资、收入分配等扩展到生育、消费等领域；在新人力资本理论阶段，人力资本理论的研究者还关注人力资本对移民、吸烟、酗酒、寿命等的影响。

二 新人力资本理论的特点

新人力资本理论的"新"，主要源于其与其他时期的人力资本理论相比，存在四个特点。

（一）人力资本的内涵与测量均以能力为核心

在新人力资本理论中，虽然人力资本也包括知识、技能、经验和健康，但人力资本的核心是由认知能力与非认知能力组成的能力，且可以借助心理学中能力研究的成果，对能力进行测量，结合计量经济学中的工具变量、固定效应模型、潜在变量模型等工具，据此展开实证研究。其他时期的人力资本理论虽然也认为应将能力作为人力资本的核心，但仅停留在认知中，并未对能力进行区分和测量。在新人力资本理论中，在赫克曼（2000）、萨缪尔·鲍尔斯（Samuel Bowles, 2001）等、李晓曼、曾湘泉（2012）的研究中，能力被明确地区分为认知能力与非认知能力。

同时，新人力资本理论展开了对能力的测量研究。因认知能力与智力密切相关，因此，早期对认知能力的测量，更多采用 IQ 测试或成就测试。随着研究的深入，勒克斯·波肯斯（Lex Borghans, 2008）等发现，IQ 测试非常容易受到外界因素的干扰，且 IQ 测试或成就测试，并不能有效预测个体在劳动力市场中的表现与社会行为，IQ 测试，如比奈—西蒙测试在测量中小学学生学业成就时非常有效，但对测量中学以后学业和职业领域却不是很有效（赫克曼、考次，2012）。对非认知能力的测量，更多借助人格特征的测量，如马果·科尔曼（Margo Coleman）、托马斯·蒂勒尔（Thomas Deleire）运用的内外点控制量表（科尔曼、蒂勒尔，2003）、克瑞斯汀·L.萨默（Kristin L.Sommer）、罗伊·F.鲍迈斯特（Roy F.Baumeister）运用的自尊量表（萨默、鲍迈斯特，2002）与艾伦·K.尼胡斯（Ellen K.Nyhus）、恩帕·庞斯（Empar Pons）运用的大五人格模型（尼胡斯、庞斯，2005）。

近期，赫克曼、切斯·O.科尔宾（Chase O. Corbin）（2016）提倡采用实验法和行为描述法两种方法测量能力以提高其预测效度，实验法是通过被试在实验环境下应对变化的表现测量能力，行为描述法是基于被试过去的行为表现测量能力。

（二）人力资本的形成强调纵向性与交互性

人力资本的形成具有纵向性与交互性两大特点。人力资本形成的纵向性是指能力的自我生产与动态补充。库尼亚等通过建立跨期的认知能力与非认知能力形成模型，阐释能力形成的纵向性，该模型指出：某阶段的能力存量不仅影响下一阶段的能力水平，也影响当前阶段能力投资的效率。其中，当前能力存量影响后续阶段的能力水平即为能力的自我生产性，即能力生产能力。能力影响能力投资效率，即为能力形成的动态补充性，早期认知能力和非认知能力越高的学生，在后期的认知能力和非认知能力学习中越有效（库尼亚等，2010）。

交互性有三个方面的表现：第一，人力资本各构成要素之间相互影响，主要是知识、健康与能力之间存在交互作用。在人力资本构成要素内部，健康与能力之间可以彼此提升，并影响教育获取（赫克曼、科尔宾，2016）；教育可提高健康水平（赫克曼等，2014）；教育与家庭、社会环境一起，塑造个体的个性特质，即非认知能力（赫克曼、考茨，2013）。认知能力作为一种心智能力，必然受到教育的影响，教育是知识主要的投资途径。在能力内部，认知能力与非认知能力也存在交互性；在健康内部，身体健康和心理健康同样存在交互性。第二，人力资本作为一个整体，它是外部环境交互作用的结果，受包括家庭、学校和同辈群体的环境的塑造，不同主体相互作用，影响人力资本水平（考茨等，2014）。第三，交互性还体现在人力资本的形成是基因与环境交互作用的结果（赫克曼、科尔宾，2016）。以能力为例，早期基于对双生子的研究表明：认知能力的遗传度在40%—80%，非认知能力的遗传度为40%—60%，因此，个体能力既包含基因成分的影响，也包含外在环境的影响（李晓曼、涂文嘉，2020）。

（三）人力资本投资手段强调早期干预与多主体参与，尤其是家庭的参与

人力资本形成的纵向性，要求人力资本应尽早投资。人力资本形成的纵向性表明：早期人力资本投资质量影响后期人力资本投资质量与效率，如早期人力资本投资较为充足和有效，被投资者后期的人力资本投资效益将更高，且人力资本水平的增长将更为迅速，被投资者将具有更高的人力资本水平和更良好的社会经济表现。人力资本形成的交互性，要求人力资本投资应有多个主体参与。人力资本的形成是环境、家庭、学校、工作场所与个体交互作用的结果，在人力资本投资中，应强调所有相关主体的共同参与。

人力资本形成的纵向性与交互性融合，使得家庭在人力资本投资中的作用得到较大程度的提升。赫克曼、格拉什·卡拉库帕拉（Ganesh Karapakula）特别设计了用以推断实验影响的统计方法，研究佩里学前项目对中年晚期（55 岁左右）的影响，结果表明：虽然佩里学前项目的实施是在被投资者人生的早期（3–4 岁左右），但其影响具有持续性，在中年晚期，参加过佩里学前项目的男性，具有更低的犯罪率和更高的收入；同时，该项目对被试的健康、认知能力与非认知能力均产生了影响。该研究还发现：改善儿童时期的家庭环境和亲子关系，与外界给予的干预一起，共同影响被投资者后续的经济社会表现，二者同等重要（赫克曼、卡拉库帕拉，2019）。佩里学前项目从实践层面，证明了早期干预的必要性和有效性，并呼吁家庭与社会共同参与，提升子代的人力资本水平。综观国际儿童早期发展工作实践，美国的开端计划、英国的确保开端计划、巴西的快乐儿童计划、秘鲁的家访项目等均强调家庭在儿童早期发展中的作用，通过家访、家庭支持等促进儿童早期发展（崔宇杰等，2019）。我国开展的儿童早期发展项目，同样关注家庭在儿童早期发展中的价值。"慧育中国：山村入户早教计划"以家访为主要形式，改善农村婴幼儿与看护人的互动质量；"养育未来"项目通过支持家长提高养育意识、改善养育行为，增强家庭在儿童早期发展中的作用（刘中一，2021）。

（四）人力资本的价值更加微观化

在人力资本理论的形成和发展阶段，更多强调人力资本对经济增长、收入分配的影响，更加关注人力资本的宏观价值。在以能力为核心的新人力资本理论中，虽然同样关注人力资本对经济增长和分配的影响，但更关注人力资本对个体经济表现和社会表现的影响。艾伦·B. 克鲁格（Alan B.Krueger, 2002）认为，人力资本投资手段，如面向社会地位低下者、贫困人口的教育和培训，可以降低社会分配不均的程度。但在新人力资本理论中，更强调人力资本对个体经济表现和社会表现的影响，在个体经济表现中，更多分析人力资本对劳动力市场进入决策、劳动者收入和失业的影响；在社会表现中，更多关注人力资本对个体吸烟、饮酒、打架等不良行为、婚育、移民决策、退休决策、寿命等的影响（李晓曼、涂文嘉，2020）。

三　新人力资本理论对新生代农民工人力资本研究与城市融入研究的意义

在新生代农民工人力资本对新生代农民工城市融入的影响研究中，引入新人力资本理论，具有十分重要的意义。

（一）新人力资本理论对新生代农民工人力资本研究的意义

在新生代农民工人力资本研究中，引入新人力资本理论，具有以下意义：第一，丰富人力资本的内涵，弥补当前新生代农民工人力资本研究中人力资本测量缺乏内容效度的不足。引入新人力资本理论后，在新生代农民工人力资本研究中，人力资本的构成要素不仅仅是现有研究关注的知识、技能、经验与健康等，还包括人力资本的核心——认知能力与非认知能力。第二，为新生代农民工人力资本指标体系的构建提供指导。在新人力资本理论的指导下，不仅可充实新生代农民工人力资本的内涵，即将能力纳入新生代农民工人力资本测量之中，新人力资本理论中关于认知能力与非认知能力的测量还可为新生代农民工人力资本中能力的测量提供借鉴。第三，为新生代农民工人力资本投资提供启示。新人力资本理论揭示了人力资本的形成机理，指明了人力资本投资的方向。在新生代农民工人力资本研究中引入新人力资本理论后，同样将对新生代农民工人力资本投资提供新的启示，如强调多主体的共同参与、重视人力资本构成要素之间的交互性等。

（二）新人力资本理论对新生代农民工城市融入研究的意义

在新型城镇化背景下，新生代农民工城市融入的实现更多借助该群体人力资本的提升，因此，需要从人力资本提升角度推进新生代农民工城市融入进程。当从人力资本角度研究新生代农民工城市融入时，引入新人力资本理论，可完善新生代农民工人力资本的内涵，构建具有可行性和较高效度、信度的人力资本测量指标体系，从而提高人力资本对新生代农民工城市融入的阐释力。此外，因为新人力资本理论为新生代农民工人力资本投资指明了方向，可更加有效地提高新生代农民工的人力资本水平，从而更好地推进新生代农民工城市融入进程和新型城镇化进程。

本章小结

在新型城镇化背景下，新生代农民工城市融入虽然面临前所未有的机会，但也面临挑战，化解外部环境对新生代农民工城市融入的挑战，需要借助新生代农民工人力资本水平的提升。现有新生代农民工城市融入影响因素研究的视角积极回应了时代的需求，人力资本成为解释新生代农民工城市融入的最主要视角。因此，应当从人力资本视角研究新生代农民工城市融入。

在人力资本视角下的新生代农民工城市融入影响因素研究中，对人力资本的测量多采用特征法，使用教育、技能、健康、经验等测量新生代农民工人力资本。这一测量结果缺少内容效度，部分研究混淆了人力资本与人力资本投资。在新生代农民工人力资本研究与相关研究中，应引入以能力为核心的新人力资本理论，因为新人力资本理论的内涵和测量均以能力为核心，从纵向性和交互性探讨能力形成机理，人力资本投资强调早期干预和多主体参与，尤其是强调家庭的参与，强调人力资本的价值的微观化。

以新人力资本理论为视角研究新生代农民工的人力资本与城市融入，可丰富新生代农民工人力资本的内涵，提高新生代农民工人力资本测量的内容效度，为新生代农民工人力资本指标体系的构建和新生代农民工人力资本投资体系的构建提供指导，提高人力资本对新生代农民工城市融入的阐释力，推进新生代农民工城市融入进程的发展。

第三章　主要概念的测量

在本书中，主要概念有四个：外出新生代农民工、人力资本、人力资本投资、城市融入。其中，外出新生代农民工属于本书的研究对象，界定和测量较为容易，故不设立专节进行阐述。

外出新生代农民工是出生于 20 世纪 80 年代及以后、户口登记地属于农村但在户籍所在乡镇以外的城镇务工已经半年以上的群体。以外出新生代农民工为研究对象，原因有四，一是该群体具有更高的城市融入意愿。与上一代农民工相比，新生代农民工从满足自身发展型动机和改善子代教育环境和生活环境出发，具有更高的城市融入意愿。二是该群体规模大，是外出农民工的主体。2020 年，在外出农民工中，外出新生代农民工占比 66.8%。三是年轻人的人力资本投资回报率高于年长者。佩德罗·卡内罗（Pedro Carneiro）、赫克曼（2020）的研究发现，随着年龄的增长，人力资本投资回报率逐渐下降。四是建制镇的落户限制已全面放开，本地新生代农民工城市融入更多取决于个体意愿。为使表达更简洁，本书统一使用"新生代农民工"。同时，本书的研究对象不包括户口仍在农村地区的全日制大学毕业生。

测量的核心是操作化，其思路是"弄清概念定义的范围"并"决定一个定义""列出概念的维度"与"确定发展指标"（风笑天，2016：88）。本书在对主要概念进行测量时，遵循操作化的经典步骤：界定概念、区分维度与发展指标。

第一节　人力资本的测量

一　人力资本的内涵

新人力资本理论与传统人力资本理论相比，更强调能力。故本书对人力资本给出如下操作性定义：人力资本是通过投资形成、凝结在个体身上有价值的知识、技能、经验、健康与能力。

二　人力资本的维度

根据人力资本的内涵，将人力资本分为五大部分：知识、技能、经验、健康与能力。

三　人力资本的测量指标

（一）知识、技能与经验的测量指标

在人力资本的五大部分中，知识、技能与经验的测量较其他部分更为简单，均可采用单一指标测量，其中，知识采用受教育程度测量，技能以拥有技术的数量测量，经验以务工年限测量。

（二）健康的测量指标

健康具有丰富的内涵，世界卫生组织 1948 年在《组织法》中对健康的定义被广为接受，即"健康不仅为疾病或羸弱之消除，而系体格、精神与社会之完全状态"（苏静静、张大庆，2016）。

根据世界卫生组织的定义，可将健康分为三个维度：体格健康、

精神健康与社会健康。以此为基础，现有健康研究多将健康分为身体健康与心理健康两个维度，本书亦将健康分为身体健康与心理健康两个维度。

在社会科学研究中，对健康状况的测量主要使用自评健康、身体功能状况、疾病发生率以及抑郁症状四类指标（焦开山，2014）。四类健康测量指标从测量形式来看，可分为自评指标与客观指标两类。自评健康因可以综合衡量个体与群体的健康状况，且容易获取（王洪亮等，2017），成为众多实证研究中健康的代理变量（孙博文等，2016；程名望等，2014；赵忠，2006）。但自评健康状况是客观健康状况与主观认知共同建构的结果，与客观健康状况并不完全一致。结合身体健康与心理健康各自的特性，在身体健康测量中，同时使用自评指标与客观指标；在心理健康测量中，采用自评指标。

1. 身体健康的测量指标

在身体健康测量中，本书通过两个指标测量新生代农民工的身体健康：一是客观指标，在身体功能状况与疾病发生率两个客观指标中，因本书的研究对象是新生代农民工，身体功能状况均处于较好状态且差异不大，故采用疾病发生率指标。结合新生代农民工的年龄特点与调查可行性，疾病发生率采用"您近两年因病住院次数"测量。为使其赋分方向与其他人力资本维度一致，当次数为 0 或 1 时，赋分为 1，其他则取次数的倒数，分值越高，健康水平越高。二是自评指标，即"您认为自己的身体健康状况"，应用 5 点刻度设计选项，从非常不好到非常好，赋值从 1 到 5。

2. 心理健康的测量指标

心理健康测量更多采用量表形式，常用的量表是 SCL-90（Symptom Checklist 90，90 项症状清单），该量表内容涉及感觉、思维、情感、行为、意识、人际关系、生活习惯、饮食、睡眠等方面，它主要应用于临床研究、心理咨询、精神科、门诊，用于评定被试是否有某种心理症状及严重程度（单茂洪，1998）。亦有文献使用该量表研究新生代农民工的心理状况（周小刚、李丽清，2013）。但该量表由于项目数较多，测量时间较长，且本书的目的并非仅分析新生代农民工的心理健康状况，故不使用该量表。

除采用 SCL-90 测量农民工的心理健康外，现有农民工心理健康研究还采取其他量表。刘杨等（2013）将主观幸福感与抑郁作为新生代农民工心理健康的构成维度。李强等（2017）从新生代农民工心理的完好程度与心理疾病症状两个不同的方面完整地反映心理健康，其测量指标分别是总体幸福感量表与 SCL-10（10 项症状清单）。汪娜等（2017）采用 12 题项一般健康问卷（GHQ-12，General Health Questionnaire 12）测量农民工的心理健康。程菲等（2015）将生活满意度作为心理健康的代理变量，采用生活满意度量表（SWLS，Satisfaction with Life Scale）。穆桂斌、沈翔鹰（2013）抽取精神症状自评量表中的 7 个维度进行测评，7 个维度分别是躯体化、强迫症状、人际敏感、抑郁、焦虑、敌对、偏执，共计 66 个题项。此外，部分文献利用中国劳动力动态调查（CLDS，China Labor-force Dynamics Survey）数据，从沮丧程度、失去信心程度、感到困难程度和抑郁程度方面测量农民工的心理健康（卢冲、伍蔓霖，2019；尚越、石智雷，2020）。

上述研究采用幸福感量表、生活满意度量表、症状自评量表、抑郁量表与 12 题项一般健康问卷来测量农民工的心理健康，或采用其中一个量表，或采用其中两个量表。从世界卫生组织对健康的定义可以看出，包含心理健康的健康是一种状态，作为一种状态，采用一种量表测量即可；即使采用两种量表测量，如幸福感量表与抑郁量表或 SCL-10，结果亦高度一致，即幸福感越高，抑郁水平越低，SCL-10 所代表的心理疾病症状也越轻，故本书仅采用一种量表测量心理健康。在农民工心理健康研究中使用的幸福感量表、生活满意度量表、症状自评量表、抑郁量表与一般健康问卷五个测量工具中，幸福感量表、生活满意度量表并不常常作为心理健康的测量指标，抑郁量表内容太过单一，症状自评量表如采用完整版本，可行性不高，若采用 10 题项版本，获取的信息量有限，故本书采用一般健康问卷。

一般健康问卷由大卫·P.高柏（David P.Goldberg）编制，至少被翻译成 16 种文字，在多种语言文化环境中广泛使用，该问卷最初包含 60 个题项，目前有 GHQ—12、GHQ—20、GHQ—28、GHQ—30 等多个版本（李艺敏、李永鑫，2015）。其中，GHQ-12 包含题项最少，却具有较高的信度与效度（杨廷忠等，2003）。GHQ-12 包含6 个负性题目（即疾病类题目）与 6 个正性题目（即健康类题目），对负性题目，备选项分别是完全没有、与平时一样多、比平时多一些与比平时多很多；对正性题目，备选项分别是比平时好、与平时一样、比平时差一些与比平时差很多。不管是负性条目，还是正性条目，赋分均为 0-0-1-1，即前面两个备选项赋分为 0，后面两个备选项赋分为 1，总分为 0-12 分，分值越高，心理健康状况越差。在本书中，为与其他人力资本维度方向一致，采取反向赋分，被调查者得分越高，心理健康水平越好。

（三）能力的测量指标

郑日昌、孙大强（2012：30）认为："能力是顺利完成某种活动所必需的，并且直接影响活动效率的个性心理特征。"将能力视为人力资本时，舒尔茨、明瑟尔等构建的传统人力资本模型重点分析人力资本投资及其收益，对连接人力资本投资与收入的能力，因采用"瓦尔拉斯模型"环境假设，能力在实质上被认为是认知能力。（周金燕，2015）。鲍尔斯等（2001）认为：作为人力资本中的能力，不仅应包括认知能力，还应包括非认知能力。赫克曼等（2006）的研究显示：认知能力与非认知能力共同影响个体的劳动市场表现与社会行为，如个体的学校教育、就业、工作经历与职业选择。赫克曼、考茨（2012）从 GED（General Educational Development，美国高中同等学力测验）与 Perry Preschool Program（佩里学前教育项目）中发现：非认知能力对个人后续经济与生活表现影响深远。从国内研究来看，运用中国家庭追踪调查（CFPS,China Family Panel Studies）数据，黄国英、谢宇（2017）的分析发现：认知能力与非认知能力均对个人收入存在显著影响，非认知能力的影响更为显著；乐君杰、胡博文（2017）的分析发现：非认知能力对工资收入的影响接近受教育程度，具有显著的促进作用；梁宇亮等（2021）的研究发现：非认知能力显著增加农民工的工资收入，提高农民工就业稳定性和社会保障水平。朱志胜（2021）利用 2013 年流动人口社会融合专题调查数据发现：非认知能力对农民工创业回报存在显著正向影响，且随着收入分位点的提高，非认知能力的溢价效应增强。上述文献表明：认知能力与非认知能力均是影响个人经济与生活的重要因素。对农民工而言，城市融入必然涉及就业、收入与职业选择等，故本书的能力亦包括认知能力与非认知能力。

1. 认知能力的测量指标

认知能力的核心是智力，不管是对认知能力的界定，还是对认知能力的测量，均与智力密不可分。琳达·S. 戈特弗里德森（Linda S.Gottfredson, 1997）认为，智力是一种包括推理、计划、解决问题、抽象思考、理解复杂想法、快速学习和从经验中学习的心智能力。虽然在内涵上可将认知能力等同于智力，但在测量中，新人力资本理论提倡运用实验法和行为描述法两种方法，而非 IQ 测试。

从研究目的来看，本书期望析出与新生代农民工城市融入密切相关且对城市融入影响显著的人力资本维度，为政府新生代农民工城市融入政策制定提供参考。显然，针对认知能力应用而非智商的政策更易制定，且更有效率。从研究对象来看，本书的研究对象是新生代农民工群体，该群体是城市中的弱势群体，若采用智商测量其认知能力，有歧视之嫌；且绝大部分新生代农民工已经成年，对成人而言，智力的定义最好是他能达到的成就或技能，而非在工作记忆和三段论推理中的得分（曹欢，2002）。同时，从认知能力测量的实践来看，亦有较具影响力的认知能力调查采用基于认知能力应用的测量，例如，由经济合作与发展组织（OECD,Organisation for Economic Co-operation and Development）主持的大规模、较为全面的国际成人能力评估调查（PIAAC ,Program for the International Assessment of

Adult Competencies）将成人能力分为读写能力、计算能力与高技术
环境下的问题解决能力三个维度，每个维度在设置具体测量指标时均
与工作、社区和生活相关①，即在能力评估时强调能力在工作生活中的
应用。何珺子、王小军（2017）采用在工作中使用阅读能力的次数、
在工作中使用计算能力的次数与在工作中使用通信技术的次数测量从
工作中获得的能力。因此，本书采用行为描述法测量新生代农民工的
认知能力，即通过新生代农民工对认知能力使用的行为测量其认知能
力水平。

　　本书借鉴 PIAAC 的能力划分维度，将新生代农民工认知能力分
为阅读能力、写作能力、计算能力与通信技术应用能力四个维度。具
体测量指标参考了何珺子、王小军发表于 2017 年的研究成果，但根
据研究目的与研究对象进行了细微改动。使用频次分为五个等级：从
不、一月少于 1 次、一月至少 1 次但一周少于 1 次、一周至少 1 次但
不是每天与每天，赋值从 1 到 5，分值越高，认知能力越强。在该量
表中，代表阅读能力、写作能力、计算能力与通信技术应用能力的条
目数量分别为 6、4、4、6。

　　2. 非认知能力的测量

　　非认知能力在文献中有多种称谓，如软技能、人格特质、非认
知能力、品质特征与社会情绪能力等，布温特·W. 罗伯茨（Brent
W. Roberts, 2009）认为，个性特质（即非认知能力）是相对持久的
思维、情感和行为模式，它反映个体在特定环境下使用特定方式做
出响应的倾向。非认知能力在本质上是认知能力的对称，即除阅读、
计算、逻辑推理等认知能力外，同样凝聚在劳动者身上，并对经济
收入、社会地位与生活行为产生重要影响的能力（乐君杰、胡博文，
2017）。由于非认知能力的多样性与复杂性，非认知能力的测量方法
不统一，但这一现象随着人格心理学的研究发展而出现改善。20 世

---

① 　　该指标的英文版信息如下：OECD, *Summary of assessment domains in the Survey of Adult
Skills*（PIAAC）[EB/OL], http://www.oecd.org/skills/piaac/Summary%20of%20assessment%
20domains%20in%20the%20Survey%20of%20Adult%20Skills, pdf., 2017 年 9 月 7 日引用。

纪 80 年代以来，人格心理学家试图使用大五人格结构模型综合多元化、复杂的人格特征内涵，并取得共识（周金燕，2015）。

大五人格即开放性、严谨性、外向性、宜人性与神经质。对大五人格的测量，一般采用大五人格问卷（BFI,Big Five Inventory）。大五人格问卷以刘易斯·R. 高柏（Lewis R.Goldberg, 1981）提出的"大五"人格结构为理论基础。

从量表长度来看，大五人格问卷自问世以来，产生了多个版本，最初有 BFI-44 与 BFI-54 两个版本，在使用过程中，研究者相继开发出 BFI-25、BFI-S、BFI-K、BFI-10、BFI-20 五个简版 BFI 测验，其中，BFI-44 的使用最为广泛（黎红艳等，2015）。作为一个非专门性的大五人格测试，采用简化版本更具有可行性，但简化版本如果条目过少，将增加测验结果犯一类错误和二类错误的概率，因此，马库斯·克雷德（Marcus Credé, 2012）等建议至少应该使用中等长度的 BFI 问卷。

从量表表达形式来看，在大五人格问卷中，有三种表达方式：句子式、短语式与形容词式。奥利弗·P. 约翰（Oliver P. John）、桑杰·斯里瓦斯提瓦（Sanjay Srivastava）（1999）借助因素分析，从描述人格原型的形容词中选出大五人格各个维度的形容词，以此构建形容词大五人格问卷。采用形容词式的人格测验问卷的各维度（除神经质维度外）的 α 系数在三种测验形式工具中最高（罗杰、戴晓阳，2011）。

从量表国内外版本的比较来看，如果测量工具直接使用从国外翻译过来的版本，会因为文化差异导致测量误差，使用本土研究者开发的测量工具可减少因文化差异导致的测量误差。罗杰、戴晓阳（2011）的元分析发现：国内自编大五人格测试工具与应用国外大五人格测验工具相比，国内大五人格测试多维度的 α 系数均高于后者。

综合考虑 BFI 不同表达形式、国内外版本的信效度差异与长度要求，本书选择罗杰、戴晓阳编制的《中文形容词大五人格量表（简式版）》。该量表共计 20 个条目，测量了外向性、宜人性、严谨性、神经质和开放性 5 个人格维度。在 20 个条目中，1、6、11、16 测量外向性，即被测者神经系统的强弱和动力特征；2、7、12、17 四个条目测量宜人性，主要反映被测者人际交往中的人道主义或仁慈方面；3、8、13、18 测量严谨性，主要反映被测者人格特征与意志有关的内容和特点；4、9、14、19 测量神经质，即反映被测者情绪的状态，体验内心苦恼的倾向性；5、10、15、20 测量开放性，即反映被测者对体验的开放性、智慧和创造性。计分采用 6 点计分法（戴晓阳，2015）。

综上，测量人力资本的指标表如 3.1 所示。

表 3.1　新生代农民工人力资本的测量指标

一级指标	二级指标	测量题项
知识	/	受教育程度
技能	/	拥有技术数量
经验	/	务工年限
健康	身体健康	1. 近两年因病住院人数；2. 自评身体健康状况
	心理健康	GHQ-12
能力	认知能力	借鉴经合组织主持的 PIAAC 与何珺子、王小军（2017）的研究
	非认知能力	《中文形容词大五人格量表（简式版）》

注：/ 表示无二级指标。

第二节　新生代农民工人力资本投资的测量

人力资本的形成在很大程度上依赖于后天的投资，即人力资本投资。不同主体，其人力资本投资途径存在差异，本书的研究对象是新生代农民工，因此，本节的人力资本投资测量特针对新生代农民工群体。

一　新生代农民工人力资本投资的内涵

在不同的人力资本理论中，人力资本投资均指为提高人力资本水平的各种投入。但在不同的人力资本理论中，人力资本投资的具体途径不同。在新人力资本理论中，人力资本形成的交互性和多主体性，要求人力资本投资应多主体参与。根据新生代农民工的生活经历和生活场域，从理论来看，其人力资本投资的主体包括政府、家庭、学校、务工单位与个体。但新生代农民工均已经进入劳动力市场，如果设置学校方面的指标，关于学校办学力量的指标，新生代农民工则无法回答；如果设置关于班级规模等较为具体的指标，可能因为遗忘，降低数据收集质量，故本次调查中未关注学校这一人力资本投资主体。家庭类变量中可能包括部分回溯指标，因为家庭与新生代农民工联系更为紧密，遗忘可能性较低。同样基于回溯性指标数据质量的有效性，政府类变量设置指标较少。此外，在新生代农民工人力资本投资指标体系构建中，亦关注不同人力资本构成要素之间的交互作用，根据新人力资本理论，在人力资本的构成要素之间，知识、健康、能力之间存在更为明显的交互作用。

人力资本形成的纵向性，要求尽早对个体进行人力资本投资，因本书的数据来自课题组主持的一次性调查，属于横截面数据，虽然可以通过回溯性题目调查被调查者在调查时点以前的情况，却不能知晓被调查者人力资本的变迁，故本书虽然采用部分回溯性指标，但主要从人力资本形成的交互性测量人力资本投资。

综上，本书的新生代农民工人力资本投资是指与新生代农民工人力资本形成密切相关的各个主体，对新生代农民工进行的旨在提高其人力资本水平的投入。

二 新生代农民工人力资本投资的维度

根据人力资本的维度，可将人力资本投资的维度划分为知识投资、技能投资、经验投资、健康投资与能力投资五个维度。

三 新生代农民工人力资本投资的测量指标

（一）知识投资的测量指标

知识主要来源途径之一是接受教育。舒尔茨（2016：159）曾指出"教育是向人投资的合适代表"。故在人力资本投资体系中，教育是重要的组成部分。教育可分为正规教育与继续教育两部分。其中，正规教育的投资主要由政府与家庭完成。政府角度的教育投资主要是投入农村义务教育的经费、为农村教育提供的优惠措施，如为学生提供营养餐。政府对农村各级学校投入的教育经费虽然是影响教育的重要因素，但政府的教育经费投入主要影响在校学生的知识水平。对新生代农民工而言，已经进入劳动力市场，现在政府投入农村各级学校的教育经费不会影响已经进入劳动力市场的劳动者的知识水平，被调查者就学中每一年的教育经费的收集存在困难，故在新生代农民工正规教育影响因素中，不适宜选择该指标。家庭教育投资受到家庭经济资本、文化资本与社会资本的影响（周春芳，2017）。经济资本采用被调查者接受教育时家庭主要的相对收入水平测量，文化资本采用父亲与母亲的受教育程度测量，社会资本使用被调查者兄弟姐妹数量与15岁前父亲母亲的陪伴时间测量。

继续教育则主要受到家庭与个体的影响。在家庭中，子代是否参与继续教育主要受到家庭收入水平与父亲、母亲受教育程度的影响。个体的工作时间、健康与能力、对知识的态度可能影响新生代农民工是否参与继续教育。

（二）技能投资的测量指标

技能的形成主要源于四个主体：政府、家庭、务工单位与个体。政府通过专项培训使农民工获得技能，家庭投入培训经费支持家庭成员习得技能，务工单位通过直接提供技能培训与间接支持员工参加培训对新生代农民工进行技能投资，个体通过经费投入、时间投入与对技能的态度进行技能人力资本投资。

（三）经验投资的测量指标

当用务工年限测量经验时，经验主要受到被调查者年龄大小与连续外出务工年龄以及对经验的态度的影响，年龄已经在被调查者基本情况中调查，故经验投资中仅调查连续外出务工时的年龄与对经验的态度。

（四）健康投资的测量指标

新生代农民工健康人力资本的形成源自政府、家庭、务工单位与个体四个主体。政府身体健康投资选择为学生提供营养餐一个指标。家庭通过家庭环境，尤其是父母关系的和谐程度与家庭饮食结构影响新生代农民工的身心健康，其中，家庭饮食结构主要影响身体健康，家庭父母关系的和谐程度主要影响心理健康。务工单位通过为员工购买医疗保险、参加工伤保险、提供医疗服务（如定期体检）与营造健康的工作环境实现健康人力资本投资，在本书中，社会保险的参与是城市融入的衡量指标，故在企业对新生代农民工健康投资的测量中，仅选择是否提供医疗服务与是否营造健康工作环境两个指标。个体通过饮食结构、健康支出（如健身、保健品等支出）、运动频率、睡眠时间与社会交往投资个体健康，同时，对健康的态度、其他人力资本，如知识、能力等也将影响个体健康水平。

（五）能力投资的测量指标

对新生代农民工而言，认知能力与非认知能力依然同时受到政府、家庭、务工单位与个体四个主体的影响。政府的影响重点表现在早期干预，因为能力与知识、健康的交互影响，更多受到政府教育干预与健康干预的影响。

家庭对认知能力与非认知能力的影响主要通过家庭收入约束、父母人力资本水平及其养育孩子的参与和家庭环境实现。家庭收入对能力的影响路径主要有二：一是家庭收入影响孩子教育支付能力，进而影响学校成就，对认知能力产生影响；二是家庭收入影响生活环境，进而影响家庭孩子的非认知能力与认知能力（周金燕，2015）。能力越强、参与程度越高的父母越有利于孩子能力的培养与发展（卡内罗等，2003；库尼亚等，2006）。家庭收入采用上学时家庭相对收入水平测量，父母人力资本水平高低采用父母受教育程度测量，父母在孩子成长中的参与程度采用父母在孩子 15 岁之前的陪伴时间作为代理变量，同时，加入家庭关系是否和谐作为家庭关系环境的代理变量。

旨在传授非认知能力的工作场所项目对青春期个体最有效，这些项目向处于不利境地的个体传授他们未在家庭与高中时期获得的工作技能（考茨等，2014）。对新生代农民工而言，该群体在成长中，未能得到家庭的全面关注与投资，部分未接受高中教育，该群体在工作场所若能得到积极干预，将极大提升该群体的认知能力与非认知能力。同时，因为新生代农民工已经完成学校教育，并开始逐渐脱离原生家庭，故务工单位在新生代农民工认知能力与非认知能力提升中扮演重要角色。务工单位对新生代农民工能力提升的主要途径是培养指导与激励。结合本书对认知能力与非认知能力的界定，培养指导是指务工单位采取提升新生代农民工的听说读写与技术运用能力以及提升新生代农民工的尽责性、开放性、宜人性等人格特征的活动，激励是务工单位对新生代农民工能力提高给予相应的物质激励与晋升激励。

个体在现有认知能力与非认知能力提升研究中更多作为一个被动的主体，例如，在非认知能力形成与完善中，更关注政府、企业与家庭的作为（程虹、李唐，2017）。个体的"实践活动""主观能动性"是影响个体能力形成的重要因素（彭聃龄，2020：446）。因此，个体应是能力形成的重要主体。例如，在向社会人转变的过程中，因个体差异，最终发展形成差别化的人格特质（郑加梅，卿石松，2016）。个体在认知能力与非认知能力的形成、发展中的作用与在知识、技能、经验与健康的发展中的作用不同，在知识、技能、经验与健康的发展中，个体作用不仅通过态度体现，还通过行为体现；而在能力形成中，更多的是通过个体对能力持有的态度影响能力投资的效率。故通过被调查者对能力的态度，来测量个体在能力投资中的作为。此外，根据人力资本形成的交互性，新生代农民工的知识与健康也是影响其能力的重要因素。

第三节　新生代农民工城市融入的测量

一　新生代农民工城市融入的内涵

在我国新型城镇化建设过程中，早期更强调农业转移人口落户数量，近几年来，更强调农业转移人口城市融入的质量。在学术研究中，对农民工城市融入的内涵同样经历了从关注落户到城市融入质量的转变过程。农民工城市融入研究在 21 世纪早期进入研究者的视野，文献梳理发现：不管是早期的农民工市民化研究（刘传江，2004；王桂新等，2008），还是近期的农民工市民化研究（沈水生，2016），尽管对市民化的界定并不完全一致，但均认为市民化是农民工向市民转化的过程，该转化过程的核心是农民工与市民权益的逐步均等，结果是农民工转变为市民。在新型城镇化背景下，市民化的目标应从户籍市民化调整为常住市民化，在政策上的重点应是农业转移人口的福祉，给予该群体与市民均等化的公共服务（邹一南，2021）。近几年来，我国新型城镇化建设同样更关注农业转移人口市民化的质量，如不断推进城镇基本公共服务均等化、加强农民工就业服务和就业培训。

本书以农民工城市融入制度约束日益松动的新型城镇化为背景，目的是使新生代农民工在城市立下脚、扎下根，在生活质量方面逐渐与市民一致，故本书的农民工城市融入是指农民工在城市扎根过程中，其生活质量与市民的接近程度。新生代农民工城市融入的核心与农民工城市融入一致，不同之处是新生代农民工城市融入的对象较农民工城市融入更具体，是外出农民工中出生于 1980 年及之后的群体，即新生代农民工城市融入是新生代农民工在城市的生活质量与市民生活质量的接近程度。

二 新生代农民工城市融入的维度

虽然在界定农民工城市融入的文献中，均将农民工城市融入视为一个动态的过程，但因为农民工城市融入研究多借助一次性的横切面调查数据，难以进行动态研究，对农民工城市融入的测量更多是从静态的角度或结果的角度出发，测量农民工城市融入已经达到的水平。在现有研究中，测量城市融入的维度及其指标存在诸多差异，指标赋权方法不尽相同。刘传江、程建林（2008）从外部制度因素、农民工群体市民化进程和农民工个体市民化进程三部分测量农民工市民化的进程，其中，外部制度因素使用因户籍歧视形成的歧视系数；农民工群体的市民化水平采用市民化意愿与市民化能力进行测量，市民化能力主要是农民工工资与市民工资的比值；农民工个体市民化主要从素质、收入、城市居住时间与认同四个方面进行测量；王桂新等（2008）采用等值赋权法，从居住条件、经济生活、社会关系、政治参与和心理认同五个维度入手评估农民工市民化水平；张斐（2011）借助领域平均权数方法，从经济因素、社会因素与心理因素来测量农民工市民化水平；魏后凯、苏红键（2013）选取政治权利、公共服务、经济生活与文化素质作为测量维度，每一指标均以城市居民相应指标为标准值，运用专家打分法赋权，评价农业转移人口的市民化进程。苏丽锋（2017）在测算流动人口市民化水平时，将市民化分为6个维度：就业市民化、收入市民化、社会保障市民化、居住市民化、消费市民化与身份市民化。

上述农民工市民化测量研究文献为本书奠定了坚实的基础，根据本书新生代农民工城市融入的内涵，借鉴已有农民工市民化测量研究，本书将新生代农民工城市融入划分为就业融入、居住融入、公共服务融入与政治权利融入四个维度。

三　新生代农民工城市融入的测量指标

在选择城市融入的测量指标时，主要考虑两个因素：一是该指标所代表的权益在新生代农民工与市民之间存在差异，二是该指标对新生代农民工在城市扎根非常重要。

1. 就业融入的测量指标

就业融入是新生代农民工在就业方面与市民的接近程度，在就业中，收入或工资、收入稳定性与工作稳定性尤为重要。因此，就业融入的测量指标包括收入比值、收入稳定性与工作稳定性三个二级指标。收入比值是新生代农民工收入与务工地城镇单位在岗职工平均工资的比值，其中，新生代农民工的收入使用近三个月的平均工资或收入测量，通过调查获取该数据；务工地城镇单位在岗职工平均工资通过统计局发布的相关数据获取。收入稳定性使用近三年务工收入变化情况测量，不断上升赋值为1；无变化赋值为0.5；时高时低赋值为0.25；不断下降赋值为0。工作稳定性可用近一年更换工作次数测量，市民的就业相对稳定，故次数为0次或1次的情形赋值为1；2次及以上赋值为次数的倒数。

2. 居住融入的测量指标

居住融入是新生代农民工在居住方面与市民的接近程度，分为住房购买、住房情况与家庭随迁三个二级指标测量。其中，住房购买情况使用是否在务工城市购买住房测量，是赋值为1；否赋值为

0。住房情况包括务工时住房类型、住房设施两个三级指标，务工时住房类型的选项包括自购房、出租房、单位宿舍或亲友家或雇主家、单位工棚或自搭简易房、其他，赋值分别为 1、0.75、0.5、0.25、0[①]。务工时住房设施的选项包括自来水、电、洗澡设施、厕所、网络与都没有 6 个选项，五种设施均包括，赋值则为 1；四种设施、三种设施、两种设施与一种设施的赋值分别为 0.8、0.6、0.4、0.2，都没有赋值为 0。住房类型与住房设施按照 0.5、0.5 的权重合并为住房情况二级指标。家庭随迁使用在务工地有无共同居住的家庭成员进行测量，若有家人共同居住，赋值为 1；没有家人共同居住，赋值为 0。

3. 公共服务融入的测量指标

公共服务融入是新生代农民工在公共服务方面与市民的接近程度。结合公共服务的内涵与对新生代农民工扎根城市的价值，选择劳动合同签订、社会保险参与、住房公积金参与以及随迁子女教育四个二级指标测量公共服务融入。劳动合同签订使用是否签订劳动合同测量；社会保险参与包括是否参加职工养老保险、是否参加职工医疗保险、是否参加失业保险、单位是否为其购买生育保险、单位是否为其购买工伤保险 5 个指标，社会保险总分为上述五个指标的算术平均数；住房公积金参与采用是否参与住房公积金测量；随迁子女教育使用处于义务教育阶段的随迁子女是否在公办学校就读进行测量。上述指标中，由单位购买的工伤保险与生育保险将设置"不知道"这一选项，该选项的赋值为 0.5；其他指标设置是、否两个选项，是赋值为 1，否赋值为 0。

4. 政治权利融入的测量指标

政治权利融入是新生代农民工在政治权利方面与市民的接近程度，采用选举参与和工会参与两个二级指标测量，其中，选举参与采用是否参与社区居委会选举测量，参与赋值为 1，未参与赋值为 0；工

---

① 住房类型的选项与赋值参考了王桂新、沈建法、刘建波（2008）在《中国城市农民工市民化研究——以上海为例》中对住房类型的设计，仅在出租房赋值中做了微调。

会参与包括两个三级指标：单位有无工会、是否参与工会，其中，单位是否有工会设置三个选项：有、不知道、没有，赋值分别为 1、0.5 与 0，是否参与工会设置两个选项：是与否，相应赋值为 1 与 0。

新生代农民工城市融入的测量维度及其指标见下表：

表 3.2　新生代农民工城市融入的测量指标

一级指标	二级指标	测量题项
就业融入	收入比值	近三个月平均工资或收入 a
	收入稳定性	近三年务工收入变化
	工作稳定性	近一年更换工作次数
居住融入	住房购买	是否在务工城市购买住房
	住房情况	务工时住房类型
		务工时住房设施
	家庭随迁	有无共同居住的家庭成员
公共服务融入	劳动合同签订	是否签订劳动合同
	社会保险参与	是否参加职工养老保险
		是否参加职工医疗保险
		是否参加失业保险
		单位是否为您购买工伤保险
		单位是否为您购买生育保险
	住房公积金参与	是否参与住房公积金
	随迁子女教育	是否在公办学校就读
政治权利融入	选举参与	是否参与社区居委会选举
	工会参与	有无工会
		是否参与工会

注：a：在问卷中，收入采用近三个月平均工资或收入测量，但在计算新生代农民工城市融入时，采用近三个月平均工资或收入与务工所在地 2017 年城镇单位在岗职工平均工资或相似指标的比值。

本章小结

本书的主要概念有四：外出新生代农民工、人力资本、人力资本投资与城市融入。外出新生代农民工是出生于20世纪80年代及以后、户口登记地属于农村但在户籍所在乡镇以外的城镇务工半年以上的群体，不包括户口登记地在农村的全日制大学毕业生。

根据新人力资本理论，人力资本是通过投资形成、凝结在个体身上有价值的知识、技能、经验、健康与能力，可分为知识、技能、经验、健康与能力五个维度，其中，健康包括身体健康与心理健康两个二级指标，能力包括认知能力与非认知能力两个二级指标。知识、技能与经验的测量指标依次是受教育程度、拥有技术数量与外出务工年限。身体健康包括两个测量指标：近两年因病住院次数与身体健康自评指标，心理健康采用GHQ-12（12项一般健康问卷）测量；认知能力测量借鉴PIAAC（国际成人能力评估调查）中认知能力测量量表，非认知能力采用《中文形容词大五人格量表（简式版）》。

根据人力资本的构成要素，将人力资本投资分为知识投资、技能投资、经验投资、健康投资与能力投资五个维度，其中，知识投资可分为正规教育投资和继续教育投资两个维度。正规教育投资主体是政府和家庭，继续教育投资主体是家庭与个体，经验投资主体是个体，健康与能力受到政府、家庭、务工单位与个体的共同影响。

新生代农民工城市融入是新生代农民工在城市扎根过程中，其生活质量与市民接近的程度。新生代农民工城市融入可分为就业融入、居住融入、公共服务融入与政治权利融入四个维度。收入比值、收入稳定性与工作稳定性构成就业融入，居住融入包括住房购买、住房情况与家庭随迁三个二级指标，劳动合同签订、社会保险参与、住房公积金参与和随迁子女教育共同测量公共服务融入，选举参与和工会参与组成政治权利融入的二级指标。

第四章 数据来源与数据处理

分析新生代农民工的人力资本水平、城市融入水平以及人力资本对城市融入的影响、新生代农民工人力资本影响因素，均需要借助调查数据。因此，在实证分析之前，说明数据来源与数据预处理，展开量表的项目分析、效度分析与信度分析。

第一节 数据来源、数据预处理与样本情况

一 数据来源

本书所需数据于 2017 年 12 月展开试调查，调查行业主要是新生代农民工务工较为集中的餐饮业与制造业，试调查地点以湘潭地区为主，试调查采用问卷调查与访谈相结合的方式，访谈提纲与调查问卷相同。根据试调查结果修改问卷，正式调查采用问卷调查方法，于2018 年 1–3 月进行。

本书将调查实施时间定在农民工返乡较为集中的春节期间，故根据输出地进行调查。国家统计局实施的"农民工监测调查"将农民工

输出地区分为四大区域，分别是东部、中部、西部与东北部。为使样本分布在四大区域，增加样本对总体的代表性，本书在四个区域选择了调查员。在东部，委托山东财经大学的学生展开调查；在中部，委托湖南科技大学、湘潭大学的学生展开调查；在西部，委托贵州师范大学的学生展开调查；在东北地区，委托在黑龙江务工的朋友调查。在湖南科技大学与湘潭大学选择调查员时，尽量选择来自不同省份的学生。根据学生所在省份，结合农民工的区域分布，确定单个学生完成的问卷数量最大值不超过十。为使样本分布在不同家庭，规定每个家庭只能调查一位新生代农民工；同时要求被调查者的行业、职业和务工单位尽量分散。

采用面对面或网络的方式培训调查员；在发放调查问卷的同时，向每一位调查员发放调查注意事项；建立调查员 QQ 群，用于推进问卷调查进度、解答调查过程中的疑惑。

在正式调查中，共计发放问卷 1315 份，回收 1281 份，回收率为 97%；按照本书的"新生代农民工"定义与问卷填答情况筛选问卷，删除年龄超过 38 岁、受教育程度为大专及以上但未参加继续教育、务工行业在种植业以及缺答较多、错答明显的问卷，最终有效问卷 1047 份。在上述删除问卷的原因中，主要原因有二：一是被调查对象是受教育程度为大专及以上但未参加继续教育的个体，可能与调查员以大学生为主有关；二是非认知能力量表错答或缺答，可能与量表本身具有较高的理解难度有关。有效回收率 80%，艾尔·巴比（Earl Babble, 2012）认为，要进行分析与撰写报告，回收率达到70% 属于非常好的水平。本书的有效回收率为 80%，高于艾尔·巴比认为的非常好的标准。

二　数据预处理说明

原始问卷回收后，经过了数据审核与复查、数据编码与录入、数据清理、缺失值替代与部分变量重新赋值的处理过程。数据审核后，对缺答不严重的样本，通过样本编号对应的调查员进行复查。对多选题，根据问题和答案，重新对问题和答案编码；其他数据编码采用问卷上问题与答案的编码，由笔者在 SPSS 预先设计好变量视图，组织学生录入数据。数据录入后，运用单变量描述统计，清理超出赋值范围的数据，对具有逻辑关联的题项，使用双重查找命令找出不合乎逻辑的个案。对上述两种情况，根据原始问卷进行修正。

对缺失数据，除核对原始问卷外，根据缺失变量的测量层次，选择不同的缺失值替代方法。对定类测量，采用众数替代；对定序测量，采用中位数替代；对定比测量，采用平均数替代，但工资（收入）指标除外，因为工资（收入）极易受到极值的影响，故工资（收入）的缺失值采用中位数替代。

部分变量因为原始赋值方向与其他变量方向相反，或者本身是反向条目，需要重新进行赋值。测量新生代农民工心理健康的 GHQ-12 问卷的赋分方向与其他人力资本测量的赋分方向相反，原量表最常用的赋分可为 0-0-1-1 或 0-1-2-3，分值越高，心理健康水平越低。在数据分析中，因要采用线性比例法进行无量纲化处理，且要与其他人力资本测量的方向一致，故赋分为 4-3-2-1，录入问卷时赋值分别为 1、2、3、4，故将 1 重新赋值为 4，将 2 重新赋值为 3，3、4 分别赋值为 2、1。对测量城市融入的指标，为方便录入，原始数据编码与问卷编码一致，在进行数据分析前，根据城市融入测量中的赋值说明一一重新赋值。

三　样本情况

（一）样本基本情况

被调查者的人口学特征、流出地与流入地以及行业与职业见表 4.1。

表 4.1　样本基本情况

指标名称	指标取值	频数（人）	频率（%）
性别	男	623	59.5
	女	424	40.5
婚姻	已婚	603	57.6
	未婚	430	41.1
	其他	14	1.3
流出地 [a]	东部	238	22.7
	中部	416	39.7
	西部	348	33.2
	东北	45	4.3
流入地 [a]	东部	565	54.0
	中部	199	19.0
	西部	237	22.6
	东北	46	4.4
行业	制造业	220	21.0
	建筑业	161	15.4
	批发零售业	148	14.1
	住宿和餐饮业	179	17.1
	交通运输、仓储和邮政业	74	7.1
	居民服务、修理和其他服务业	90	8.6
	采矿业	26	2.5
	其他	149	14.2
职业	工人	341	32.6
	服务员	154	14.7
	销售员	133	12.7
	技术员	178	17.0
	管理员	100	9.6
	老板	65	6.2
	其他	76	7.3

指标名称	指标取值	频数（人）	频率（%）
年龄[b]	27.7	16	38
样本量	1047		

资料来源：笔者主持的"新生代农民工市民化与人力资本调查"，以下相关数据，如未说明，均来自本次调查。

注：a：流出地与流入地的区域区分采用"农民工监测调查"中的划分，东部地区包括北京、天津、河北、上海、江苏、浙江、福建、山东、广东、海南10个省（市）；中部地区包括山西、安徽、江西、河南、湖北、湖南6省；西部包括内蒙古、广西、重庆、四川、贵州、云南、西藏、陕西、甘肃、青海、宁夏、新疆12个省（自治区）；东北地区包括辽宁、吉林、黑龙江3个省。

b：年龄为定比测量，故未采用分布分析，三个数值依次为平均年龄、最小年龄与最大年龄。

据表4.1可知，新生代农民工在人口学特征方面，以男性、已婚为主，平均年龄达27.7岁。在流出地方面，中部是新生代农民工流出最多的区域，紧随其后的是西部、东部与东北。从流入地来看，东部是吸纳新生代农民工最多的区域，超过半数的新生代农民工在东部务工；其次是西部，22.6%的新生代农民工在西部务工；再次是中部；最后是东北。从行业来看，吸纳新生代农民工最多的行业是制造业，此外，住宿和餐饮业以及建筑业也是吸纳新生代农民工比较多的行业，三大行业吸纳了53.5%的被调查者。从职业来看，工人是新生代农民工的主要职业，超过三成的被调查者的职业为工人；技术员与服务员是紧随工人之后的两大职业，三大职业占被调查者的比重为64.3%。

（二）样本质量评估

样本质量评估可采用两种方法：一是分析、检查实际抽取样本的程序和方法，判断是否做到总体中的每一个个体都有已知且相等的概率被选入样本。二是比较总体与样本中同一且能反映重要特征的指标，若二者差距较小，则说明样本代表性较高（风笑天，2016）。新生代农民工因为分布广泛，不能获取总体名单，难以实现等概率抽样，本书借助在我国四大区域安排调查员的方式，实现被调查者分布较为广泛的目的。因此，本书主要通过指标比较的方法评估样本质量，比较对象为国家统计局的"农民工监测调查"中的同类指标。但需要注意的是，"农民工监测调查"的对象是全体农民工，而本调查的对象为外出新生代农民工，部分指标将存在一定差距，该差距的产生源于年龄，本次调查的样本平均年龄较全体农民工低 12 岁，故该部分指标的差异具有一定的规律。如本次调查的指标与 2017 年"农民工监测调查"同类指标较为接近，或存在差异，但差异符合二者因年龄差距产生的差异，则说明样本质量较好；反之，则说明样本质量较差。

本调查所得样本的人口学特征与 2017 年"农民工监测调查"中的差异符合二者因年龄不同应呈现的差异。根据 2017 年农民工监测调查报告，在全部外出农民工中，男性占 68.7%，女性占 31.3%；有配偶占 64.5%，未婚及其他占 35.5%。在新生代农民工中，因其平均年龄比全体农民工低，故新生代农民工中男性比例和已婚比例应低于农民工总体，而女性比例和未婚比例应高于农民工总体。本调查中男性占比 59.5%，比总体中男性占比低，女性占比 40.5%，比总体中女性占比高；已婚占比 57.6%，低于总体的已婚比例，未婚占比 41.1%，高于总体中未婚的比例。

从流出地与流入地来看，样本在四大流出地的排序与总体中的排序一致，流入地的地区排序与总体中的排序存在一定差异，但差异较小。从流出地来看，2017 年，外出农民工分布在东部、中部、西部与东北的比例依次为 27.4%、37.2%、31.8% 与 3.5%，外出农民工数量从多到少的区域是中部、西部、东部与东北；本次调查的样本在上述四个区域的分布比例依次为 22.7%、39.7%、33.2% 与 4.3%，不仅排序一致，而且分布比例的差值最大为 4.7 个百分点，最小为 0.8 个百分点，差异较小。从流入地来看，全体农民工分布在东部、中部、西部与东北四个区域的比例依次为 55.8%、20.6%、20.1% 与 3.2%，本次调查中的流入地占比从高到低依次是东部、西部、中部与东北，与总体中的排序相比，流入地占比最高的区域与流入地占比最低的区域与总体一致，分别是东部与东北，不同的是，中部作为流入地，排在第三位，西部排在第二位；但流出地占比的差异较小，最大差异为2.5个百分点，最小为1.2个百分点。

从行业 ① 分布来看，本次调查中的行业众数与总体一致，其他行业分布因年龄不同，与总体存在一定差异。不管是全体农民工，还是本次调查的新生代农民工，制造业均是其务工的主要行业。在全体农民工中，除制造业外，其他两个主要的行业是建筑业和批发零售业；在本次调查中，紧随制造业之后的是住宿和餐饮业、建筑业。新生代农民工的平均年龄比全体农民工低12岁，更有可能分布在员工年轻化的住宿和餐饮业，在建筑业中就业的概率比全体农民工低，故更多分布在住宿和餐饮业，分布在建筑业的比例比总体低。

通过对本次调查的样本与2017年农民工的人口学特征、流出地和流入地以及行业的对比，可发现，本次调查抽取的样本与总体的差异较小，具有较高的代表性。

第二节 量表的项目分析、效度分析与信度分析

在人力资本测量中，心理健康、认知能力与非认知能力均采用量表进行测量，在对量表进行正式分析之前，应先对量表进行项目分析、效度分析与信度分析。根据项目分析、效度分析与信度分析后的结果，确定量表条目的去留，并确定量表所代表的指标的最终数值。在新生代农民工人力资本测量量表的项目分析、效度分析、信度分析

---

① 《2017年农民工监测调查报告》中未有职业分布的相关数据，故未对比全体农民工和本次调查样本的职业分布。

中，均使用经过缺失值处理以及重新赋值的数值。

一 心理健康量表的项目分析、效度分析与信度分析

（一）心理健康量表的项目分析

项目分析的目的是检测量表中所列条目的鉴别度，并据此对条目进行筛选。可采用同质性检验作为条目筛选的一个指标，条目与总分的相关愈高，表示条目与整体量表的同质性越高，与所要测量的心理特质或潜在行为更为接近。条目与总分的相关不仅要达到显著，两者间的相关还应呈现中高度相关，即相关系数至少要在 0.4 以上（吴明隆，2010）。

心理健康量表条目（C61–C66、C71–C76）与心理健康量表总分（C67）的斯皮尔曼（Spearman）相关系数如表 4.2 所示：

表 4.2　心理健康量表的条目与总分的相关系数

	C67
C61	0.608
C62	0.567
C63	0.675
C64	0.693
C65	0.709
C66	0.629
C71	0.514
C72	0.534
C73	0.600
C74	0.532
C75	0.637
C76	0.607
样本容量	1047

注：显著性水平均为 0.000。

表 4.2 显示：心理健康量表的条目与总分的相关系数均在 0.5 以上，且均通过显著性检验，所有条目均保留。

（二）心理健康量表的效度分析

在心理健康量表的探索性因子分析中，抽取方法采用主成分分析方法，旋转方法选择正交旋转中的最大方差法。

第一次因子分析时，12 个条目均纳入因子分析，KMO 为 0.875，Bartlett 球形检验的显著性为 0.000，碎石图见图 4.1。

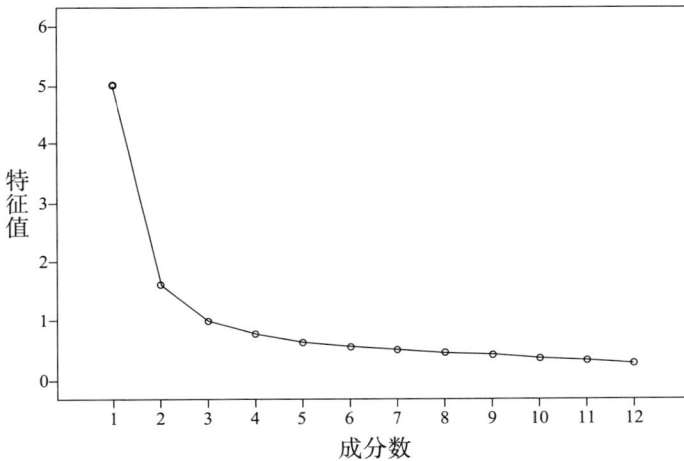

图 4.1　心理健康量表的碎石图

如将特征根值大于 1 作为决定因子数量的标准，共提取两个因子；结合碎石图可发现，从第四个因子开始变得更为平坦，且第三个因子的特征根值为 0.990，接近 1，故提取三个因子。具体结果见表 4.3。

表 4.3　心理健康量表因子负荷矩阵与总方差解释结果

	因子 1	因子 2	因子 3
C61	0.124	0.841	0.137
C62	0.095	0.872	0.083
C63	0.225	0.496	0.540

续表

	因子 1	因子 2	因子 3
C64	0.205	0.591	0.491
C65	0.296	0.191	0.813
C66	0.242	0.113	0.815
C71	0.714	0.261	-0.056
C72	0.732	0.066	0.187
C73	0.716	0.167	0.175
C74	0.653	-0.002	0.302
C75	0.713	0.104	0.280
C76	0.671	0.105	0.272
特征根值	5.022	1.624	0.990
贡献率（%）	26.726	18.613	18.296
累积贡献率（%）	26.726	45.339	63.635
样本容量	1047		

注：因进行了旋转，故贡献率与累计贡献率采用旋转后的结果。以下因子分析亦如此。

三个因子的累计方差贡献率为 63.635%，每一条目在所属因子中的负荷均高于 0.5，在非所属因子中的负荷均低于 0.5，故 GHQ-12 在新生代农民工中具有较好的效度。根据因子分析结果与心理健康量表条目的含义，因子 1 包含 C7 的六个条目，可命名为积极状态因子；因子 2 包括 C6 的第一个条目、第二个条目与第四个条目，可命名为焦虑忧郁因子；因子 3 包括 C6 第三个条目与第五个条目、第六个条目，可命名为丧失自信因子。被调查者在三个所属因子上的数值越高，表明被调查者的心理健康状态越佳。

（三）心理健康量表的信度分析

根据效度分析，心理健康量表可分为积极状态、焦虑忧郁与丧失自信三个分量表，三个分量表与总量表的 Cronbach's Alpha 系数分别为 0.831、0.776、0.777 与 0.870。分量表与总量表的 Cronbach's Alpha 系数可接受的最低值分别是 0.80 和 0.60（吴明隆，2010）。对照该标准，可发现：本次调查使用的分量表与总量表的 Cronbach's

Alpha 系数均达到高信度水平。

结合心理健康量表的项目分析、效度分析与信度分析,心理健康量表所有 12 个条目均保留,12 个条目分属积极状态、焦虑忧郁与丧失自信三个因子。

表 4.4 心理健康量表的因子构成及其包含的条目

因子名称	包含条目
积极状态因子	C71、C72、C73、C74、C75、C76
焦虑忧郁因子	C61、C62、C64
丧失自信因子	C63、C65、C66

二 认知能力量表的项目分析、效度分析与信度分析

(一)认知能力量表的项目分析

认知能力初始量表包括 20 个条目,分别为 C81 至 C820,与认知能力量表的总分 C8120 的斯皮尔曼相关系数如表 4.5 所示。

表 4.5 认知能力量表的条目与总分的相关系数

	C8120
C81	0.595
C82	0.696
C83	0.670
C84	0.650
C85	0.648
C86	0.632
C87	0.406
C88	0.623
C89	0.708
C810	0.703
C811	0.665
C812	0.487

	C8120
C813	0.555
C814	0.662
C815	0.695
C816	0.652
C817	0.536
C818	0.706
C819	0.731
C820	0.500
样本容量	1047

注：显著性水平均为 0.000。

表 4.5 显示，认知能力量表的条目与总分的相关系数均在 0.4 以上，且均通过显著性检验。故所有条目均保留。

（二）认知能力量表的效度分析

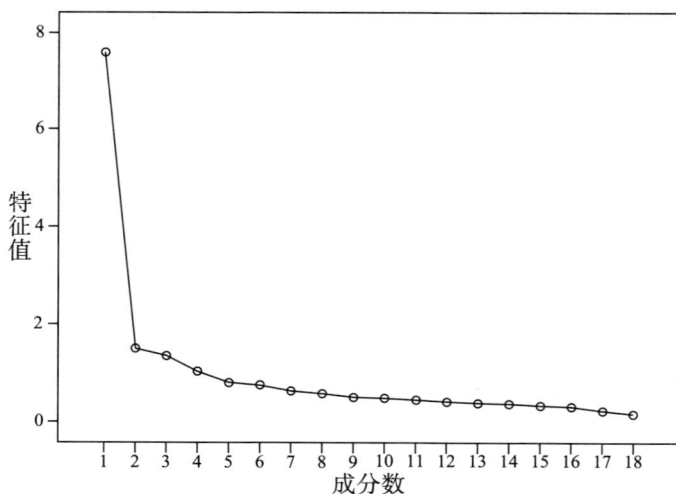

图 4.2　认知能力量表的碎石图

第一次因子分析时，将该量表所有条目均纳入，因子分析结果显示：KMO 为 0.930，Bartlett 球形度检验显著性水平为 0.000，抽取方法采用主成分分析方法，旋转方法选择正交旋转中的最大方差法，以特征根值大于 1 为标准，提取四个公因子，累积贡献率为 61.990%。条目 C84 在两个公因子上的负荷高于 0.5，条目 C85 在四个公因子上的负荷均小于 0.5。删除 C84 后进行第二次因子分析，条目 C85 在两个公因子上的负荷仍然低于 0.5。删除 C85 后进行第三次因子分析，KMO 为 0.920，Bartlett，球形度检验显著性水平为 0.000，以特征根值大于 1 为标准，提取四个公因子，碎石图如图 4.2 所示。

结合特征根值与碎石图，共计提取 4 个因子，根据特征根值与碎石图提取的因子数量与量表设计的量表维度数量一致。第三次因子分析结果如表 4.6。

表 4.6　认知能力量表的因子负荷矩阵与总方差解释结果

	因子 1	因子 2	因子 3	因子 4
C81	0.180	0.163	0.816	0.065
C82	0.271	0.175	0.806	0.138
C83	0.276	0.194	0.667	0.208
C86	0.602	0.220	0.309	0.158
C87	0.746	-0.062	0.106	0.041
C88	0.686	0.273	0.300	-0.005
C89	0.582	0.345	0.252	0.208
C810	0.698	0.293	0.207	0.191
C811	0.584	0.304	0.197	0.241
C812	0.175	0.004	0.157	0.841
C813	0.172	0.300	0.116	0.718
C814	0.456	0.573	0.078	0.228
C815	0.199	0.686	0.332	0.145
C816	0.024	0.644	0.347	0.299
C817	-0.116	0.582	0.244	0.365
C818	0.425	0.763	0.110	0.018
C819	0.411	0.765	0.164	-0.012
C820	0.481	0.535	-0.076	-0.035

续表

	因子 1	因子 2	因子 3	因子 4
特征根值	7.591	1.499	1.361	1.037
贡献率（%）	20.237	20.080	13.778	9.727
累积贡献率（%）	20.237	40.317	54.096	63.823
样本容量	1047			

四个因子的累计方差贡献率为 63.823%，每一条目在所属因子中的负荷均高于 0.5，在非所属因子中的负荷均低于 0.5，故本书设计的新生代农民工认知能力测量量表在新生代农民工中具有较好的效度。根据因子分析结果与认知能力量表条目的含义，因子 1 包含 C86-C811 共计 6 个条目，可命名为写作能力因子；因子 2 包括 C814-C820 共计 7 个条目，可命名为通信技术应用能力因子；因子 3 包括 C81-C83 共计 3 个条目，可命名为阅读能力因子；因子 4 包括 C812-C813，可命名为计算能力因子。上述四个因子数值越高，表明相应的写作能力、通信技术应用能力、阅读能力和计算能力越强。

（三）认知能力量表的信度分析

根据效度分析结果，认知能力量表可分为四个分量表，即写作能力量表、通信技术应用能力量表、阅读能力量表与计算能力量表，上述四个分量表与总量表的 Cronbach's Alpha 系数分别为 0.849、0.866、0.806、0.621 与 0.916。计算能力分量表因为包含条目较少，Cronbach's Alpha 系数比其他分量表低，但仍然达到尚佳的水平，其他三个分量表的 Cronbach's Alpha 系数均在 0.8 以上，信度很高；总量表的 Cronbach's Alpha 系数在 0.9 以上。综上，本次调查中使用的认知能力量表具有较好的信度。

结合认知能力的项目分析、效度分析与信度分析，认知能力测量量表最终进入正式统计分析的条目为删除 C84、C85 后剩余的 18 个条目，18 个条目分属写作能力、通信技术应用能力、阅读能力与计算能力四个维度。

表 4.7　认知能力量表的因子构成及其包含的条目

因子名称	包含条目
写作能力因子	C86、C87、C88、C89、C810、C811
通信技术应用能力因子	C814、C815、C816、C817、C818、C819、C820
阅读能力因子	C81、C82、C83
计算能力因子	C812、C813

三　非认知能力量表的项目分析、效度分析与信度分析

（一）非认知能力量表的项目分析

非认知能力量表共计 20 个条目，分别为 C91–C920，该量表所有条目加总后命名为 C9120。非认知能力量表的条目与总分的斯皮尔曼相关系数如表 4.8 所示。

表 4.8　非认知能力量表的条目与总分的相关系数

	C9120
C91	0.614
C92	0.610
C93	0.607
C94	0.643
C95	0.572
C96	0.738
C97	0.695
C98	0.659
C99	0.705
C910	0.585
C911	0.725
C912	0.634
C913	0.651
C914	0.619
C915	0.560

续表

C916	0.748
C917	0.714
C918	0.509
C919	0.647
C920	0.566
样本容量	1047

注：显著性水平均为 0.000。

非认知能力量表的条目与该量表总分的相关系数均在 0.4 以上，经过项目分析，非认知能力量表的所有条目均保留。

（二）非认知能力量表的效度分析

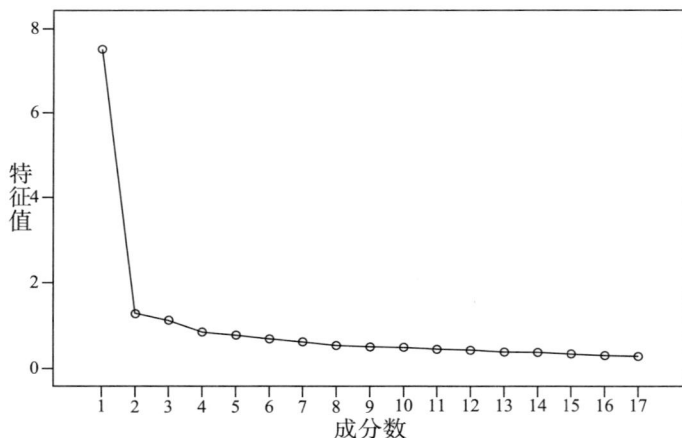

图 4.3　非认知能力量表的碎石图

第一次因子分析时，将该量表所有条目均纳入，因子分析结果显示：KMO 为 0.944，Bartlett 球形度检验显著性水平为 0.000，抽取方法采用主成分分析方法，旋转方法选择正交旋转中的最大方差法，以特征根值大于 1 为标准，提取三个公因子，累积贡献率为 55.063%。条目 C93、C919 与 C920 在三个公因子上的负荷均小于 0.5。删除 C93 后进行第二次因子分析，C919 与 C920 在三个公因子

上的负荷均仍然小于 0.5，删除 C919 进行第三次因子分析，C920 在
三个公因子上的负荷依然小于 0.5，删除 C920 进行第四次因子分析，
KMO 为 0.937，Bartlett 球形度检验显著性水平为 0.000，以特征根
值大于 1 为标准，剩余 17 个条目共提取三个公因子，累积贡献率提
高到 58.495%，碎石图如图 4.3 所示。

　　结合碎石图与特征根值，最终提取三个因子，最终的因子分析结
果如表 4.9 所示。

表 4.9　非认知能力量表的因子负荷矩阵与总方差解释结果

	因子 1	因子 2	因子 3
C91	0.704	-0.025	0.245
C92	0.628	0.202	0.095
C94	0.525	0.315	0.224
C95	0.274	0.093	0.785
C96	0.784	0.161	0.212
C97	0.671	0.385	0.076
C98	0.444	0.506	0.211
C99	0.637	0.333	0.167
C910	0.242	0.179	0.766
C911	0.696	0.274	0.216
C912	0.447	0.585	0.058
C913	0.272	0.752	0.196
C914	0.230	0.694	0.271
C915	0.129	0.298	0.767
C916	0.634	0.279	0.348
C917	0.624	0.421	0.128
C918	0.105	0.683	0.122
特征根值	7.516	1.291	1.137
贡献率（%）	27.052	17.629	13.814
累积贡献率（%）	27.052	44.681	58.495
样本容量	1047		

每一条目在所属因子中的负荷均高于 0.5，在非所属因子中的负荷均低于 0.5，故本书使用的中文形容词大五人格量表在新生代农民工非认知能力测量中具有较好的区分效度与聚合效度。但最终提取的公因子数目以及不同公因子所包含的条目与预期不一致。可能原因是人格特质本身的复杂性以及跨文化的差异性。

关于人格特质到底区分为几个维度以及每一个维度的含义，现有理论仍然存在争议。兰迪·拉森（Randy J.Larsen）和戴维·巴斯（David M.Buss）（2012）在梳理人格特质理论的发展时归纳指出，因素分析的发明者之一雷蒙德·卡特尔（Raymond Bernard Cattell）将人格特质分为 16 种，即 16PF；汉斯·J. 艾森克（Hans J.Eysenck）将人格特征分为三个维度：内—外向性、神经质—情绪稳定性与精神质；杰里·威金斯（Jerry Wiggins）发展出以地位和爱为主轴的人格环形模型。近年来，人格研究者关注与支持最多的人格特质是五因素模型，该模型将人格特质分为五个维度，但五个维度具体代表哪些特质，以及每一个特质的含义在来自不同文化背景的研究成果中存在差异。

人格特质具有文化差异性，我国学者展开了一系列基于中文形容词的人格特质研究，不同研究得出的人格特质维度数量与维度含义不尽相同。杨国枢、彭迈克（1984）利用 150 个形容词描述六个不同目标人物时，共得到 4-5 个主要因素，最终抽出共同而独立的主要因素包括善良诚朴—阴险浮夸、精明干练—愚蠢懦弱与热情活泼—严肃呆板。借助经过简化的中文人格特质形容词表，以载荷量 0.3 为标准，删除载荷量低于 0.3 的条目，剩余 155 个条目，在 1511 名被试中施测，共提取七个人格维度：精明果敢—退缩平庸、严谨自制—放纵任性、外向活跃—内向沉静、淡泊诚信—功利虚荣、温顺随和—暴躁倔强、善良友好—薄情冷淡、热情豪爽—退缩自私（崔红、王登峰，2003）。使用第一份完全根据中国人的人格结构和行为特点编制的综合性的人格测量工具——中国人人格量表（QZPS,Qingnian Zhongguo Personality Scale），对 5010 名正常被试和 974 名精神分裂症患者、吸毒者和在押罪犯施测，删除载荷量和共通性低的项目，最终剩余 180 个项目，共提取七个人格特质维度：外向性、善良、行事风格、才干、情绪性、人际关系与处事态度，将七个因素下属的 18 个二级因素进行二阶探索性因素分析后，可将人格特质分为他人指向特点、自我指向特点与事物指向特点三个范畴（王登峰、崔红，2004）。随着大五人格理论的兴起、发展与应用，国内开始编制中文版的大五人格量表，该研究的前提是将人格特质分为五个构面：外向性、宜人性、严谨性、神经质与开放性（王孟成等，2010；罗杰、戴晓阳，2015）。王孟成、罗杰、戴晓阳编制的中文版大五人格量表主要在大学生中施测，施测结果显示：大五人格量表具有较高的信度与效度。但大五人格的分类是否适合整个中国人，现有研究存在争议。分析由同一被试完成的大五人格问卷修订版（NEOPI-R, Revised NEO Personnality Inventory）的数据和中国人人格量表（QZPS）的数据发现：中西方人格结构的差异并非表现为具体的人格维度或因素的差异，中国人每一人格维度都包含与西方人相似或相同的成分，也包含与西方人不同的成分（王登峰、崔红，2008）。故采用测量大五人格的量表测量中国某一群体的人格特征时，由于文化的差异，极有可能得出与预期不一致的结论。

此外，量表与被调查者之间的匹配程度不佳，也可能是导致数据分析结果与预期不一致的原因。该量表不管是量表填写指导语还是量表中的形容词，对未接受过大学教育的新生代农民工有一定难度，在设计问卷时，笔者过多考虑了时间上的可行性，忽略了匹配性。

鉴于人格特质理论对人格维度划分并未取得完全一致、人格特征存在跨文化差异性的结论，以及忠于数据的原则，本书采用根据因子分析得出的维度，划分人格特质并根据条目含义进行命名。根据因子分析结果，共提取三个因子，因子一包括 C91、C92、C94、C96、C97、C99、C11、C16 与 C17 共计九个条目，上述条目基本都与人际关系相关，而人际关系又与他人有关，故命名为他人指向因子；因子二包括 C98、C912、C913、C914 与 C918 共计五个条目，该五个条目主要是与自我相关，命名为自我指向因子；因子三包括 C95、

C910 与 C915 共计三个条目，该三个条目主要与事物相关，命名为事物指向因子。该人格特质分类结果与崔红、王登峰（2002）关于中国人人格总体特点的结论相似：他人指向的特点包括和善温和、挑剔易怒、顺从退让、热情亲和、虚荣炫耀与浪漫叛逆，自我指向的特点包括谨慎自制、优雅博学、外向活跃、淳朴诚实与严厉粗暴，事物指向的特点包括敬业上进、贪心浮夸和畏缩小气。本书中的他人指向因子主要包括了大五人格的外向性和宜人性，还与神经质关联，外向性、宜人性体现了他人指向的和善温和、顺从退让、热情亲和等特点，神经质体现了他人指向中的挑剔易怒特点。本书中的自我指向因子主要体现了大五人格中严谨性，也与神经质和宜人性关联，严谨性体现了自我指向中谨慎自制的特点，神经质体现了自我指向中严厉粗暴的特点，宜人性体现了自我指向中优雅博学和淳朴诚实等特点。本书中的事物指向因子体现了大五人格中的开放性，体现了畏缩特点。

（三）非认知能力量表的信度分析

根据效度分析结果，非认知能力量表可分为三个分量表，即他人指向分量表、自我指向分量表与事物指向分量表，上述三个分量表与总量表的 Cronbach's Alpha 系数分别为 0.893、0.795、0.774 与 0.919。分量表的 Cronbach's Alpha 系数达到高或很高的程度，总量表的 Cronbach's Alpha 系数在 0.9 以上，信度很高。

综上，使用罗杰、戴晓阳编制的《中文形容词大五人格量表（简式版）》在新生代农民工中施测，删除三个条目，剩余十七个条目分属三个因子。

表 4.10　非认知能力量表的因子构成及其包含的条目

因子名称	包含条目
他人指向因子	C91、C92、C94、C96、C97、C99、C911、C916、C917
自我指向因子	C98、C912、C913、C914、C918
事物指向因子	C95、C910、C915

在他人指向因子中，数值越高，越友好、越活跃；自我指向因子

数值越高，则越坚定、越尽责与越宽厚；事物指向因子数值越高，对事物越持开放态度，创造性越强。

本章小结

本书根据输出地总体分布情况，利用 2018 年春节返乡高峰时段，在农民工输出地展开调查。回收有效问卷 1047 份，有效回收率为 80%。数据回收后，经过了数据审核与复查、数据编码与录入、数据清理、缺失值替代与部分变量重新赋值的预处理过程。样本基本情况显示：新生代农民工以男性、已婚为主，平均年龄 27.7 岁；主要输出地为中部，主要流入地为东部；主要在制造业从业，工人是其主要职业。通过与同期国家统计局主持的"农民工监测调查"比较，本书调查采集的样本对总体具有较高的代表性。

经过项目分析、效度分析和信度分析后，心理健康量表 12 个条目全部保留，分属三个因子：积极状态因子、焦虑忧郁因子和丧失自信因子，认知能力删除 2 个条目，剩余 18 个条目分属四个因子：写作能力因子、通信技术应用能力因子、阅读能力因子和计算能力因子，非认知能力删除 3 个条目，剩余 17 个条目分属他人指向因子、自我指向因子和事物指向因子。心理健康量表与认知能力量表同预期高度一致，非认知能力量表因为现有人格研究中人格维度划分不一致、人格的跨文化差异以及量表与被调查者的匹配度等因素，同预期存在较大差异。

第五章　新生代农民工人力资本水平分析

在新生代农民工人力资本水平的分析中，人力资本指标体系中一级指标与二级指标需要加总，加总的前提是明确人力资本指标体系的权重、人力资本计算公式以及各个指标的水平。因此，本章在权重确定、计算公式的基础上，明确新生代农民工人力资本各个维度的水平与总体水平。

第一节　新生代农民工人力资本指标体系的权重

一　权重的确定方法与流程简介

新生代农民工人力资本指标体系由多个维度构成，部分维度下还存在二级指标，采用层次分析法确定一级指标与二级指标的权重；若二级指标下有两个及以上的指标，采用等值赋权法。

层次分析法（AHP,The Analytical Hierarchy Process）是美国匹兹堡大学教授托马斯·L. 萨蒂（T.L.Saaty）于 20 世纪 70 年代提出的一种系统分析方法。该方法的基本流程如下：首先，将拟解决的问题形成一个递阶的、有序的层次结构模型；其次，根据咨询专家的判断确定模型中每一层次因素的相对重要性，构造判断矩阵；再次，采用幂法或和积法或方根法计算每一层次全部因素相对重要性次序的权重，并进行一致性检验；最后，通过综合计算各层因素相对重要性的权值，得到方案层相对于目标层的相对重要性次序的组合权值，并进行层次总排序的一致性检验，以此作为评价和选择方案的依据（谭跃进，2018）。

本书的目标是确定权重，而非选择方案，在确定指标体系（即递阶层次结构）的基础上，根据咨询专家对指标重要性程度判断结果构造判断矩阵，运用和积法确定各个指标的权重，其中，在重要性程度判断中，采用1–9标度法。先计算每一专家的权重结果，再将通过一致性检验的专家的结果进行算术平均，即为最后的权重。

二 新生代农民工人力资本指标的层次结构

根据人力资本指标体系，建立如下新生代农民工人力资本指标的层次结构：

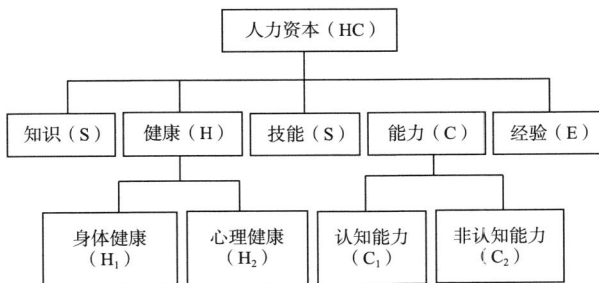

图 5.1 新生代农民工人力资本指标的层次结构

三 新生代农民工人力资本一级指标的权重

（一）构造判断矩阵

本书共借助五位在城市融入与人力资本方面具有一定造诣的专家

进行指标相对重要性程度判断，根据其判断，分别构造判断矩阵。五位专家的基本情况见表 5.1。

表 5.1　层次分析法专家基本情况

专家序号	性别	职称	学位	研究方向
1	女	教授	博士	人口经济学
2	男	教授	博士	人口经济学
3	男	教授	博士	劳动经济学
4	男	教授	博士	人口社会学
5	男	教授	博士	人口经济学

根据五位专家的判断数据，专家一到专家五的判断矩阵分别为 A_1–A_5，如图 5.2 所示：

$$A_1 = \begin{bmatrix} 1 & 5 & 7 & 1 & 1 \\ 1/5 & 1 & 3 & 1/5 & 1/5 \\ 1/7 & 1/3 & 1 & 1/7 & 1/7 \\ 1 & 5 & 7 & 1 & 1 \\ 1 & 5 & 7 & 1 & 1 \end{bmatrix} \quad A_2 = \begin{bmatrix} 1 & 1/5 & 1/3 & 1/5 & 1/5 \\ 5 & 1 & 3 & 1/3 & 1 \\ 3 & 1/3 & 1 & 1/3 & 1/3 \\ 5 & 3 & 3 & 1 & 3 \\ 5 & 1 & 3 & 1/3 & 1 \end{bmatrix} \quad A_3 = \begin{bmatrix} 1 & 1/5 & 1 & 1/3 & 1/7 \\ 5 & 1 & 5 & 2 & 1/2 \\ 1 & 1/5 & 1 & 1/3 & 1/7 \\ 3 & 1/2 & 3 & 1 & 1/2 \\ 7 & 2 & 7 & 2 & 1 \end{bmatrix}$$

$$A_4 = \begin{bmatrix} 1 & 1/3 & 1 & 3 & 1/3 \\ 3 & 1 & 3 & 5 & 1 \\ 1 & 1/3 & 1 & 3 & 1/2 \\ 1/3 & 1/5 & 1/3 & 1 & 1/5 \\ 3 & 1 & 2 & 5 & 1 \end{bmatrix} \quad A_5 = \begin{bmatrix} 1 & 4 & 5 & 3 & 1 \\ 1/4 & 1 & 3 & 1/4 & 2 \\ 1/5 & 1/3 & 1 & 1/5 & 1/3 \\ 1/3 & 4 & 5 & 1 & 3 \\ 1 & 1/2 & 3 & 1 & 1 \end{bmatrix}$$

图 5.2　人力资本一级指标的判断矩阵

（二）层次单排序和一致性检验

层次单排序是根据判断矩阵计算本层要素相对于上一层因素而言，其重要性次序的权值。对判断矩阵 A，计算满足 $AW = \lambda_{max} W$ 的特征根和特征向量，并将特征向量正规化，将正规化后得到的特征向量作为本层元素对于其隶属元素的排序权值。同时，由于受到主客观因素的影响，判断矩阵很难出现严格一致的情况，故需对判断矩阵进行一致性检验（彭国甫等，2004）。一致性检验可采用随机一致性指标——CR，一般标准是 CR 值小于 0.1。CR 计算公式如下：

$$CR = CI / RI \qquad \text{（式 5.1）}$$

式中，RI 为平均随机一致性指标，可通过查表获取，RI 的取值见下表：

表 5.2　1—9 阶矩阵的平均随机一致性指标 RI

阶数	1	2	3	4	5	6	7	8	9
RI	0.00	0.00	0.58	0.90	1.12	1.24	1.32	1.41	1.45

资料来源：谭跃进主编：《定量分析方法》，中国人民大学出版社 2018 年版，第141 页。

在 CR 计算公式中，CI 为一致性指标，其计算公式如下：

$$CI = \frac{\lambda_{\max} - n}{n - 1} \qquad \text{（式 5.2）}$$

式中，n 为阶数，$\lambda_{\max}$ 是矩阵 A 的最大特征根，计算公式如下：

$$\lambda_{\max} = \frac{1}{n} \sum_{i=1}^{n} \frac{(A.w)_i}{w_i} \qquad \text{（式 5.3）}$$

式中，w_i 为各指标的权重向量，A 为判断矩阵。按照上述思路与方法，五位专家对人力资本一级指标的权重及其一致性检验结果如下表：

表 5.3　人力资本一级指标的专家权重及其一致性检验

	w_1（知识）	w_2（技能）	w_3（经验）	w_4（健康）	w_5（能力）	CI	CR
专家 1	0.297	0.072	0.037	0.297	0.297	0.018	0.016
专家 2	0.050	0.213	0.105	0.419	0.213	0.060	0.054

	w_1 （知识）	w_2 （技能）	w_3 （经验）	w_4 （健康）	w_5 （能力）	CI	CR
专家 3	0.058	0.284	0.058	0.175	0.425	0.009	0.008
专家 4	0.132	0.348	0.143	0.056	0.321	0.014	0.013
专家 5	0.360	0.158	0.053	0.238	0.192	0.164	0.147

据表 5.3，第五位专家的排序结果未通过一致性检验，在最终的权重结果计算中，舍去专家五的结果，取其余四位专家权重的算术平均数。在本书的新生代农民工人力资本指标体系中，知识、技能、经验、健康与能力所占权重依次为 0.134、0.229、0.086、0.237 与 0.314。

四　新生代农民工人力资本二级指标的权重

在新生代农民工人力资本一级指标中，健康与能力设有二级指标，健康的二级指标是身体健康与心理健康，能力的二级指标是认知能力与非认知能力。其权重计算过程与一级指标类似，但不用进行一致性检验，因为 1 阶、2 阶判断矩阵总是完全一致（谭跃进，2018）。

（一）健康二级指标的权重

五位专家对健康二级指标的判断矩阵 B_1—B_5 如下图所示：

$$B_1 = \begin{bmatrix} 1 & 1 \\ 1 & 1 \end{bmatrix} \qquad B_2 = \begin{bmatrix} 1 & 1 \\ 1 & 1 \end{bmatrix} \qquad B_3 = \begin{bmatrix} 1 & 1/2 \\ 2 & 1 \end{bmatrix}$$

$$B_4 = \begin{bmatrix} 1 & 1 \\ 1 & 1 \end{bmatrix} \qquad B_5 = \begin{bmatrix} 1 & 4 \\ 1/4 & 1 \end{bmatrix}$$

图 5.3　健康二级指标的判断矩阵

同样采用和积法计算权重，五位专家与最终的权重如下表：

表 5.4　健康二级指标的专家权重与最终权重

	w_{41}（身体健康）	w_{42}（心理健康）
专家 1	0.5	0.5
专家 2	0.5	0.5
专家 3	0.333	0.667
专家 4	0.5	0.5
专家 5	0.8	0.2
最终权重	0.527	0.473

根据上表，在新生代农民工健康二级指标中，身体健康与心理健康所占比重分别为 0.527、0.473。

（二）能力二级指标的权重

五位专家对能力二级指标的判断矩阵 C_1—C_5 如下图所示：

$$C_1 = \begin{bmatrix} 1 & 1/3 \\ 3 & 1 \end{bmatrix} \qquad C_2 = \begin{bmatrix} 1 & 3 \\ 1/3 & 1 \end{bmatrix} \qquad C_3 = \begin{bmatrix} 1 & 2 \\ 1/2 & 1 \end{bmatrix}$$

$$C_4 = \begin{bmatrix} 1 & 1 \\ 1 & 1 \end{bmatrix} \qquad C_5 = \begin{bmatrix} 1 & 3 \\ 1/3 & 1 \end{bmatrix}$$

图 5.4　能力二级指标的判断矩阵

采用和积法计算权重，五位专家与最终的权重如下表：

表 5.5　能力二级指标的专家权重与最终权重

	w_{51}（认知能力）	w_{52}（非认知能力）
专家 1	0.25	0.75
专家 2	0.75	0.25
专家 3	0.667	0.333
专家 4	0.5	0.5
专家 5	0.75	0.25

	w_{51}（认知能力）	w_{52}（非认知能力）
最终权重	0.583	0.417

新生代农民工认知能力与非认知能力所占权重分别为 0.583、0.417。

五 新生代农民工人力资本指标体系权重的层次总排序与一致性检验

（一）新生代农民工人力资本指标体系权重的层次总排序

根据上述计算结果，新生代农民工人力资本各级指标权重如表5.6 所示：

表 5.6 新生代农民工人力资本各级指标的权重

一级指标 二级指标	w_1 0.134	w_2 0.229	w_3 0.086	w_4 0.237	w_5 0.314	各指标相对总体指标的权重
w_1						0.134
w_2						0.229
w_3						0.086
w_{41}				0.527		0.125
w_{42}				0.473		0.112
w_{51}					0.583	0.183
w_{52}					0.417	0.131

注：知识、技能、经验无二级指标，故在二级指标权重中仍然使用与一级指标相同的代码。

（二）新生代农民工人力资本指标体系权重总排序的一致性检验

为检验总排序结果的一致性，需要计算与单层次排序类似的检验量，同样采用随机一致性指标 CR，即 CI 与 RI 的比值，但 CI、RI 的计算公式与单层次排序中的计算不同。

$$CI = \sum_{i=1}^{m} a_i CI_i \qquad （式 5.4）$$

式中，a_i 是第一级指标 i 的权重，CI_i 为第一级指标 i 对应的第二级指标的一致性指标。

$$RI = \sum_{i=1}^{m} a_i RI_i \qquad （式 5.5）$$

式中，a_i 同样是第一级指标 i 的权重，RI_i 是 a_i 对应的第二级指标平均随机一致性指标。由于本书中仅有两个一级指标存在二级指标，且二级指标的数量为 2，其对应的平均随机一致性指标值为 0，与单层次排序中阶数为 1 或 2 相似，当平均随机一致性指标为零时，可认为该矩阵具有完全一致性，即通过一致性检验。

综上，在新生代农民工资本指标体系中，根据指标权重大小，一级指标从大到小的排序是能力、健康、技能、知识与经验，权重依次为 0.314、0.237、0.229、0.134 与 0.086；在健康中，身体健康与心理健康的比重分别为 0.527、0.473；在能力中，认知能力所占权重为 0.583，非认知能力所占权重为 0.417。

第二节　新生代农民工人力资本的计算公式与等级评价方法

在人力资本指标体系中，统一采用正向型指标，正向型指标也称极大型指标，该指标取值越大越优。在人力资本指标体系中，身体健康中的客观健康指标属于逆向型指标，采用倒数转换，使其转换为极大型指标，当住院次数为 0 时，赋值为 1。在加总新生代农民工人力资本总体水平时，因为各个维度的单位不同，需要进行无量纲化处理。在计算知识、技能和经验时，采用原始数据；在计算健康和能力水平时，通过其所属二级指标的数值及其权重加总而得。在确定其等级时，采用模糊综合评价法。

一 新生代农民工人力资本指标的无量纲化处理

常用无量纲化处理方法包括标准化处理法、极值处理法、线性比例法、归一化处理、向量规范法与功效系数法（张发明，2018）。根据变量测量层次与研究目的，本书选择线性比例法进行无量纲化处理，为使最终的人力资本指数在0–100，在线性比例法公式中统一乘以100。具体计算公式如下：

$$x_{ij}^* = \frac{x_{ij}}{\max\{x_{ij}\}} \times 100 \qquad （式5.6）$$

即某样本在某个指标上的无量纲化处理值等于原始值除以该指标的最大值乘以100，无量纲化处理后的变量取值位于0–100，无固定最小值，最大值为100。

二 新生代农民工人力资本的计算公式

（一）新生代农民工健康和能力的计算公式

新生代农民工健康由身体健康与心理健康指标合成，计算公式如下：

$$H = H_1 \times w_{41} + H_2 w_{42} \qquad （式5.7）$$

式中，H_1、H_2分别代表身体健康水平与心理健康水平，w_{41}、w_{42}分别代表身体健康与心理健康的权重，分别为0.527与0.473。

能力包括认知能力与非认知能力两个指标，计算公式如下：

$$C = C_1 \times w_{51} + C_2 \times w_{52} \qquad （式 5.8）$$

式 5.8 中，C_1、C_2 分别代表认知能力水平与非认知能力水平，w_{51}、w_{52} 分别代表认知能力与非认知能力的比重，分别为 0.583 与 0.417。

（二）新生代农民工总体人力资本的计算公式

从一级指标来看，新生代农民工人力资本总体水平计算公式如下：

$$HC = K \times w_1 + S \times w_2 + E \times w_3 + H \times w_4 + C \times w_5 \qquad （式 5.9）$$

公式中，HC 代表新生代农民工总体人力资本，K、S、E、H、C 分别代表新生代农民工的知识、技能、经验、健康与能力，但此处应采用无量纲化处理后的数值，w_1、w_2、w_2、w_4、w_5 分别代表知识、技能、经验、健康与能力所占权重，具体数值见表 5.6。

三 模糊综合评价法简介

模糊是客观事物差异在中介过渡时呈现的亦此亦必性，但对客观事物进行科学评价时要求数量化和精确化，模糊数学为此打开了一扇大门（刘传江等，2009）。新生代农民工人力资本水平的高低具备在中介过渡时呈现亦此亦必的特性，故采用模糊综合评价方法进行评价。模糊综合评价方法根据模糊数学的隶属度理论，将定性评价转化为定量评价，对受到多种因素制约的事物或相关事物做出总体评价，其特点是结果清晰、系统性强（张发明，2018）。

模糊综合评价一般分为五个步骤：第一，确定对象集、因素集以及评语集，第二，确立 m 个评价因素的权重向量；第三，建立模糊综合评价矩阵；第四，按照模糊数学模型进行合成运算；第五，归一化处理，根据最大隶属原则，确定最优者（张发明，2018）。

对模糊评价结果进行归一化处理后，当评语集数量大于 4 时，最大值如果大于等于 0.7，说明采用最大隶属原则判断评价对象所处等级很有效；反之，如果小于 0.7，最大隶属原则是低效的，此时，加权平均原则可弥补最大隶属原则的不足。在加权平均原则下，以等级值 A_j 作为变量，以综合评判 b_j 作为权数，计算评价对象所属等级值 A。计算公式如下：

$$A = \frac{\sum\limits_{j=1}^{n} b_j^K \times A_j}{\sum\limits_{j=1}^{n} b_j^K} \qquad （式 5.10）$$

式中，n 为评语集数量，K 为 1 或 2，A_j 人为确定，等级值 A 一般为非整数（邱东，1989）。

在本书中，评语集数量 n 为 5，K 确定为 1，A_j 从很高、高、中、低到很低，对应的等级值依次为 1、2、3、4、5。

在新生代农民工人力资本所属等级评价中，评价对象为新生代农民工，评价指标不同，则因素集不同，评语集统一，均为 V={ 很高，高，中，低，很低 }。权重向量采用新生代农民工人力资本指标体系中的权重结果。模糊综合评价矩阵采用确定新生代农民工人力资本指标体系和城市融入指标体系权重的五位专家[①]的评价结果。其中，教育、技能、经验没有二级指标，直接采用专家评价结果即可做出结论；健康、能力与人力资本总量采用上述步骤进行计算。当归一化后的隶属度最大值大于等于 0.7 时，采用最大隶属原则选择最终等级；当最大值小于 0.7 时，采用加权评价原则选择最终等级。

---

① 　因身体原因，专家五仅参加了新生代农民工人力资本指标体系、城市融入指标体系重要性程度判断，在模糊综合评价环节，由另外一位专家替换。其会四位专家既参加了重要性程度的判断，又参加了模糊综合评价。

第三节　新生代农民工人力资本的各维度水平与总体水平

本书从平均数、分布情况与等级三个方面分析新生代农民工人力资本的水平。其中，平均数与分布情况采用经过效度分析与信度分析后保留的并进行过一致化处理的指标值，知识采用中位数作为其平均数的代表，其他指标采用算术平均数作为平均数的代表；分布情况采用频数分析与频率分析；在确定隶属等级中，采用模糊综合评价方法。

一　新生代农民工人力资本各维度的水平

（一）新生代农民工知识的水平

本书采用新生代农民工受教育程度测量新生代农民工的知识，新生代农民工受教育水平分为五个等级：未上过学、小学、初中、高中（含中专）、大专及以上，相应赋值为 1–5。需要说明的是，本书的大专及以上是指通过继续教育获取的学历，全日制大专及以上的受教育者不是本书的研究对象。

1.新生代农民工知识的平均数与分布

新生代农民工受教育程度以初中为主。调查数据显示：新生代农民工受教育程度的中位数和众数均为初中。新生代农民工各个学历等级的频数分布和频率分布见下表。

表 5.7　新生代农民工受教育程度分布

	频数（人）	频率（%）
未上学	8	0.8

	频数（人）	频率（%）
小学	94	9.0
初中	437	41.7
高中（含中专）	396	37.8
大专及以上	112	10.7
合计	1047	100.0

据表 5.7，初中的频数最高，达到 437 人，占有效样本的 41.7%，是新生代农民工最主要的受教育程度。紧随其后的是高中，比初中仅低 3.9 个百分点。大专及以上的受教育程度虽然较高中降低了 27.1 个百分点，但已高于小学 1.7 个百分点。未上学的新生代农民工最少，不到新生代农民工的 1%。根据国家统计局发布的《2017 年农民工监测调查报告》，在全体农民工中，受教育程度的众数仍然为初中，高中亦位列第二，但位列第三的是小学，第四为大专及以上，未上学均排在最后一位。根据我国教育发展过程，新生代农民工因为平均年龄低于全体农民工，故其受教育程度应更高。本次调查数据显示：虽然新生代农民工的受教育程度仍然以初中为主，但与全体农民工相比，初中、小学、未上学的比重更低，高中、大专及以上的比重更高。与 2009 年的全体农民工相比，受教育程度的提高主要源于高中受教育程度占比的增长。本次调查的受教育程度与 2009 年全体农民工的受教育程度相比，占据主导地位的受教育程度一致，均为初中，但占比下降了 23.1 个百分点；第二位均为高中，高中占比上升了 24.7 个百分点。

2. 新生代农民工知识水平的等级

新生代农民工知识水平为中等水平。在五位专家中，认为新生代农民工受教育程度很高、高、中、低和很低的比重分别为：0、20%、40%、40% 与 0。因为受教育程度没有二级指标，故可直接根据专家评估结果的比重判断其高低。但中与低两个等级所占权重相同，采用加权平均原则评判新生代农民工知识的高低。所属等级值为 3.20，更接近 3，故新生代农民工知识的最终水平为中。

（二）新生代农民工技能的水平

1. 新生代农民工技能的平均数与分布

新生代农民工人均拥有 1–2 项技能。本书采用"您有多少门技术"测量新生代农民工的技能水平。在本书中，较为熟练的动作方式均被视为技能，如使用缝纫机对布料进行加工。调查数据显示：新手农民工技能的最小值为 0，最大值为 12，平均数为 1.41，标准差为 1.18。

从新生代农民工拥有技能数量的分布来看，虽然超过四成的新生代农民工拥有 1 门技术，但近两成的新生代农民工没有技术。调查数据显示：拥有一项技能的新生代农民工占比最高，占到被调查者的 43.7%；其次为拥有 2 门技术的新生代农民工，占到被调查者的 24.1%；紧随其后的是没有技术的比重，占到被调查者的 18.4%，即近两成的新生代农民工没有掌握一门技术。部分新生代农民工没有掌握技术，与农民工培训存在的问题有关。2019 年发布的《新生代农民工职业技能提升计划（2019—2022 年）》指出：面对新的经济社会发展需求、就业形势需要和庞大的农民工总量，培训工作仍然存在制度不够健全、覆盖面不够广泛、规模不够大、针对性有效性不强、促进贫困劳动力就业脱贫的支持度不够等问题。以覆盖面为例，该计划出台以前，我国农民工接受过非农技能培训的比例仅为 30.6%。

2. 新生代农民工技能水平的等级

新生代农民工技能处于低水平。在五位专家对新生代农民工技能的评估中，很高、高、中、低和很低所占比重分别为 0、0、0.2、0.6 与 0.2。因为技能没有二级指标，可直接根据专家评估结果的比重判断其高低，但最大隶属度小于 0.7，采用加权平均原则。等级值为 4，故新生代农民工技能的最终水平为低。

（三）新生代农民工经验的水平

1.新生代农民工经验的平均数与分布

新生代农民工外出务工的平均年限为6.5年。本书采用"您外出务工多少年"测量新生代农民工的经验。调查数据显示：新生代农民工外出务工年限最小值为0.5，最大值为26，平均数为6.54，标准差为4.37。

从外出务工年限的分布来看，若以单值分组数据为对象，外出务工年限分布较为分散，出现频数最高的是3年，占被调查者13.5%；其次是10年，占被调查者的12.3%；再次是外出2年，占被调查者的比例为11%。若将外出务工年限分为四个区间，新生代农民工外出年限主要集中在5年及5年以下。外出年限四个区间分别是5年及以下、6-10年、11-20年与21年以上四个区间，所占比重依次为50.4%、35.0%、14.4%与0.2%。

经验高低不仅与务工年限有关，还与务工的连续性相关。本次调查数据显示：新生代农民工近一年更换工作次数平均为0.7次，42.1%的被调查者在最近一年有更换工作的经历。更换工作不仅可能暂时中断工作，还可能更改工作岗位或职业，降低经验积累的质量。此外，新生代农民工，尤其是女性新生代农民工，更可能因为生育、抚养子代、赡养父母等原因中断工作经验，影响经验水平和质量。

2.新生代农民工经验水平的等级

新生代农民工经验处于低水平。在五位专家中，认为新生代农民工经验水平很高、高、中、低和很低的比重分别为0、0、0.2、0.8与0。与知识、技能指标一致，新生代农民工经验无二级指标，同样可直接根据专家评估结果的比重判断其高低。根据五位专家对新生代农民工经验的评估结果，低占据比重最高，故新生代农民工经验的最终水平为低。

（四）新生代农民工健康的水平

1.新生代农民工身体健康的平均水平、分布与等级

新生代农民工近两年因病住院平均次数不到0.5次。调查数据显

示：新生代农民工近两年因病住院的平均数为0.49，标准差为1.12，最小值为0，最大值为12，故其倒数的最大值（0的倒数赋值为1）为1，最小值为0.08。从分布来看，主要分布在0次，住院次数为0次的被调查者占比为73.4%；住院次数越高，被调查者出现的频数和频率越低。相应地，住院次数倒数主要分布在1，因为住院次数0与1均赋值为1，故住院次数倒数为1的被调查者占所有被调查者的比重为89.1%，随着住院次数倒数的降低，被调查者出现的频数和频数亦相应降低。

新生代农民工自评健康集中在一般与好之间，且与好更接近。根据调查数据，新生代农民工自评健康的平均数为3.7，标准差为0.87，中位数为4。从分布来看，主要集中在好与一般两个水平上，相应占比为39.1%与38.1%。

新生代农民工身体健康的平均水平为4.63，标准差为0.94。新生代农民工身体健康由两个指标加总而得，一个指标是近两年因病住院次数的倒数，最大值为1，最小值为0.08。另一个指标是自评身体健康，从非常不好到非常好，共分为5个等级，故新生代农民工身体健康水平的最小值为1.08，最大值为6。从分布来看，新生代农民工身体健康水平集中分布在5、4与6，相应取值上的频率分别为37.3%、31%与18.1%。

根据专家评判结果，新生代农民工身体健康处于中等水平。新生代农民工身体健康在很高、高、中、低与很低的比重分别为0、0.2、0.4、0.4与0。运用加权原则选择所属等级，计算等级值，等级值为3.2，更接近3，3代表中等水平。

2. 新生代农民工心理健康的平均水平、分布与等级

新生代农民工心理健康的平均水平位于一般与好之间，更接近一般水平。新手农民工心理健康分为四个等级，四个等级从低到高的赋值为1–4。调查数据显示：新生代农民工心理健康的最小值为1，最大值为4，平均值为3.17，标准差为0.46。从分布来看，分布最为集中的值是3，集中在该值上的被调查者占全体被调查者的比重是10.8%。积极状态因子、焦虑忧郁因子与丧失自信因子的平均水平分

别是 3.18、2.98 与 3.35。

新生代农民工心理健康处于中等水平。五位专家对新生代农民工心理健康的评判结果显示，新生代农民工心理健康分布在很高、高、中、低与很低的比重依次为 0、0.4、0.4、0.2 与 0，运用加权原则选择所属等级，等级值为 2.80，更接近 3，故新生代农民工心理健康水平为中等水平。

3. 新生代农民工健康的平均水平、分布与等级

根据式 5.7 计算新生代农民工的健康水平。计算结果显示：新生代农民工健康的平均值为 3.94，标准差为 0.59，平均值占最大值的比例为 78.0%，新生代农民工健康的最小值为 1.26，最大值为 5.05。从分布来看，集中分布在 3–5。据调查数据，3 以下所占比重为 4.8%，3–4（不包括 4）所占比重为 44.6%，4–5（不含 5）的比重为 48.6%，5 以上所占比重为 2%。

因新生代农民工健康指标含有二级指标，对其隶属等级的确定采用模糊综合评价法。模糊综合评价结果显示：新生代农民工健康处于中等水平。

因素集 U={ 身体健康，心理健康 }

评语集 V={ 很高，高，中，低，很低 }

权重 W_4=（0.527, 0.473）

评价专家组 5 名成员对每个因素进行评价，得到健康（H）单因素的模糊综合评价矩阵 R_H：

$$R_H = \begin{bmatrix} 0 & 0.2 & 0.4 & 0.4 & 0 \\ 0 & 0.4 & 0.4 & 0.2 & 0 \end{bmatrix}$$

进行模糊乘积运算：

$$\tilde{B}_H = w_4 \circ R_H = (0.527, 0.473) \circ \begin{bmatrix} 0 & 0.2 & 0.4 & 0.4 & 0 \\ 0 & 0.4 & 0.4 & 0.2 & 0 \end{bmatrix}$$
$$= [0, 0.295, 0.4, 0.305, 0]$$

模糊乘积运算的结果与归一化结果一致。归一化结果中，隶属度最大值为 0.4，低于 0.7，采用加权平均原则进行评判：

$$A = \frac{0 \times 1 + 0.295 \times 2 + 0.4 \times 3 + 0.305 \times 4 + 0 \times 5}{0 + 0.295 + 0.4 + 0.305 + 0} = 3.01$$

等级值为 3.01，接近 3，3 代表的等级为中，故新生代农民工健康水平为中等水平。

新生代农民工健康处于中等水平是自身年龄特征与社会特征交互作用的结果。新生代农民工处于青年时期，身体机能良好，生活压力较小，健康水平更有可能处于中高等级。另外，新生代农民工在城市中属于弱势群体，与城市居民相比，能够获得的健康服务更少，社会地位更低，健康更有可能处于中低水平。自身年龄特征与社会特征交互，使新生代农民工健康水平处于中等水平。

（五）新生代农民工的能力水平

1. 新生代农民工认知能力的平均水平、分布与等级

新生代农民工认知能力的平均值是 1.99，占最大值的比重为 39.8%，主要分布在 1—2。新生代农民工认知能力采用因子分析后保留的 18 个条目的平均值，据调查数据：最小值为 1，最大值为 5，均值为 1.99，标准差为 0.76。将 1—5 区分为 1—2、2—3、3—4 与 4—5 四个区间①，相应区间的频率依次为：56.5%、31.9%、9.8% 与 1.8%。写作能力、通信技术应用能力、阅读能力与计算能力的平均水平依次是 1.72、2.00、2.28 与 2.30，可知写作能力处于最低水平。

新生代农民工认知能力处于低水平。在五位专家中，认为新生代农民工认知能力水平很高、高、中、低和很低的比重分别为 0、0、0、0.8 与 0.2。低占据比重最高，因此，新生代农民工认知能力隶属低水平。

2. 新生代农民工非认知能力的平均水平、分布与等级

新生代农民工非认知能力的平均值为 4.01，占最大值的比重

---

① 除最后一个区间外，其他区间均不含最大值，下同。

为 66.8%，主要分布在 3-5。新生代农民工非认知能力采用因子分析后保留的 17 个条目的平均值，据调查数据：最小值为 1.53，最大值为 6，均值为 4.01，标准差为 0.82。将 1.53—6 区分为 3 以下、3-4、4-5 与 5-6 四个区间，相应区间的频率依次为：9.1%、37.9%、41% 与 12%。他人指向因子、自我指向因子与事物指向因子的平均水平分别是 4.10、4.10 与 3.63，代表开放性的事物指向因子处于最低水平。

新生代农民工非认知能力处于中等水平。因非认知能力在权重确定过程中未设置二级指标，故直接根据专家评估结果的比重判断高低。在五位专家中，认为新生代农民工非认知能力水平很高、高、中、低和很低的比重分别为 0、0.2、0.8、0、0，中占据比重最高，故新生代农民工非认知能力的最终水平为中。

3. 新生代农民工能力的平均水平、分布与等级

根据式 5.8 的计算结果，新生代农民工能力的平均值为 2.83，标准差为 0.61，平均值占最大值的比例为 53.5%，新生代农民工能力的最小值为 1.33，最大值为 5.29。从分布来看，集中分布在 2-3。据调查数据，2 以下所占比重为 5.8%，2-3 所占比重为 58.2%，3-4 的比重为 31.7%，4 以上所占比重为 4.3%。

因新生代农民工能力指标含有二级指标，与确定健康所属等级采用的方法一致，仍然使用模糊综合评价法，评估结果显示：新生代农民工认知能力处于低水平。

因素集 U={ 认知能力，非认知能力 }

评语集 V={ 很高，高，中，低，很低 }

权重 W_5=（0.583,0.417）

评价专家组 5 名成员对每个因素进行评价，得到能力（C）单因素的模糊综合评价矩阵 R_c:

$$R_C = \begin{bmatrix} 0 & 0 & 0 & 0.8 & 0.2 \\ 0 & 0.2 & 0.8 & 0 & 0 \end{bmatrix}$$

进行模糊综合运算：

$$\tilde{B}_C = w_5 \circ R_C = (0.583, 0.417) \circ \begin{bmatrix} 0 & 0 & 0 & 0.8 & 0.2 \\ 0 & 0.2 & 0.8 & 0 & 0 \end{bmatrix}$$

$$= [0, 0.083, 0.334, 0.466, 0.117]$$

模糊综合运算与归一化处理结果一致。最大隶属度小于 0.7，采用加权平均原则。等级值为 3.617，更接近 4，故新生代农民工能力水平为低。因能力的形成与家庭和学校密切相关（赫克曼、科尔宾，2016），故可从家庭、学校两个角度探究新生代农民工能力低的原因。从家庭来看，新生代农民工的父母受教育程度普遍不高，在新生代农民工成长过程中，缺少父母的陪伴和引导，不利于其认知能力的提升和非认知能力的形成；从学校来看，部分学校重知识、轻能力的教育理念导致受教育者的能力水平不高。

二　新生代农民工总体人力资本的水平

（一）新生代农民工总体人力资本的平均水平与分布

新生代农民工人力资本的总体水平采用公式 5.9 计算。权重已经通过层次分析确定，知识、技能、经验、健康与能力所占比重依次为 0.134、0.229、0.086、0.237 与 0.314，相应指标的值采用经过线性比例法无量纲处理后的数值。

新生代农民工总体人力资本的平均值接近 50。新生代农民工人力资本总体水平的最低值为 30.62，最大值为 78.42，最大值离人力资本总体水平的理论最高值 100 还有相当距离；平均值为 49.50，标准差为 7.04。从分布来看，呈橄榄型，两头小，中间大，主要集中在 40–50，40 以下所占比重为 7.4%，40–50.01 所占比重为 48.8%，50.01–60 所占比重达到 36.0%，60.01–78.42 所占比重是 7.8%。

（二）新生代农民工总体人力资本的等级

因素集 $U=\{$ 知识，技能，经验，健康，能力 $\}$

评语集 $V=\{$ 很高，高，中，低，很低 $\}$

权重 $W=(0.134, 0.229, 0.086, 0.237, 0.314)$

评价专家组 5 名成员对每个因素进行评价，得到人力资本（HC）的模糊综合评价矩阵 R_{HC}：

$$R_{HC} = \begin{bmatrix} 0 & 0.2 & 0.4 & 0.4 & 0 \\ 0 & 0 & 0.2 & 0.6 & 0.2 \\ 0 & 0 & 0.2 & 0.8 & 0 \\ 0 & 0.295 & 0.4 & 0.305 & 0 \\ 0 & 0.083 & 0.334 & 0.466 & 0.117 \end{bmatrix}$$

进行模糊综合运算：

$$\tilde{B}_{HC} = w \circ R_{HC}$$

$$= (0.134, 0.229, 0.086, 0.237, 0.314) \circ \begin{bmatrix} 0 & 0.2 & 0.4 & 0.4 & 0 \\ 0 & 0 & 0.2 & 0.6 & 0.2 \\ 0 & 0 & 0.2 & 0.8 & 0 \\ 0 & 0.295 & 0.4 & 0.305 & 0 \\ 0 & 0.083 & 0.334 & 0.466 & 0.117 \end{bmatrix}$$

$$= [0, 0.123, 0.316, 0.478, 0.083]$$

模糊综合运算结果与归一化处理一致。同样采用加权平均原则评判最终等级，等级值为 3.69，更接近 4，故新生代农民工人力资本水平为低。采取来自全国的 2580 份样本，分析由经验、健康和技能组成的人力资本水平，结果表明：新生代农民工人力资本水平不高（葛莹玉、李春平，2016）。本书的分析结果亦表明新生代农民工人力资本处于低水平。

新生代农民工人力资本处于低水平，与其构成要素所属等级密切相关。在新生代农民工人力资本指标体系中，从一级指标来看，能力所占比重最高；从二级指标来看，技能所占比重最高，认知能力紧随其后。但不管是能力，还是技能或认知能力，均处于低水平，导致新生代农民工人力资本处于低水平。根据新人力资本理论，人力资本主要形成于个体生命早期，新生代农民工较低的人力资本水平，与其早期人力资本投资密不可分；同时人力资本的形成是多主体投资的结果。早期人力资本的形成是家庭、学校、社区和政府多主体共同参与的过程（李晓曼等，2019）。在新生代农民工的成长过程中，不管是家庭、学校还是主要生活的农村或城中村社区，均存在诸多阻碍新生代农民工人力资本提升的因素。在家庭方面，相当部分新生代农民工曾经是留守儿童，其成长缺少父母的陪伴和指引；即使与父母随迁，成为流动儿童，新生代农民工的父母迫于生计，陪伴孩子的时间仍然较少。在学校方面，农村学校师资缺乏，硬件落后，城市流动儿童就读学校整体条件偏差。此外，新生代农民工作为已经进入劳动力市场的劳动者，其所在的务工单位亦是一个重要的人力资本投资主体，但相当部分的务工单位并不重视对新生代农民工的人力资本投资。

综上，新生代农民工人力资本各维度与总体的水平如表5.8所示。

表 5.8　新生代农民工人力资本各维度与总体的水平

	最小值	调查最大值	理论最大值	原始均值	标准差	无量纲均值	等级
知识	1	5	5	3.49	0.83	69.74	中
技能	0	12	/	1.41	1.18	11.75	低
经验	0.5	26	/	6.54	4.37	25.16	低
健康	1.26	5.05	5.05	3.94	0.59	77.99	中
身体健康	1.08	6	6	4.63	0.94	77.16	中
心理健康	1	4	4	3.17	0.46	79.22	中
能力	1.33	5.29	5.42	2.83	0.61	53.56	低
认知能力	1	5	5	1.99	0.76	39.76	低
非认知能力	1.53	6	6	4.01	0.82	66.91	中
总体人力资本	30.62	78.42	100	49.50	7.04	49.50	低

注：总体人力资本采用无量纲化的各维度值与其对应的权重加权而成，故原始均值与无量纲均值相同。

新生代农民工人力资本水平分析结果显示：新生代农民工总体

人力资本处于低水平，仅为理论最大值的一半，急需提升。从隶属等级来看，在一级指标中，仅有知识、健康处于中等水平，技能、经验与能力均处于低水平；在二级指标中，健康所属的身体健康与心理健康均处于中等水平，能力下属的认知能力处于低水平，而非认知能力处于中等水平。从无量纲均值来看，在一级指标中，健康所处水平最高，达到77.99，紧随健康之后的是知识，其无量纲均值为69.74，经验与技能的无量纲均值均在40以下；在二级指标中，心理健康的无量纲均值水平高于身体健康，二者差距较小，认知能力的无量纲均值水平远远低于非认知能力。

第四节　新生代农民工人力资本的异质性分析

在新生代农民工群体的发展中，该群体内部存在一定的异质性。为明确新生代农民工人力资本投资的重点群体，特进行新生代农民工人力资本的性别异质性分析、年龄异质性分析与输出地异质性分析，显著性水平均设为0.05。

一　新生代农民工人力资本的性别异质性分析

分性别来看，男性的技能、经验高于女性，女性的认知能力和能力高于男性，但差异较小。性别是一个二分变量，比较不同性别之间人力资本均值的差异，采用两独立样本t检验，t检验结果见表5.9。男性平均拥有技能数量高于女性0.30，男性务工年限均值高于女性0.71年。一般而言，男性追求收入的动机更强烈，对已经进入劳动力市场的新生代农民工而言，获得技能是提高收入的重要途径之一，故男性拥有技能数量高于女性。女性因为生育，务工年限一般会少于男性，故女性经验低于男性。女性的认知能力高于男性0.15，认知能力与教育相关，在中小学，女生的学业成绩越来越优异，形成了学业成绩的性别失衡现象（陈文彬、佟雪峰，2018），成绩更为优秀的女性，在认知能力方面有可能表现得更加优异。能力由认知能力与非认知能力构成，且认知能力的权重更高，因此，女性的能力高于男性。

表5.9　新生代农民工人力资本的性别异质性t检验结果

	男性均值	女性均值	t	Sig.
知识	3.45	3.54	-1.705	0.089
技能	1.53	1.23	4.014	0.000
经验	6.83	6.12	2.638	0.008
健康	3.93	3.94	-0.263	0.792
身体健康	4.63	4.63	-0.074	0.941
心理健康	3.16	3.18	-0.549	0.583
能力	2.80	2.88	-2.097	0.036
认知能力	1.93	2.08	-3.156	0.002
非认知能力	4.02	4.00	0.298	0.766
总体人力资本	49.51	49.48	0.077	0.938
样本容量	1047			

注：t及其Sig.的选择视两总体方差是否相等的F检验而定，如F检验不显著，选择假设方差相等的t及其Sig.；如果F检验显著，选择假设方差不相等的t及其Sig.

二　新生代农民工人力资本的年龄异质性分析

分年龄区间来看，新生代农民工的知识、经验、身体健康、健康、认知能力、非认知能力与能力以及总体人力资本在不同年龄区间存在显著差异，不同人力资本维度，存在显著差异的年龄区间不同。将新生代农民工的年龄分为三个区间：20岁及以下、21-30岁与31岁及以上。年龄是一个三分类变量，采用单因素方差分析，多重比较选择LSD方法，单因素方差分析结果见表5.10。

表 5.10　新生代农民工人力资本的年龄异质性方差分析结果

变量	年龄分段（I）	年龄分段（J）	平均值差（I–J）	Sig.
知识	21–30 岁	31 岁以上	0.334	0.000
经验	20 岁及以下	21–30 岁	-3.11	0.000
		31 岁以上	-7.01	0.000
	21–30 岁	31 岁以上	-3.91	0.000
健康	21–30 岁	31 岁以上	0.12	0.005
身体健康	21–30 岁	31 岁以上	0.17	0.009
能力	21–30 岁	20 岁及以下	0.16	0.017
		31 岁以上	0.10	0.016
认知能力	21–30 岁	31 岁以上	0.11	0.044
非认知能力	20 岁以下	21–30 岁	-0.25	0.007
总体人力资本	20 岁及以下	21–30 岁	-2.86	0.000
		31 岁以上	-2.10	0.012
样本容量	1047			

注：为节省篇幅，该表未展现差异不显著的比较结果；相同两个变量的比较结果，仅展现一次。

在知识维度，21–30 岁年龄段的新生代农民工与 31 岁以及以上的新生代农民工相比，受教育程度显著高出 0.334 年，这一差异与我国人均受教育年限逐年增加的趋势一致。改革开放以来，我们教育事业不断发展，越是年轻的群体，受教育程度越高。21–30 岁年龄段的新生代农民工与 31 岁及以上的新生代农民工相比，其进入学校接受教育的时间更晚，面临的教学环境更加优越；同时，面临的家庭物质环境更优越，父代亦更有财力、更有强烈意愿提高子代的受教育程度。

三个年龄区间的新生代农民工，其经验存在显著差异，经验随年龄的增长而不断增加。同时，不管是身体健康，还是健康总量，均是 21–30 岁的新生代农民工显著高于 31 岁及以上的新生代农民工，反映了新生代农民工身体健康和总体健康水平随年龄增加降低的趋势，与身体机能的变化规律一致。

在认知能力方面，因为 21-30 岁新生代农民工受教育程度高于
31 岁及以上的新生代农民工，因此，与受教育程度密切相关的认知
能力，同样是 21-30 岁新生代农民工高于 31 岁及以上的新生代农民
工。在非认知能力中，20 岁及以下的新生代农民工与 21-30 岁的新
生代农民工相比，非认知能力更低。本书使用人格作为非认知能力的
代理变量，人格虽然相对稳定，但在个体生命历程中，其水平仍然会
发生变化。在合群和乐观方面，26 岁及以上相对稳定，但显著高于
16-25 岁组（王登峰、崔红，2004）。在能力方面，由于 21-30 岁新
生代农民工的认知能力显著高于 31 岁及以上的新生代农民工，非认
知能力显著高于 20 岁及以下的新生代农民工，因此，在由认知能力
与非认知能力组成的能力中，21-30 岁新生代农民工显著高于另外两
个年龄阶段的新生代农民工。

在总体人力资本中，20 岁及以下的新生代农民工处于明显劣势，
其人力资本水平显著低于 21-30 岁与 31 岁及以上的新生代农民工，
21-30 岁的新生代农民工与 31 岁及以上的新生代农民工在总体人力
资本方面差异不显著。人力资本作为人力资本投资的结果，一般而
言，投资时间越长，人力资本水平越高，因此，年轻的 20 岁及以下
新生代农民工在总体人力资本方面，暂时处于劣势。

三　新生代农民工人力资本的区域异质性分析

在流出地与流入地之间，人力资本的流出地比较更具有实践指导
意义，故从流出地比较不同新生代农民工的人力资本差异。分区域来
看，不同区域的新生代农民工在知识、身体健康、心理健康、健康、
认知能力、能力与总体人力资本方面存在显著差异。不同区域之间，
存在显著差异的人力资本不同。将新生代农民工的流出区域分为四个
部分：东部、中部、西部与东北。区域是一个四分类变量，同样采用
单因素方差分析，区域比较继续选择 LSD 方法，分析结果见表 5.11。

表 5.11   新生代农民工人力资本的区域异质性方差分析结果

变量	区域（I）	区域（J）	平均值差（I-J）	Sig.
知识	东部	西部	0.308	0.000
	中部	西部	0.226	0.000
健康	东部	西部	0.25	0.000
		东北	0.30	0.001
	中部	西部	0.21	0.000
		东北	0.25	0.005
身体健康	东部	西部	0.37	0.000
		东北	0.41	0.007
	中部	西部	0.30	0.000
		东北	0.34	0.020
心理健康	东部	西部	0.12	0.002
		东北	0.18	0.014
	中部	西部	0.10	0.003
		东北	0.16	0.025
能力	东部	西部	0.20	0.000
		东北	-0.25	0.013
	中部	西部	0.15	0.001
		东北	-0.29	0.002
	西部	东北	-0.45	0.000
认知能力	东部	西部	0.29	0.000
		东北	-0.36	0.003
	中部	西部	0.27	0.000
		东北	-0.39	0.001
	西部	东北	-0.64	0.000
总体人力资本	东部	西部	2.96	0.000
	中部	西部	2.37	0.000
	西部	东北	-2.67	0.015
样本容量	1047			

从整体来看，人力资本的区域排序和区域经济水平排序呈现出较高的一致性。西部新生代农民工的知识、身体健康、心理健康、健康、认知能力、能力与总体人力资本均低于东部和中部；西部新生代农民工的认知能力、能力和总体人力资本显著低于东北地区。东部与东北相比，在身体健康、心理健康和健康方面，均是东部的被调查者高于东北部的被调查者，但东北新生代农民工的认知能力、能力显著高于东部新生代农民工。中部与东北地区相比，同样是身体健康、心理健康和健康高于东北地区，但认知能力和能力低于东北地区。东部和中部的差异不具有统计显著性。人力资本是人力资本投资的结果，从总体上来看，东部和中部的经济社会发展水平高于西部，因此，东部、中部新生代农民工的人力资本高于西部。

对东北地区的结论还需要进一步验证，因为来自东北的样本容量仅为45，样本量过少，可能影响结果的可靠性。

本章小结

层次分析法结果显示：在新生代农民工人力资本一级指标中，权重从高到低依次为能力、健康、技能、知识与经验；在二级指标中，身体健康的权重高于心理健康，认知能力的权重高于非认知能力。

水平分析结果显示：新生代农民工知识的中位数与众数均为初中，隶属中等水平；技能平均数为1.41，处于低水平；外出务工年限平均数为6.54，经验隶属低水平；身体健康、心理健康与健康的平均值分别为4.63、3.17、3.94，均隶属中等水平；认知能力、非认知能力与能力的平均数依次是1.99、4.01、2.83，分别处于低水平、中等水平与低水平。新生代农民工人力资本总体水平的平均数为49.50，隶属于低等级。

新生代农民工人力资本异质性分析结果显示，在性别差异方面，男性在技能、经验方面高于女性，女性的认知能力和能力高于男性。在年龄差异方面，经验随年龄的增长而不断增加；20岁及以下的新生代农民工与 21–30 岁的新生代农民工相比，能力非认知能力与总体人力资本更低，与 31 岁及以上的新生代农民工相比，总体人力资本更低；21–30 岁的新生代农民工与 31 岁及以上的新生代农民工相比，知识、身体健康、健康、认知能力与能力均更高。在区域差异方面，与东部和中部相比，西部新生代农民工的知识、身体健康、心理健康、健康、认知能力、能力与总体人力资本处于更低水平，与东北地区相比，西部新生代农民工的认知能力、能力和总体人力资本处于更低水平；东部、中部的身体健康、心理健康和健康均高于东北地区，但东北新生代农民工的认知能力、能力显著高于东部新生代农民工和中部新生代农民工。因来自东北的样本容量较少，对东北地区的结论应持谨慎态度。

第六章 新生代农民工城市融入水平分析

新生代农民工城市融入的水平分析仍然从平均数、分布与等级三个角度展开，不管是平均数与分布分析，还是等级评估，均需首先明晰新生代农民工城市融入指标体系的权重。

第一节 新生代农民工城市融入指标体系的权重

与确定新生代农民工人力资本权重的方法相同，在新生代农民工城市融入研究中，同样采用层次分析法。

一 新生代农民工城市融入指标的层次结构

根据新生代农民工城市融入的测量指标体系，新生代农民工城市融入层次结构如表 6.1 所示。

表 6.1　新生代农民工城市融入指标的层次结构

一级指标	二级指标
就业融入（J）	收入比值（J_1）
	收入稳定性（J_2）
	工作稳定性（J_3）
居住融入（HO）	住房购买（HO_1）
	住房情况（HO_2）
	家庭随迁（HO_3）
公共服务融入（S）	劳动合同签订（S_1）
	社会保险参与（S_2）
	住房公积金参与（S_3）
	随迁子女教育（S_4）
政治权利融入（P）	选举参与（P_1）
	工会参与（P_2）

（左侧竖排：新生代农民工城市融入（CZ））

二　新生代农民工城市融入一级指标的权重

（一）构造判断矩阵

本书共借助五位在城市融入与人力资本方面具有一定造诣的专家进行指标相对重要性判断，根据其判断，分别构造判断矩阵。

根据五位专家的判断数据，专家一到专家五对城市融入一级指标的判断矩阵分别为 A_1-A_5，如图 6.1 所示：

$$A_1 = \begin{bmatrix} 1 & 5 & 3 & 8 \\ 1/5 & 1 & 1/2 & 4 \\ 1/3 & 2 & 1 & 3 \\ 1/8 & 1/4 & 1/3 & 1 \end{bmatrix} \quad A_2 = \begin{bmatrix} 1 & 1 & 3 & 3 \\ 1 & 1 & 5 & 5 \\ 1/3 & 1/5 & 1 & 1 \\ 1/3 & 1/5 & 1 & 1 \end{bmatrix} \quad A_3 = \begin{bmatrix} 1 & 3 & 5 & 7 \\ 1/3 & 1 & 2 & 3 \\ 1/5 & 1/2 & 1 & 2 \\ 1/7 & 1/3 & 1/2 & 1 \end{bmatrix}$$

$$A_4 = \begin{bmatrix} 1 & 1 & 3 & 7 \\ 1 & 1 & 3 & 7 \\ 1/3 & 1/3 & 1 & 5 \\ 1/7 & 1/7 & 1/5 & 1 \end{bmatrix} \quad A_5 = \begin{bmatrix} 1 & 5 & 4 & 3 \\ 1/5 & 1 & 3 & 4 \\ 1/4 & 1/3 & 1 & 3 \\ 1/3 & 1/4 & 1/3 & 1 \end{bmatrix}$$

图 6.1　城市融入一级指标的判断矩阵

（二）层次单排序和一致性检验

层次单排序与一致性检验的思路、方法与人力资本指数中的思路和方法一致。五位专家对城市融入一级指标的权重及其一致性检验结果如下表：

表 6.2　城市融入一级指标的专家权重及其一致性检验

	w_1（就业）	w_2（居住）	w_3（公共服务）	w_4（政治权利）	CI	CR
专家 1	0.582	0.149	0.209	0.059	0.04	0.045
专家 2	0.348	0.448	0.102	0.102	0.011	0.012
专家 3	0.586	0.218	0.124	0.072	0.006	0.007
专家 4	0.394	0.394	0.165	0.048	0.025	0.028
专家 5	0.518	0.247	0.146	0.089	0.177	0.196

据表 6.2，第五位专家的排序结果未通过一致性检验，在最终的权重结果计算中，舍去专家 5 的结果，取其余四位专家权重的算术平均数。在本书的新生代农民工城市融入指标体系中，就业融入、居住融入、公共服务融入与政治权利融入所占权重依次为 0.478、0.302、0.150 与 0.070。

三　新生代农民工城市融入二级指标的权重

在新生代农民工城市融入指标体系中，所有一级指标均设置二级指标。

（一）就业融入二级指标的权重

1. 构造就业融入二级指标判断矩阵

就业融入一级指标下属收入比值、收入稳定性与工作稳定性三个二级指标，五位专家对就业融入二级指标的判断矩阵 B_1 到 B_5 如图 6.2 所示。

$$B_1 = \begin{bmatrix} 1 & 1/3 & 1/3 \\ 3 & 1 & 1 \\ 3 & 2 & 2 \end{bmatrix} \quad B_2 = \begin{bmatrix} 1 & 7 & 1 \\ 1/7 & 1 & 1/7 \\ 1 & 7 & 1 \end{bmatrix} \quad B_3 = \begin{bmatrix} 1 & 5 & 5 \\ 1/5 & 1 & 1 \\ 1/5 & 1 & 1 \end{bmatrix}$$

$$B_4 = \begin{bmatrix} 1 & 1 & 1 \\ 1 & 1 & 1 \\ 1 & 1 & 1 \end{bmatrix} \quad B_5 = \begin{bmatrix} 1 & 1 & 1/2 \\ 1 & 1 & 1/2 \\ 2 & 1 & 1 \end{bmatrix}$$

图 6.2   就业融入二级指标的判断矩阵

2. 就业融入二级指标排序与一致性检验

同样采用和积法计算权重，五位专家的权重与一致性检验结果如下表：

表 6.3   就业融入二级指标的专家权重与一致性检验

	w_{11}（收入比值）	w_{12}（收入稳定性）	w_{13}（工作稳定性）	CI	CR
专家 1	0.142	0.429	0.429	0	0
专家 2	0.467	0.066	0.467	0	0
专家 3	0.714	0.143	0.143	0	0
专家 4	0.334	0.333	0.333	0	0
专家 5	0.278	0.278	0.444	-0.088	-0.151

据表 6.3，专家 5 的判断结果未通过一致性检验，就业融入二级指标的权重为专家 1 到专家 4 的权重的算术平均数。故就业下属二级指标收入比值、收入稳定性与工作稳定性的权重依次为 0.414、0.243、0.343。

（二）居住融入二级指标的权重

1. 构造居住融入二级指标判断矩阵

居住融入一级指标下属住房购买、住房情况与家庭随迁三个二级指标，五位专家对居住融入二级指标的判断矩阵 C_1 到 C_5 如图 6.3 所示。

$$C_1 = \begin{bmatrix} 1 & 3 & 1/5 \\ 1/3 & 1 & 1/7 \\ 5 & 7 & 1 \end{bmatrix} \quad C_2 = \begin{bmatrix} 1 & 1/7 & 1/9 \\ 7 & 1 & 1/5 \\ 9 & 5 & 1 \end{bmatrix} \quad C_3 = \begin{bmatrix} 1 & 7 & 5 \\ 1/7 & 1 & 1/2 \\ 1/5 & 2 & 1 \end{bmatrix}$$

$$C_4 = \begin{bmatrix} 1 & 5 & 3 \\ 1/5 & 1 & 1/2 \\ 1/3 & 2 & 1 \end{bmatrix} \quad C_5 = \begin{bmatrix} 1 & 4 & 4 \\ 1/4 & 1 & 2 \\ 1/4 & 1/2 & 1 \end{bmatrix}$$

图 6.3　居住融入二级指标的判断矩阵

2. 居住融入二级指标排序与一致性检验

居住融入二级指标五位专家的权重与一致性检验结果如下表：

表 6.4　居住融入二级指标的专家权重与一致性检验

	w_{21}（住房购买）	w_{22}（住房情况）	w_{23}（家庭随迁）	CI	CR
专家 1	0.193	0.083	0.724	0.033	0.057
专家 2	0.056	0.242	0.702	0.108	0.187
专家 3	0.738	0.094	0.168	0.007	0.012
专家 4	0.648	0.122	0.230	0.002	0.003
专家 5	0.655	0.211	0.134	0.027	0.047

据表 6.4，专家 2 的判断结果未通过一致性检验，居住融入二级指标的权重为专家 1、专家 3、专家 4 与专家 5 的结果的算术平均数。居住下属二级指标住房购买、住房情况与家庭随迁的权重依次为 0.559、0.127、0.314。

（三）公共服务融入二级指标的权重

1. 构造公共服务融入二级指标判断矩阵

公共服务融入一级指标下属劳动合同签订、社会保险参与、住房公积金参与与随迁子女教育四个二级指标，五位专家对公共服务融入二级指标的判断矩阵 D_1 到如 D_5 图 6.4 所示。

$$D_1 = \begin{bmatrix} 1 & 1/3 & 1/5 & 1/7 \\ 3 & 1 & 1/3 & 1/4 \\ 5 & 3 & 1 & 1/3 \\ 7 & 4 & 3 & 1 \end{bmatrix} \quad D_2 = \begin{bmatrix} 1 & 3 & 3 & 1/5 \\ 1/3 & 1 & 1 & 1/5 \\ 1/3 & 1 & 1 & 1/5 \\ 5 & 5 & 5 & 1 \end{bmatrix} \quad D_3 = \begin{bmatrix} 1 & 1 & 1/7 & 1/7 \\ 1 & 1 & 1/7 & 1 \\ 7 & 7 & 1 & 1 \\ 7 & 7 & 1 & 1 \end{bmatrix}$$

$$D_4 = \begin{bmatrix} 1 & 1 & 1/2 & 1/6 \\ 1 & 1 & 1 & 1/3 \\ 2 & 1 & 1 & 1/3 \\ 6 & 3 & 3 & 1 \end{bmatrix} \quad D_5 = \begin{bmatrix} 1 & 3 & 1 & 4 \\ 1/3 & 1 & 1 & 3 \\ 1 & 1 & 1 & 4 \\ 1/4 & 1/3 & 1/4 & 1 \end{bmatrix}$$

图 6.4　公共服务融入二级指标的判断矩阵

2. 公共服务融入二级指标排序与一致性检验

公共服务融入二级指标五位专家的权重与一致性检验结果如下表：

表 6.5　公共服务融入二级指标的专家权重与一致性检验

	w_{31}（劳动合同签订）	w_{32}（社会保险参与）	w_{33}（住房公积金参与）	w_{34}（随迁子女教育）	CI	CR
专家 1	0.057	0.131	0.272	0.540	0.040	0.044
专家 2	0.219	0.094	0.094	0.593	0.052	0.058
专家 3	0.058	0.126	0.408	0.408	0.388	0.431
专家 4	0.112	0.158	0.182	0.548	0.020	0.023
专家 5	0.398	0.218	0.304	0.080	0.041	0.046

据表 6.5，专家 3 的判断结果未通过一致性检验，公共服务融入二级指标的权重为专家 1、专家 2、专家 4 与专家 5 的结果的算术平均数。公共服务下属二级指标劳动合同签订、社会保险参与、住房公积金参与和随迁子女教育的权重依次为 0.197、0.150、0.213 与 0.440。

（四）政治权利融入二级指标的权重

1. 构造政治权利融入二级指标判断矩阵

政治权利融入一级指标下属社区选举参与与工会参与两个二级

指标，五位专家对政治权利融入二级指标的判断矩阵 E_1 到 E_5 如下图所示：

$$E_1 = \begin{bmatrix} 1 & 1 \\ 1 & 1 \end{bmatrix} \quad E_2 = \begin{bmatrix} 1 & 5 \\ 1/5 & 1 \end{bmatrix} \quad E_3 = \begin{bmatrix} 1 & 5 \\ 1/5 & 1 \end{bmatrix}$$

$$E_4 = \begin{bmatrix} 1 & 1 \\ 1 & 1 \end{bmatrix} \quad E_5 = \begin{bmatrix} 1 & 2 \\ 1/2 & 1 \end{bmatrix}$$

图 6.5　政治权利融入二级指标的判断矩阵

2. 政治权利融入二级指标的权重

政治权利融入二级指标判断矩阵属于 2 阶矩阵，2 阶矩阵具有完全一致性，故不进行一致性检验。五位专家的权重与最终结果如下表：

表 6.6　政治权利融入二级指标的专家权重与最终权重

	w_{41}（选举参与）	w_{42}（工会参与）
专家 1	0.500	0.500
专家 2	0.833	0.167
专家 3	0.833	0.167
专家 4	0.500	0.500
专家 5	0.667	0.333
最终权重	0.667	0.333

据表 6.6，政治权利融入下属选举参与和工会参与两个二级指标的权重分别为 0.667 和 0.333。

四　新生代农民工城市融入指标体系权重的层次总排序与一致性检验

（一）新生代农民工城市融入指标体系权重的总排序

根据上述计算结果，新生代农民工城市融入各级指标权重如表 6.7 所示。

表 6.7　新生代农民工城市融入各级指标权重

二级指标 一级指标	w_1（就业） 0.478	w_2（居住） 0.302	w_3 （公共服务） 0.150	w_4 （政治权利） 0.070	各指标相对于总体指标的权重
w_{11}	0.414				0.198
w_{12}	0.243				0.116
w_{13}	0.343				0.164
w_{21}		0.559			0.169
w_{22}		0.127			0.038
w_{23}		0.314			0.095
w_{31}			0.197		0.030
w_{32}			0.150		0.023
w_{33}			0.213		0.032
w_{34}			0.440		0.066
w_{41}				0.667	0.047
w_{42}				0.333	0.023

（二）新生代农民工城市融入指标体系总排序的一致性检验

在层次总排序中，需要使用二级指标的一致性指标 CI，在本书中，采用通过一致性检验的专家 CI 结果的算术平均数：

$$CR = \frac{CI}{RI} = \frac{\sum_{i=1}^{m} a_i CI_i}{\sum_{i=1}^{m} a_i RI_i}$$

$$= \frac{0.478*0 + 0.302*0.017 + 0.150*0.038 + 0.070*0}{0.478*0.58 + 0.302*0.58 + 0.150*0.9 + 0.070*0}$$

$$= 0.018$$

新生代农民工市民化指标体系总排序中一致性检验 CR 的为 0.018，小于 0.1，通过一致性检验。在新生代农民工城市融入指标体系中，从一级指标来看，权重从大到小依次为就业融入、居住融入、公共服务融入与政治权利融入。从二级指标来看，权重从大到小依次为收入比值、住房购买、工作稳定性、收入稳定性、家庭随迁、随迁子女教育、选举参与、住房情况、住房公积金参与、劳动合同签订、社会保险参与和工会参与。

第二节　新生代农民工城市融入的计算公式

新生代农民工城市融入及其不同维度的水平由其包含的指标的数值与其相应权重的乘积计算而得，指标数值根据被调查者的选择与城市融入测量中的赋值说明重新赋值，除收入比值外，各个指标的赋值思路相同，即假设市民在此指标上的得分为满分1，根据指标选项与满分的差距，赋值为0–1，即与市民相同，赋值为1；反之，该选项的最低水平赋值为0。收入比值是被调查者近三个月平均工资或收入与务工地城镇单位在岗职工工资的比值，可能高于1，也可能低于1。故在计算各个维度的水平与总体水平时，不需要进行无量纲化处理。权重采用根据层次分析法确定的最终权重。

一　新生代农民工城市融入不同维度的计算公式

新生代农民工城市融入包括就业融入、居住融入、公共服务融入与政治权利融入四个维度。

（一）就业融入的计算公式

就业融入 J 的计算公式如下：

$$J = J_1 \times w_{11} + J_2 \times w_{12} + J_3 \times w_{13} \qquad （式6.1）$$

式中，J_1、J_2 与 J_3 分别代表近三个月的工资或收入与务工地城镇职工 2017 年平均工资的比值、近三年工资或收入的稳定性与近一年的工作稳定性，w_{11}、w_{12} 与 w_{13} 则是上述三个二级指标对应的权重。

（二）居住融入的计算公式

居住融入 HO 计算公式如下：

$$HO = HO_1 \times w_{21} + HO_2 \times w_{22} + HO_3 w_{23} \qquad （式6.2）$$

式中，HO_1、HO_2 与 HO_3 分别代表住房购买、住房情况与家庭随迁，其对应权重依次为 w_{21}、w_{22} 和 w_{23}。

（三）公共服务融入的计算公式

公共服务融入 S 计算公式如下式：

$$S = S_1 \times w_{31} + S_2 \times w_{32} + S_3 \times w_{33} + S_4 \times w_{34} \qquad （式6.3）$$

式中，S_1、S_2、S_3、S_4 分别代表劳动合同签订、社会保险参与、住房公积金参与和随迁子女教育，w_{31}、w_{32}、w_{33}、w_{34} 代表上述二级指标对应的权重。

（四）政治权利融入的计算公式

政治权利融入 P 计算公式如下：

$$P = P_1 \times w_{41} + P_2 \times w_{42} \qquad （式6.4）$$

P_1、P_2 分别代表选举参与和工会参与，w_{41}、w_{42} 分别代表选举参与的权重与工会参与的权重。

二　新生代农民工总体城市融入的计算公式

新生代农民工总体城市融入从一级指标来看，计算公式如下所示：

$$CZ=J\times w_1+HO\times w_2+S\times w_3+P\times w_4 \qquad （式6.5）$$

公式中，CZ 代表新生代农民工总体城市融入水平，J、Ho、S、P 分别代表新生代农民工的就业融入、居住融入、公共服务融入与政治权利融入的水平，其权重依次为 w_1、w_2、w_3、w_4、w_5。

从二级指标来看，将就业融入、居住融入、公共服务融入与政治权利融入的计算公式带入式6.5，可得到新生代农民工总体城市融入的最终计算公式。

$$CZ = J_1\times w_{11}+J_2\times w_{12}+J_3\times w_{13}+HO_1\times w_{21}+HO_2\times w_{22}+HO_3\times w_{23}+$$
$$S_1\times w_{31}+S_2\times w_{32}+S_3\times w_{33}+S_4\times w_{34}+P_1\times w_{41}+P_2\times w_{42}$$
$$（式6.6）$$

式中，字母所代表的含义与本章第一节相同字母的含义一致。

第三节　新生代农民工城市融入不同维度的水平与总体水平

新生代农民工城市融入由就业融入、居住融入、公共服务融入与政治权利融入四个维度组成，在分析不同维度城市融入水平的基础上，分析新生代农民工城市融入的总体水平。

从平均数、分布与等级三个方面分析新生代农民工城市融入不同维度的水平与总体水平，收入比值的平均数采用中位数，其他指标的平均数采用算术平均数。与确定新生代农民工人力资本所属等级采用的方法相同，在新生代农民工城市融入所属等级评定中，仍然采用模糊综合评价法。

一 新生代农民工城市融入不同维度的水平

（一）就业融入的水平

就业融入包括收入比值、收入稳定性与就业稳定性三个二级指标。

1. 收入比值的平均数、分布与等级

收入比值是被调查者近三个月平均工资（收入）与务工地 2017 年城镇单位在岗职工工资的比值，因此，本书的收入比值，在实质上是工资比值。在问卷中，仅调查了新生代农民工近三个月的平均工资或收入。新生代农民工月平均工资或收入为 4000 元。本次调查数据显示：新生代农民工月平均工资或收入的最小值为 1000，最大值为 300000；中位数为 4000，算术平均数为 5587.10，标准差为 15632.29，因为存在极值，故采用中位数 4000 元作为新生代农民工平均工资或收入的代表。

务工地 2017 年城镇单位在岗职工月平均工资来自相应地级市的统计年鉴。若无城镇单位在岗职工工资水平，则使用城镇单位就业人员平均工资，如山东省、黑龙江省；或城镇非私营单位就业人员平均工资，如浙江省、安徽省、泉州市、甘肃省、江苏省、吉林省、内蒙古自治区、宁夏回族自治区、山西省、陕西省与青海省；或使用城镇非私营单位在岗职工平均工资，如海南省、河北省、河南省、湖南省、江西省、辽宁省与四川省；或者使用在岗职工平均工资，如新疆博乐。对没有 2017 年数据的地区，采用 2016 年的数据与 2017 年全省增速的乘积求出，如开封市、银川市、克拉玛依市，或者使用全省（市、直辖市）的平均数据，如库尔勒、石河子。

被调查者的工资（收入）相当于城镇单位在岗职工平均工资的六成。收入比值的最小值为 0.15，最大值为 40.40，平均值为 0.89，标准差为 2.15，中位数为 0.61，众数为 0.48。由于在新生代农民工中，有小部分群体自己创业，该亚群体收入较高，抬高了新生代农民工群体与城镇在岗职工平均工资的比值，收入比值大于 5.5 的样本，被调查者均为自己创业的雇主；在雇主这一群体中，收入比值的均值高达3.88。在众数与中位数之间，中位数更接近 2017 年全国农民工收入与城镇非私营单位就业人员平均工资的比值——0.56，故采用中位数0.61 作为收入比值的平均水平。

从分布来看，新生代农民工收入比值集中分布在 0.4-0.8，超过八成的新生代农民工收入或工资低于务工所在市的城镇单位就业人员的平均工资。如将收入比值划分为 0.15-0.4、0.4-0.6、0.6-0.8、0.8-1、1-5 以及 5 以上六个区间，收入比值集中分布在 0.4-0.8，位于该区间的被调查者占所有被调查者的比重高达 55.1%。上述六个区间的比值依次为 14.6%、30.3%、24.8%、14.6%、14.7% 与 1%，84.3%的新生代农民工收入或工资低于务工所在城市的城镇单位在岗职工平均工资。

评估结果显示：新生代农民工收入比值处于中等水平。在五位专家中，认为新生代农民工收入比值很高、高、中、低与很低的比重分别为 0、0.2、0.6、0.2 与 0。因为收入比值未设二级指标进行评估，可直接根据专家评估结果的比重判断其高低。根据五位专家对新生代农民工收入比值的评估结果，最大隶属度未超过 0.7，采用加权平均原则确定最终等级，等级值为 3，故新生代农民工收入比值处于中等水平。

2. 收入稳定性的平均数、分布与等级

新生代农民工收入稳定性的平均水平为 0.52。在 1047 位被调查者中，收入不断下降、时高时低、没有变化与不断升高的比重分别为3.9%、38.1%、31.8% 与 26.2%。中值为 0.5，即没有变化；平均数为 0.52，标准差为 0.31，接近中位数，故新生代农民工收入稳定性的平均水平代表的含义是新生代农民工收入没有变化。

从分布来看，新生代农民工收入稳定性主要分布在时高时低与没有变化，二者占被调查者的比重近 70%。新生代农民工近三年收入或工资不断下降的比例较低，为 3.9%；但不断上升的比例未超过三成，为 26.2%。

新生代农民工收入稳定性位于中等水平。五位专家的模糊评判结果显示：新生代农民工收入稳定性很高、高、中、低与很低比重分别为 0、0.4、0.2、0.2 与 0.2 。运用加权平均原则，等级值 A 为 3.2，更接近 3，故新生代农民工收入稳定性所属等级为中。

3. 工作稳定性的平均数、分布与等级

新生代农民工的就业较为稳定，更换工作次数较低。新生代农民工就业稳定性的值越大，表明就业越稳定。最大值为 1，最小值为 0.13，新生代农民工就业稳定性的平均值为 0.89，达到最大值的 89%，表明新生代农民工就业较为稳定；标准差为 0.22。从分布来看，新生代农民工就业稳定性集中分布在 1，即近一年更换工作 0 次或 1 次占被调查者的比重最高。调查数据显示：57.9% 的被调查者近一年没有更换工作，更换工作次数为 1 次的被调查者占比 22.5%。

新生代农民工工作稳定性处于高水平。在五位专家中，认为新生代农民工工作稳定性很高、高、中、低与很低的比重分别为 0.2、0.6、0、0.2 与 0 ，等级值等于 2.2，更接近 2，故新生代农民工工作稳定性的最终水平为高。

4. 新生代农民工就业融入的平均水平、分布与等级

新生代农民工就业融入的平均水平为市民的八成。新生代农民工就业融入水平是收入比值、收入稳定性与工作稳定性的加权平均数，收入比值、收入稳定性与工作稳定性的权重依次为 0.414、0.243 与 0.343，计算公式见式 6.1。据此计算新生代农民工就业融入的水平，计算结果显示：新生代农民工就业融入的平均值为 0.80，即新生代农民工就业水平约为市民的 80%，标准差为 0.90。最小值为 0.25，最大值为 17.31。

从分布来看，新生代农民工就业融入水平呈现出典型的橄榄形。9.7% 的新生代农民工就业融入水平不足市民的一半，67% 的新生代农民工就业融入水平低于新生代农民工就业融入的平均水平。90.4%

的新生代农民工就业融入水平低于市民，其余 9.6% 的新生代农民工就业融入水平超过市民，即就业融入水平高于 1。

因新生代农民工就业融入指标含有二级指标，故对其水平高低的评估采用模糊综合评价法，评价结果显示：新生代农民工就业融入处于中等水平。评价过程如下：

因素集 U={ 收入比值，收入稳定性，工作稳定性 }

评语集 V={ 很高，高，中，低，很低 }

权重 W_1=（0.414,0.243,0.343）

评价专家组 5 名成员对每个因素进行评价，得到就业融入（J）单因素的模糊综合评价矩阵 R_J：

$$R_J = \begin{bmatrix} 0 & 0.2 & 0.6 & 0.2 & 0 \\ 0 & 0.4 & 0.2 & 0.2 & 0.2 \\ 0.2 & 0.6 & 0 & 0.2 & 0 \end{bmatrix}$$

进行模糊综合运算：

$$\tilde{B}_J = w_1 \circ R_J = (0.414,0.243,0.343) \circ \begin{bmatrix} 0 & 0.2 & 0.6 & 0.2 & 0 \\ 0 & 0.4 & 0.2 & 0.2 & 0.2 \\ 0.2 & 0.6 & 0 & 0.2 & 0 \end{bmatrix}$$
$$= [0.069,0.386,0.297,0.2,0.048]$$

模糊综合运算结果与归一化处理结果一致，最大隶属度为 0.386，小于 0.7，故采用加权平均原则选择最终评判等级：

$$A = \frac{0.069 \times 1 + 0.386 \times 2 + 0.297 \times 3 + 0.2 \times 4 + 0.048 \times 5}{0.069 + 0.386 + 0.297 + 0.048} = 2.772$$

等级值更接近 3，故新生代农民工就业融入的水平为中。

（二）居住融入的水平

居住融入包括住房购买、住房情况与家庭随迁三个二级指标。

1. 住房购买的平均数、分布与等级

新生代农民工住房购买的平均水平不到市民的 20%。调查数据显示：新生代农民工住房购买的平均值为0.18，标准差为0.38。从分布来看，在被调查者中，仅有17.7%的被调查者在务工城市购买了住房，82.3%的被调查者未在务工城市购买住房。

新生代农民工住房购买处于低水平。根据五位专家的模糊综合评判结果，新生代农民工住房购买很高、高、中、低与很低的比重分别为：0、0.2、0.4、0与0.4，等级值为3.6，更接近4，故新生代农民工住房购买的最终水平为低。

2. 住房情况的平均数、分布与等级

住房情况包括住房类型与住房设施两个指标。新生代农民工务工时住房类型以出租房为主。新生代农民工居住在自购房、出租房、单位宿舍或亲友家或雇主家、单位工棚或自搭简易房与其他的比重分别为13.7%、44.5%、30.9%、6.9%与4.1%，众数为出租房。在住房设施中，过半新生代农民工居住的场所包括自来水、电、洗澡设施、厕所与网络五种设施。调查数据显示，在新生代农民工居住场所中，五种设施均包括的比重为50.2%，四种设施、三种设施、两种设施、一种设施与五种设施均没有的比重分别为22.4%、16.4%、3.9%、2.1%与5%。

新生代农民工住房情况的平均水平约为市民的72%。在计算新生代农民工住房情况时，住房类型与住房设施各自所占权重均为0.5。调查数据显示：最大值为1，最小值为0，平均值为0.72，标准差是0.20。从分布来看，新生代农民工住房情况集中分布在0.72–1这一区间。将新生代农民工住房情况市民化分为三个区间：0.5以下、0.5–0.72、0.72–1，三个区间占被调查者的比重分别为11.7%、27.7%与60.6%。

新生代农民工住房情况处于中等水平。在五位专家中，认为新生代农民工住房情况很高、高、中、低与很低的比重分别为0、0.4、0.6、0与0，等级值A等于2.6，更接近3，故新生代农民工住房情况的最终水平为中等水平。

3. 家庭随迁的平均数、分布与等级

新生代农民工家庭随迁的平均水平约为市民的 42.5%。新生代农民工家庭随迁的平均值为 0.43，标准差是 0.49。从分布来看，近六成的新生代农民工未与家人居住在一起。调查数据显示：在务工地与家人共同居住的比重占 42.5%，57.5% 的新生代农民工在务工地未有家人与其共同居住。

新生代农民工家庭随迁隶属中等水平。五位专家的模糊评判结果显示：新生代农民工家庭随迁水平很高、高、中、低与很低的比重依次是 0、0.2、0.4、0.4 与 0，等级值为 3.2，更接近 3，故新生代农民工家庭随迁的最终水平为中。

4. 新生代农民工居住融入的平均水平、分布与等级

新生代农民工居住融入的平均水平为市民的 32%。新生代农民工居住融入由住房购买、住房情况与家庭随迁三个指标合成，三个指标所占权重分别为 0.559、0.127 与 0.314，计算公式见式 6.2。新生代农民工居住融入的最大值为 1，最小值为 0，平均值为 0.32，标准差是 0.31。

从分布来看，新生代农民工居住融入集中分布在平均水平之下。将新生代农民工居住融入分为三个区间：0-0.32、0.32-0.7、0.7-1，三个区间所占比重分别为 53.1%、34.0%、12.9%。

模糊综合评价结果显示：新生代农民工居住融入处于中等水平。评价过程如下：

因素集 U={ 住房购买，住房情况，家庭随迁 }

评语集 V={ 很高，高，中，低，很低 }

权重 W_2=（0.559,0.127,0.314）

评价专家组 5 名成员对每个因素进行评价，得到居住融入（HO）单因素的模糊综合评价矩阵 R_{HO}：

$$R_{HO} = \begin{bmatrix} 0 & 0.2 & 0.4 & 0 & 0.4 \\ 0 & 0.4 & 0.6 & 0 & 0 \\ 0 & 0.2 & 0.4 & 0.4 & 0 \end{bmatrix}$$

进行模糊综合运算：

$$\tilde{B}_{HO} = w_2 \circ R_{HO} = (0.559, 0.127, 0.314) \circ \begin{bmatrix} 0 & 0.2 & 0.4 & 0 & 0.4 \\ 0 & 0.4 & 0.6 & 0 & 0 \\ 0 & 0.2 & 0.4 & 0.4 & 0 \end{bmatrix}$$

$$= [0, 0.225, 0.425, 0.126, 0.224]$$

归一化处理结果与模糊综合运算结果一致。最大隶属度为0.425，小于0.7，运用加权平均原则确定最终等级：

$$A = \frac{0 \times 1 + 0.225 \times 2 + 0.425 \times 3 + 0.126 \times 4 + 0.224 \times 5}{0 + 0.225 + 0.425 + 0.127 + 0.224} = 3.35$$

3.35 更接近 3，故新生代农民工居住融入的水平为中等水平。

（三）公共服务融入的水平

新生代农民工公共服务融入包括劳动合同签订、社会保险参与、住房公积金参与与随迁子女教育四个二级指标。

1. 劳动合同签订的平均数、分布与等级

除自我雇佣者外，新生代农民工劳动合同签订的平均水平是市民的 60%。新生代农民工劳动合同签订重新赋值后，平均值为 0.60，即新生代农民工劳动合同签订水平是市民的 60%，标准差为 0.49。从分布来看，60.1% 的新生代农民工与用人单位签订了劳动合同，39.9% 的被调查者未与用人单位签订劳动合同。

新生代农民工劳动合同签订处于中等水平。在五位专家中，认为新生代农民工劳动合同签订水平很高、高、中、低与很低的比重分别为 0、0、0.6、0.4 与 0，等级值 A 等于 3.4，更接近 3，故新生代农民工劳动合同签订的最终水平为中。

2. 社会保险参与的平均数、分布与等级

在所有被调查者中，新生代农民工社会保险参与为市民的35.3%。新生代农民工社会保险参与的平均水平为社会保险参与赋值后的平均数，其中，65位自我雇佣者只参加了三种社会保险，故65位自我雇佣者社会保险的平均数为三种社会保险的平均数。被调查者社会保险参与的平均数为0.35，标准差为0.36。

从分布来看，新生代农民工社会保险参与主要分布在0.35以下。将新生代农民工社会保险参与分为0–0.35、0.35–0.7与0.7–1三个区间，三个区间所占比例依次为58.4%、19.2%与22.4%，即近六成的新生代农民工社会保险参与低于市民的35%。尤其值得注意的是，新生代农民工社会保险参与为0的比重高达32.5%。

专家评价结果显示：新生代农民工社会保险参与处于低水平。在模糊评价中，新生代农民工社会保险参与的评语集仍然为很高、高、中、低与很低，根据专家评价结果，从很高到很低的比重依次为0、0、0.4、0.2与0.4，等级值为4，故新生代农民工社会保险参与的水平为低。

3. 住房公积金参与的平均数、分布与等级

新生代农民工住房公积金参与平均水平仅为市民的20%。新生代农民工住房公积金参与的平均值为0.20，标准差为0.40。从分布来看，80.1%的被调查者没有参与住房公积金，住房公积金参加率为19.9%。

新生代农民工住房公积金参与隶属低水平。五位专家认为新生代农民工住房公积金参与水平很高、高、中、低与很低的比重分别为0、0、0.4、0.2与0.4，等级值为4，新生代农民工住房公积金参与水平为低。

4. 随迁子女教育的平均数、分布与等级

有随迁子女且随迁子女处于义务教育阶段的新生代农民工，其随迁子女在公办学校就读的比例与市民相比，接近市民的一半。新生代农民工随迁子女教育的平均值为0.49，标准差为0.50。在公办学校

接受义务教育与未在公办学校接受义务教育的比例分别为 48.6% 与 51.4%。新生代农民工随迁子女教育融入接近 50% 这一结论，仅仅适用于有随迁子女且随迁子女处于义务教育阶段的被调查者，不是针对所有的被调查者。

新生代农民工随迁子女教育处于低水平。将新生代农民工随迁子女教育分为很高、高、中、低与很低五个等级，五位评估专家在五个等级中所占比重依次为 0、0、0.4、0.6 与 0，等级值等于 3.6，故新生代农民工随迁子女教育的等级隶属低等级。

5. 新生代农民工公共服务融入的平均数、分布与等级

公共服务下属的劳动合同签订与随迁子女教育仅针对部分被调查者，若将有缺失的样本删除，将大幅度减少有效样本的数量，影响后续的相关分析与回归分析。如果样本四个二级指标均有数值，直接按照层次分析法得出的权重进行加权计算；如果缺失一个指标或两个指标，剩余指标的权重将重新分配，采用重新分配后的权重对剩余指标进行加权。剩余指标重新赋权方法是该剩余指标权重除以剩余指标权重之和。根据该方法，290 份样本四个指标均有赋值，直接按照层次分析法中的权重分配进行加权；34 份样本没有劳动合同签订与随迁子女教育，社会保险与住房公积金重新分配的权重分别为 0.413、0.587；31 份样本没有劳动合同签订，社会保险、住房公积金与随迁子女教育重新分配的权重为：0.187、0.265、0.548；692 份样本没有随迁子女教育，劳动合同签订、社会保险参加与住房公积金参加重新分配的比重是 0.352、0.268 与 0.380。

经上述处理后，新生代农民工公共服务约为市民的 40%。新生代农民工公共服务融入的平均水平为 0.39，标准差为 0.34，最小值为 0，最大值为 1。从分布来看，有 21% 的被调查者的公共服务融入水平为 0，48.2% 的被调查者的公共服务融入水平低于平均水平。若将新生代农民工公共服务融入水平分为 0-0.39、0.40-0.79 与 0.80-1 三个区间，被调查者主要分布在 0-0.39 区间。调查结果显示，被调查者分布在三个区间的比重依次为 48.2%、35.8% 与 16.0%，0-0.39

区间占比最高。

模糊综合评价结果显示：新生代农民工公共服务融入处于低水平。评价过程如下：

因素集 U={ 劳动合同签订，社会保险参与，住房公积金参与，随迁子女教育 }

评语集 V={ 很高，高，中，低，很低 }

权重 W_4=（0.197,0.150,0.213,0.440）

评价专家组 5 名成员对每个因素进行评价，得到公共服务融入（S）单因素的模糊综合评价矩阵 R_S：

$$R_S = \begin{bmatrix} 0 & 0 & 0.6 & 0.4 & 0 \\ 0 & 0 & 0.4 & 0.2 & 0.4 \\ 0 & 0 & 0.4 & 0.2 & 0.4 \\ 0 & 0 & 0.4 & 0.6 & 0 \end{bmatrix}$$

进行模糊综合运算：

$$\tilde{B}_S = w_3 \circ R_S = (0.197, 0.150, 0.213, 0.440) \circ \begin{bmatrix} 0 & 0 & 0.6 & 0.4 & 0 \\ 0 & 0 & 0.4 & 0.2 & 0.4 \\ 0 & 0 & 0.4 & 0.2 & 0.4 \\ 0 & 0 & 0.4 & 0.6 & 0 \end{bmatrix}$$

$$= [0, 0, 0.439, 0.309, 0.145]$$

最后，进行归一化处理，B_S=（0,0,0.492,0.346,0.162）。最大隶属度为 0.492，小于 0.7，采用加权平均原则判断其所属等级。等级值为 3.671，虽然位于 3、4 之间，但更接近 4，故新生代农民工公共服务融入隶属低等级。

（四）政治权利融入的水平

新生代农民工政治权利融入包括选举参与和工会参与两个二级指标。

1. 选举参与的平均数、分布与等级

新生代农民工选举参与仅相当于市民的 7.1%。新生代农民工社区选举参与原始指标赋值后，平均值为 0.07，标准差为 0.26，不管是众数还是中位数，均为 0。从分布来看，新生代农民工社区选举参与主要分布在未参加选项，选择未参加选项的比例高达 92.9%，在 1047 份样本中，仅有 74 份样本参加过社区选举，占比 7.1%。

新生代农民工社区选举参与处于低水平。将新生代农民工社区选举参与的水平分为很高、高、中、低与很低，五位专家的评估结果在五个等级上的比重依次为 0、0、0.6、0 与 0.4，等级值为 3.8，更接近 4，4 代表低水平，新生代农民工社区选举参与的最终水平为低。

2. 工会参与的平均水平、分布与等级

新生代农民工工会参与由两个指标构成，有无工会与是否参与工会。在被调查者中，超过四成被调查者所在单位没有工会。调查数据显示：在 1047 份样本中，有工会、无工会以及不知道是否有工会的比例分别为 20.1%、42.2% 与 37.7%。在有工会或不知道是否有工会的被调查者中，仅有不到 20% 的新生代农民工参与了所在单位的工会。

新生代农民工工会参与的平均水平为 0.25，即新生代农民工工会参与水平约为市民的 24.5%。有无工会和是否参加工会两个指标的权重均为 0.5。调查数据显示：新生代农民工工会参与的最小值为 0，最大值为 1，其均值为 0.25，众数为 0，标准差为 0.30。

与选举参与相同，新生代农民工工会参与同样处于低水平。五位专家认为新生代农民工工会参与属于很高、高、中、低与很低五个水平的比重分别为 0、0、0.4、0.2、与 0.4，等级值为 4，故新生代农民工工会参与处于低水平。

3. 新生代农民工政治权利融入的平均水平、分布与等级

新生代农民工政治权利不及市民的 13.0%。新生代农民工政治权利融入由新生代农民工社区选举参与和工会参与两个指标合成，在新生代农民工政治权利融入的计算中，采用社区选举参加与工会参与赋值的加权平均数，权重采用层次分析法中结果，社区选举参与和工会

参与的权重依次为 0.667、0.333，具体计算公式见式 6.4。合成之后的新生代农民工政治权利融入的平均值为 0.13，标准差为 0.21。

从分布来看，新生代农民工政治权利融入主要分布在未参加社区选举和未参加工会，仅有极少新生代农民工享有与市民享有相同的政治权利。新生代农民工政治权利融入的众数为 0，分布在该值上的比例高达 40.6%，该结果表明在新生代农民工中，有 40.6% 的新生代农民工未参加社区选举，也未参加单位工会。享有与市民相同的政治权利的比重仅为 2%。在所有样本中，仅有 21 份、占比 2% 的样本的政治权利融入水平为 1。

模糊综合评价结果显示：新生代农民工政治权利融入处于低水平，评价过程如下：

因素集 $U=\{$ 选举参与，工会参与 $\}$

评语集 $V=\{$ 很高，高，中，低，很低 $\}$

权重 $W_4=$（0.667,0.333）

评价专家组 5 名成员对每个因素进行评价，得到政治权利融入（P）单因素的模糊综合评价矩阵 R_P：

$$R_P = \begin{bmatrix} 0 & 0 & 0.6 & 0 & 0.4 \\ 0 & 0 & 0.4 & 0.2 & 0.4 \end{bmatrix}$$

进行模糊综合运算：

$$\tilde{B}_P = w_4 \circ R_P = (0.667, 0.333) \circ \begin{bmatrix} 0 & 0 & 0.6 & 0 & 0.4 \\ 0 & 0 & 0.4 & 0.2 & 0.4 \end{bmatrix}$$

$$= [0, 0, 0.533, 0.167, 0.4]$$

模糊综合运算结果与归一化处理结果一致，等级值为 3.87，更接近 4，故新生代农民工政治权利融入水平为低。

二 新生代农民工城市融入的总体水平

（一）新生代农民工总体城市融入的平均水平与分布

新生代农民工总体城市融入根据式 6.6 计算，即由各个指标的数值按照权重加权计算。权重已经通过层次分析确定，就业融入、居住融入、公共服务融入与政治权利融入所占比重依次为 0.478、0.302、0.15 与 0.07。

新生代农民工仍然处于半城市融入状态，总体城市融入平均水平为 0.55。新生代农民工总体城市融入的最低值为 0.13，最高值为 8.68，平均数为 0.55，标准差为 0.47。上述数据表明：从新生代农民工整体来看，其在就业、居住、公共服务以及政治权利四个方面的总体水平达到市民的 54.8%，最低水平仅为市民的 13%，最高水平是市民的 8.68 倍。在调查中，居住融入、公共服务融入与政治权利融入的最大值为 1，但少部分被调查者因为自我雇佣，其收入远远高于务工地城镇单位在岗职工的平均工资，导致其就业融入的数值高于 1，故其融入程度可能高于 1。现有研究在衡量新生代农民工市民化水平时，因数据来源、衡量指标、数据采集年份的不同，研究结论存在差异。刘传江等（2009）的研究结果显示：新生代农民工市民化水平为 0.4553；周密等（2012）的研究发现，不同地区的新生代农民工，其市民化水平不同，余姚和沈阳地区的新生代农民工市民化程度分为 0.62、0.81，平均水平为 0.73；刘杰等（2018）的研究结果显示：新生代农民工市民化水平为 0.539。根据上述研究结果，新生代农民工市民化的水平，落在 0.4553-0.81。在本书中，新生代农民工总体城市融入为 0.55，亦在该区间。

从分布来看，新生代农民工总体城市融入主要分布在 0.13-0.55。将新生代农民工总体城市融入水平划分为三个区间：0.13-0.55、0.55-1 与 1 以上，三个区间占比依次为 62.7%、35.6% 与 1.7%。上述数据表明：在被调查的新生代农民工中，超过 60% 的新生代农民工其城市融入水平低于平均数，仅有 1.7% 的新生代农民工，其融入水平高于 1，该部分新生代农民工在就业融入、居住融入、公共服务融入以及政治权利融入四个方面的总体水平已经高于市民的一般水平。从最大值来看，居住融入、公共服务融入与政治融入为 1，就业融入中包含的收入比值无固定最大值。因此，城市融入水平高于 1 的新生代农民工，主要源于该群体具有较高的工资（收入）水平。

（二）新生代农民工总体城市融入的等级

新生代农民工总体城市融入评估结果显示：新生代农民工总体城市融入处于中等水平。评价过程如下：

因素集 U={ 就业融入，居住融入，公共服务融入，政治权利融入 }

评语集 V={ 很高，高，中，低，很低 }

权重集 W=（0.478,0.302,0.15,0.07）

评价专家组 5 名成员对每个因素进行评价，得到城市融入（CZ）的模糊综合评价矩阵 R_{CZ}：

$$R_{CZ} = \begin{bmatrix} 0.069 & 0.386 & 0.297 & 0.2 & 0.048 \\ 0 & 0.225 & 0.425 & 0.126 & 0.224 \\ 0 & 0 & 0.492 & 0.346 & 0.162 \\ 0 & 0 & 0.533 & 0.067 & 0.4 \end{bmatrix}$$

进行复合运算：

$$\tilde{B}_{CZ} = w \circ R_{CZ}$$
$$= (0.478, 0.302, 0.15, 0.07) \circ \begin{bmatrix} 0.069 & 0.386 & 0.297 & 0.2 & 0.048 \\ 0 & 0.225 & 0.425 & 0.126 & 0.224 \\ 0 & 0 & 0.492 & 0.346 & 0.162 \\ 0 & 0 & 0.533 & 0.067 & 0.4 \end{bmatrix}$$
$$= [0.033, 0.253, 0.381, 0.19, 0.143]$$

模糊综合评价结果与归一化处理结果一致。根据加权平均原则，计算等级值。等级值等于 3.157，接近 3，故新生代农民工城市融入平为中。

综上，新生代农民工城市融入各个维度与总体水平的最小值、最大值、平均值、评估结果如下表所示：

表 6.8   新生代农民工城市融入各维度与总体的水平

	最小值	调查最大值	理论最大值	均值	标准差	等级
就业融入	0.25	17.31	/	0.80	0.90	中
收入比值	0.15	40.40	/	0.89	2.15	中
收入稳定性	0	1	1	0.52	0.31	中
工作稳定性	0.13	1	1	0.89	0.22	高
居住融入	0	1	1	0.32	0.31	中
住房购买	0	1	1	0.18	0.38	低
住房情况	0	1	1	0.72	0.20	中
家庭随迁	0	1	1	0.43	0.49	中
公共服务融入	0	1	1	0.39	0.34	低
劳动合同签订	0	1	1	0.60	0.49	中
社会保险参与	0	1	1	0.35	0.36	低
住房公积金参与	0	1	1	0.20	0.40	低
随迁子女教育	0	1	1	0.49	0.50	低
政治权利融入	0	1	1	0.13	0.21	低
选举参与	0	1	1	0.07	0.26	低
工会参与	0	1	1	0.25	0.30	低
总体城市融入	0.13	8.68	/	0.55	0.47	中

注：/ 代表无理论最大值。

据表 6.8 可知，新生代农民工处于半城市融入状态，被调查者的城市融入水平平均值为 0.55。从新生代农民工城市融入的一级指标来看，水平最高的是就业融入，远远高于其他维度的水平；水平最低的是政治权利融入，仅为市民水平的 0.13。从二级指标来看，城市融入水平最高的是隶属就业融入的工作稳定性，达到高水平，也是新生代农民工城市融入二级指标中唯一一个达到高水平的指标；最低水平来自隶属政治权利融入的选举参与，仅为 0.07；住房购买仅高于选举参与，亦处于低水平；此外，处于低水平的指标还包括隶属于公共服务融入的社会保险参与、住房公积金参与、随迁子女教育以及隶属政治权利融入的工会参与。因此，在未来的新生代农民工城市融入进程推进中，应重点关注新生代农民工的政治权利融入、居住融入和公共服务融入。

第四节　新生代农民工城市融入的异质性分析

为明确新生代农民工城市融入在不同群体之间的差异，特进行新生代农民工城市融入的性别比较、年龄比较、输入地比较与不同人力资本的比较，显著性水平均设为 0.05。

一　新生代农民工城市融入的性别异质性分析

性别是一个二分变量，比较不同性别之间城市融入均值的差异，采用两独立样本 t 检验，t 检验结果见表 6.9。新生代农民工城市融入的分性别比较结果显示，就业融入、政治权利融入与总体城市融入存在显著的性别差异，均为男性高于女性。

在劳动力市场上，始终存在一定的性别歧视，女性处于弱势地位，以工资或收入为例，本调查中的男性与女性相比，工资或收入显著高于女性，男性的工资或收入高于女性 2604 元；在收入变化中，男性也与女性存在显著差异，且男性收入稳定性程度更高，故男性的就业融入程度高于女性。

政治权利融入包括参与社区选举与企业所在工会，均属于非家庭的外部活动，根据我国性别角色的分工，男性更倾向于参与外部活动，故男性的政治融入水平高于女性。

就业融入是市民化的主要维度，就业融入中的显著性别差异，在一定程度上导致总体城市融入存在显著的性别差异。

表 6.9　新生代农民工城市融入的性别异质性 t 检验结果

	男性均值	女性均值	t	Sig.
就业融入	0.86	0.71	3.075	0.002
居住融入	0.31	0.34	-1.538	0.124
公共服务融入	0.38	0.41	-1.203	0.229
政治权利融入	0.14	0.11	2.383	0.017
总体城市融入	0.57	0.51	2.350	0.019
样本容量	1047			

注：t 及其 Sig. 的选择视两总体方差是否相等的 F 检验而定，如 F 检验不显著，选择假设方差相等的 t 及其 Sig.；如果 F 检验显著，选择假设方差不相等的 t 及其 Sig.

二　新生代农民工城市融入的年龄异质性分析

将新生代农民工的年龄分为三个区间：20 岁及以下、21–30 岁与 31 岁及以上。年龄是一个三分类变量，采用单因素方差分析，多重比较选择 LSD 方法，单因素方差分析结果见表 6.10。从年龄区间来看，新生代农民工的居住融入、公共服务融入、政治权利融入和总体城市融入在不同年龄区间存在显著差异，不同城市融入维度，存在显著差异的年龄区间不同。

表 6.10　新生代农民工城市融入的年龄异质性方差分析结果

变量	年龄分段（I）	年龄分段（J）	平均值差（I–J）	Sig.
居住融入	20 岁及以下	21–30 岁	-0.10	0.003
		31 岁及以上	-0.18	0.000
	21–30 岁	31 岁及以上	-0.08	0.000
公共服务融入	20 岁及以下	21–30 岁	-0.13	0.001
		31 岁及以上	-0.17	0.000
政治权利融入	21–30 岁	31 岁及以上	-0.05	0.000
总体城市融入	20 岁及以下	21–30 岁	-0.12	0.019

变量	年龄分段（I）	年龄分段（J）	平均值差（I-J）	Sig.
		31 岁及以上	-0.17	0.002
样本容量		1047		

注：为节省篇幅，该表未展现差异不显著的比较结果；相同两个变量的比较结果，仅展现一次。表 6.11、表 6.12 与此表相同。

　　在居住融入中，31 岁及以上高于 20 岁以下、21-30 岁，21-30 岁高于 20 岁以下，年龄越大，居住融入水平越高，可能与年龄越大，家庭规模越大，自身经济条件越好，改善居住需求或购买住房的需求以及消费能力越强有关。在公共服务融入中，20 岁及以下群体的公共服务融入水平显著低于 21-30 岁、31 岁及以上群体，21-30 岁与 31 岁及以上两个年龄阶段的公共服务融入水平差异不显著。公共服务融入与新生代农民工务工年限有一定关联，达到要求年限，才可能享受相关公共服务，但当超过相关规定的务工年限后，差异将不显著，故 20 岁及以下新生代农民工的公共服务融入水平更低，但 21-30 岁与 31 岁以上两个年龄阶段的差异不显著。政治权利融入的显著差异仅存在于 21-30 岁与 31 岁及以上两个年龄阶段，21-30 岁年龄段的新生代农民工，其政治权利融入低于 31 岁及以上群体。参与社区选举与企业工会，与新生代农民工的务工年限有关，新生代农民工外出务工越长，越有可能参与社区选举与企业工会。而务工年限与年龄高度相关，年龄越长，务工年限越长，越有可能参与社区选举与企业工会，故 31 岁及以上群体的政治权利融入显著高于 21-30 岁群体，与 20 岁及以下群体的差异接近显著；20 岁及以下与 21-30 岁群体的政治融入差异不显著。

　　20 岁及以下的新生代农民工，其总体城市融入显著低于 21-30 岁、31 岁及以上两个年龄阶段，但 21-30 岁与 31 岁及以上两个群体的总体城市融入差异不显著。总体城市融入同样与务工年限有关，务工年限越短，其城市融入水平越低。但当务工年限超过一定水平后，总体城市融入将保持相对稳定，故年轻的新生代农民工，其总体城市融入更低，但年龄较高的新生代农民工，其总体城市融入水平差异不显著。

三　新生代农民工城市融入的区域异质性分析

城市融入作为发生在务工城市的社会现象，从流入地的比较更有意义。将新生代农民工流入地分为东部、中部、西部与东北四个类别，采用单因素方差分析中的 LSD 进行区域间的比较，分析结果见表 6.11。从流入地来看，新生代农民工居住融入、公共服务融入存在显著差异。在居住融入中，东部新生代农民工显著低于西部新生代农民工的居住融入水平。居住融入由住房购买、住房情况和家庭随迁构成，在西部务工的新生代农民工，购房成本更低，家庭随迁更易实现。在公共服务融入中，东部、中部、西部均显著低于东北地区，东部地区的新生代农民工公共服务水平低于东北部，似乎与东部地区更高的公共服务水平相矛盾。公共服务存量水平与农民工公共服务享有水平之间呈现逆向分布特征，东部地区更高的公共服务水平属于公共服务存量水平，而农民工公共服务融入水平属于农民工享有的公共服务水平。农民工公共服务享有水平的逆向分布，一方面，源于地方利益和目标客观上制约着城市政府开放基本公共服务的动力和意愿；另一方面，源于东部经济发达，可为农民工提供更高的工资水平，因此东部缺少通过提高农民工公共服务享有水平吸引农民工的动力和意愿（钱雪亚等，2021）。

在分区域比较中，关于东北的结论，需要谨慎对待，因为流入东北的被调查者样本容量为 46，规模较小。

表 6.11　新生代农民工城市融入的区域异质性方差分析结果

变量	区域（I）	区域（J）	平均值差（I-J）	Sig.
居住融入	东部	西部	-0.08	0.001
公共服务融入	东部	东北	-0.12	0.024

变量	区域（I）	区域（J）	平均值差（I–J）	Sig.
	中部	东北	-0.14	0.009
	西部	东北	-0.16	0.002
样本容量	1047			

四　新生代农民工城市融入的人力资本异质性分析

将新生代农民工总体人力资本分为三个区间：50 以下、50.01–60、60.01 以上，分别代表人力资本的低水平、中等水平和高水平。

表 6.12　新生代农民工城市融入的人力资本异质性方差分析结果

变量	人力资本（I）	人力资本（J）	平均值差（I–J）	Sig.
就业融入	60.01 以上	50 以下	0.43	0.000
		50.01–60	0.40	0.000
居住融入	60.01 以上	50 以下	0.16	0.000
		50.01–60	0.09	0.016
	50.01–60	50 以下	0.07	0.000
公共服务融入	60.01 以上	50 以下	0.24	0.000
		50.01–60	0.11	0.008
	50.01–60	50 以下	0.13	0.000
政治权利融入	60.01 以上	50 以下	0.13	0.000
		50.01–60	0.08	0.001
	50.01–60	50 以下	0.04	0.002
总体城市融入	60.01 以上	50 以下	0.30	0.000
		50.01–60	0.24	0.000
样本容量	1047			

单因素方差分析结果显示：就业融入、居住融入、公共服务融入、政治权利融入和总体城市融入在不同人力资本水平之间差异显著，当不同人力资本水平下的新生代农民工城市融入存在显著差异

时，均为人力资本水平越高，城市融入水平越高。在就业融入中，人力资本处于高水平的新生代农民工，高于人力资本处于中等水平和低水平的新生代农民工。居住融入、公共服务融入和政治权利融入，均随新生代农民工人力资本水平的提高而提高。新生代农民工总体城市融入水平在高水平人力资本和中等人力资本、低水平人力资本之间存在显著差异，高水平人力资本的总体城市融入水平显著高于中等人力资本群体和低水平人力资本群体。

本章小结

在新生代农民工城市融入指标体系中，从一级指标来看，权重从高到低依次为就业融入、居住融入、公共服务融入与政治权利融入，从二级指标来看，从高到低依次是收入比值、住房购买、工作稳定性收入稳定性、家庭随迁、随迁子女教育、选举参与、住房情况、住房公积金参与、劳动合同签订、社会保险参与和工会参与。

水平分析结果显示：新生代农民工总体城市融入的平均值为0.55，隶属中等水平。在四个维度中，就业融入的水平最高，接近0.80，处于中等水平；政治权利融入水平最低，仅为0.13，处于低水平；公共服务融入的水平与居住融入的水平分别为0.39与0.32，但公共服务融入处于低水平，居住融入处于中等水平。

新生代农民工城市融入的异质性分析结果表明，在性别差异方面，男性的就业融入、政治权利融入与总体城市融入均高于女性。在年龄差异方面，年龄越长，居住融入水平越高；20岁及以下群体的公共服务融入和总体城市融入显著低于21-30岁、31岁及以上群体；21-30岁年龄段的新生代农民工，其政治权利融入低于31岁及以上群体。在流入地差异方面，东部新生代农民工的居住融入水平显著低于西部新生代农民工；东部、中部、西部的公共服务融入水平均显著低于东北地区，东北地区的样本较少，该结论有待进一步验证。在人力资本方面，就业融入、居住融入、公共服务融入、政治权利融入和总体城市融入在不同人力资本水平之间差异显著，人力资本水平越高，居住、公共服务与政治权利的城市融入水平也越高；人力资本处于高水平的新生代农民工，其就业融入和总体城市融入高于人力资本处于中低水平的新生代农民工。

第七章　新生代农民工人力资本
对城市融入的影响分析

不管从城市融入面临的背景来看，还是从理论研究来看，人力资本均是推动城市融入的重要力量。从农民工城市融入当前所处的宏观环境来看，人力资本是推动新生代农民工城市融入的重要力量。农民工市民化是一个政府供给的制度与农民工市民化需求的制度由非均衡状态到均衡状态的演变过程，在这一过程中，政府应供给的关键制度是户籍制度、农地产权制度与公共福利体系，农民工则需要达到相应的入户条件（何一鸣等，2014）。近年来，户籍制度、农地产权制度与公共福利体系均在向有利于农民工城市融入的方向转变。不同地区的入户条件虽然不同，但总体来看，人力资本越高的群体，落户城市、生活质量接近市民的可能性也越高。

从人力资本理论来看，当前，人力资本理论发展到以能力为核心的新人力资本理论阶段，能力包括认知能力与非认知能力，非认知能力与认知能力可共同预测个体在经济与生活中的表现（赫克曼、考茨，2012）。新生代农民工城市融入作为一个既有经济因素又有生活因素的过程，亦应该受到包含认知能力和非认知能力的人力资本的影响。

本章将借助课题组的调查数据，在相关分析的基础上进行回归分析，探讨人力资本对城市融入的影响。

第一节　新生代农民工人力资本与城市融入的相关分析

在相关分析中，新生代农民工总体城市融入采用就业融入、居住融入、公共服务融入与政治权利融入四个维度按照权重加总后的结果。人力资本的知识、技能、经验采用原始数值，健康与能力采用加权结果，总体人力资本采用经过无量纲化处理后的加权结果。在两变量相关系数计算中，人力资本与市民化虽然可以进行加总处理，但就其测量属性而言，均属于定序测量，故选择斯皮尔曼相关系数。

一　新生代农民工总体人力资本与城市融入的相关分析

新生代农民工总体人力资本与总体城市融入及其不同维度的相关系数如 7.1 所示。

表 7.1　总体人力资本与城市融入的相关系数

变量 1	变量 2	相关系数
总体人力资本	总体城市融入	0.353***
	就业融入	0.307***
	居住融入	0.160***
	公共服务融入	0.275***
	政治权利融入	0.163***
样本容量		1047

注：*** 表示 P<0.001，表 7.2 与表 7.3 星号含义与本表相同。

新生代农民工总体人力资本与总体城市融入以及城市融入各个维度均存在显著的正相关关系。据表 7.1，新生代农民工总体人力资本与总体城市融入、城市融入不同维度的相关系数均通过统计显著性检验，双侧检验显著性水平均为 0.000。

新生代农民工总体人力资本与总体城市融入的相关系数为 0.353，属于中度相关。在社会科学研究中，相关系数若在 0.1-0.2，属于低度相关；在 0.3-0.4，属于中等相关；0.5-0.6 表明相关系数大，如果相关系数在 0.7-0.8，则表明两个构念极为相近，以致很难分开，或者数据有问题（罗胜强、姜嬿，2015）。由此可见，总体人力资本与总体城市融入的相关强度属于中度相关。

在新生代农民工城市融入四个维度中，与总体人力资本存在中度相关或接近中度相关的是就业融入与公共服务融入，其中，相关系数最高的是就业融入，达到中度相关水平。人力资本理论自萌芽以来，经济学家对人力资本的价值多置于就业之中讨论，例如，威廉·配第（William Petty）认为土地是财富之母，劳动是财富之父；明瑟尔作为现代人力资本理论研究的最早开拓者，认为人力资本投入量越大的劳动者，其年收入越高（张凤林，2011）；为新人力资本理论做出卓越贡献的赫克曼（2006），在分析人力资本对个人价值的影响时，多将收入作为价值的一个替代变量。新生代农民工就业融入包括收入比值、收入稳定性与工作稳定性，既包括创造财富的行为，也包括创造财富的结果，故在城市融入的四个维度中，就业融入与总体人力资本的相关系数最高。除就业融入外，公共服务融入与总体人力资本的相关水平接近中度相关。新生代农民工获取城市公共服务，与自身就业水平的高低密切相关，就业城市融入与总体人力资本存在中度相关，因此，公共服务融入亦与总体人力资本存在接近中度的相关关系。

居住融入、政治权利融入与新生代农民工总体人力资本存在低度显著相关，与新生代农民工总体人力资本的相关系数分为 0.160 与 0.163。新生代农民工居住融入是新生代农民工在住房购买、住房情况以及家庭随迁方面与市民的接近程度，住房购买、住房情况均以收入为前提，家庭随迁对居住将提出更高要求，故亦与收入有一定关联，调查数据显示：住房购买、住房情况、家庭随迁与收入或工资存在显著相关。不管是经典的人力资本理论文献，还是本书的数据，均表明收入与人力资本存在相关，调查数据中收入或工资与人力资本总量存在显著相关，故新生代农民工居住融入与其总体人力资本亦存在显著相关。政治权利融入包括选举参与和工会参与，不管是选举参与还是工会参与，居住与工作越稳定的新生代农民工，参与社区选举和企业工会的可能性越高。一般而言，稳定的居住与工作要求新生代农民工具有更高的人力资本水平，故总体人力资本与政治权利融入存在显著正向相关关系。

二　新生代农民工人力资本构成要素与城市融入的相关分析

人力资本作为一个整体，与新生代农民工城市融入及其不同维度均存在显著正相关关系。分析新生代农民工人力资本构成要素与城市融入的相关关系，对从人力资本角度提出促进新生代农民工城市融入发展的建议更具针对性。

（一）新生代农民工人力资本构成要素与总体城市融入的相关关系

人力资本构成要素知识、技能、经验、健康与能力与总体城市融入的相关系数见表7.2。

表 7.2　人力资本构成要素与总体城市融入的相关系数

变量 1	变量 2	相关系数
总体城市融入	知识	0.202^{***}
	技能	0.134^{***}
	经验	0.190^{***}
	健康	0.194^{***}
	身体健康	0.147^{***}
	心理健康	0.197^{***}
	能力	0.279^{***}
	认知能力	0.305^{***}
	非认知能力	0.138^{***}
样本容量	1047	

新生代农民工人力资本构成要素与总体城市融入均存在显著正相关关系。在知识、技能、经验、健康与能力五个一级指标中，与新生代农民工总体城市融入的相关系数位于0.134-0.279，从高到低依次为能力、知识、健康、经验与技能，其中，能力与总体城市融入的相关强度达到中度相关。将健康细分为身体健康与心理健康、能力细分为认知能力与非认知能力，则相关系数位于0.134-0.305，从高到低的排序依次是认知能力、知识、心理健康、经验、身体健康、非认知能力与技能，其中，认知能力与总体城市融入水平的相关程度最高，达到0.305，表明在人力资本各个维度中，新生代农民工的认知能力与城市融入的关系最为紧密。

（二）新生代农民工人力资本构成要素与就业融入的相关关系分析

新生代农民工就业融入与人力资本构成要素的相关系数见表7.3。

表 7.3　人力资本构成要素与就业融入的相关系数

变量1	变量2	相关系数
就业融入	知识	0.120***
	技能	0.149***
	经验	0.103***
	健康	0.213***
	身体健康	0.181***
	心理健康	0.185***
	能力	0.247***
	认知能力	0.226***
	非认知能力	0.184***
样本容量	1047	

本次调查数据的相关分析发现，在新人力资本理论框架下，新生代农民工就业融入与人力资本各个构成要素均存在显著正相关关系。两变量相关分析结果显示，新生代农民工就业融入与人力资本各个维

度的相关系数均通过统计显著性检验，显著性水平均为 0.000。

在人力资本一级指标中，与就业融入相关程度最高的是能力，紧随其后的是健康、技能、知识与经验。在认知能力与非认知能力之间，就业融入与认知能力的相关系数更高；在身体健康与心理健康之间，心理健康与就业融入的相关程度更高。加入身体健康与心理健康、认知能力与非认知能力后，与就业融入相关程度由高到低的人力资本构成要素依次是认知能力、心理健康、非认知能力、身体健康、技能、知识与经验。

（三）新生代农民工人力资本构成要素与居住融入的相关关系

新生代农民工人力资本构成要素与居住融入的相关系数和显著性水平如 7.4 所示。

表 7.4　人力资本构成要素与居住融入的相关系数和显著性水平

变量 1	变量 2	相关系数	显著性水平
居住融入	知识	0.044	0.154
	技能	0.046	0.136
	经验	0.225	0.000
	健康	0.084	0.006
	身体健康	0.050	0.106
	心理健康	0.119	0.000
	能力	0.118	0.000
	认知能力	0.137	0.000
	非认知能力	0.059	0.056
样本容量	1047		

从一级指标来看，经验、能力在 0.000 的显著性水平上，与居住融入相关，健康在 0.01 的显著性水平上与居住融入相关；在经验、健康与能力中，与新生代农民工居住融入相关程度最高的是经验，二者相关系数为 0.225；紧随其后的是能力与健康。居住融入作为一个在务工地购买住房、逐步改善居住环境和家庭成员随迁的过程，与新生代农民工外出务工年限密切关联，而外出务工年限的长短即为

经验，故居住融入与经验的相关程度最强。从二级指标来看，在健康中，仅心理健康与新生代农民工居住融入呈显著相关关系；在能力中，仅认知能力与新生代农民工居住融入的相关关系具有统计显著性，二者均在0.000的显著性水平上与居住融入相关。

一级指标中的知识和技能、二级指标中的身体健康和非认知能力与新生代农民工居住融入的相关性不具有统计显著性。

（四）新生代农民工人力资本构成要素与公共服务融入的相关关系

新生代农民工公共服务融入包含了新生代农民工的劳动合同签订、社会保险参与、住房公积金参与与随迁子女教育，其与人力资本构成要素的相关系数和显著性水平如表7.5所示。

表 7.5　人力资本构成要素与公共服务融入的相关系数和显著性水平

变量1	变量2	相关系数	显著性水平
公共服务融入	知识	0.318	0.000
	技能	0.080	0.010
	经验	0.015	0.618
	健康	0.074	0.016
	身体健康	0.048	0.117
	心理健康	0.073	0.018
	能力	0.246	0.000
	认知能力	0.297	0.000
	非认知能力	0.065	0.035
样本容量		1047	

在给定显著性水平为0.01时，知识、技能、能力中的认知能力与新生代农民工公共服务融入存在显著的正相关关系，其中，知识与新生代农民工公共服务融入的相关系数最高，为0.318，达到中度相关水平；认知能力与新生代农民工公共服务融入的相关系数为0.297，接近中度相关；技能虽然与新生代农民工公共服务融入的相关关系显著，但相关程度微弱，相关系数仅有0.08。在给定显著性水平为0.05时，与新生代农

民工公共服务融入呈显著相关的人力资本要素，除知识、技能和认知能力外，还包括一级指标中的健康、二级指标中的心理健康、非认知能力，三者均与新生代农民工公共服务融入呈微弱的正相关关系。

经验、健康中的身体健康与新生代农民工公共服务融入的相关关系不具有统计显著性。

（五）新生代农民工人力资本构成要素与政治权利融入的相关关系

包括选举参与和工会参与的新生代农民工政治权利融入与人力资本的相关系数和显著性水平如表7.6所示。

从一级指标来看，知识、技能与能力在给定显著性水平为0.01时，与新生代农民工政治权利融入存在显著正相关关系，其中，知识与政治权利融入的相关系数最高；从二级指标来看，认知能力与新生代农民工政治权利融入存在显著相关，且相关系数高于知识与政治融入的相关系数。在给定显著性水平为0.05时，除知识、技能、能力和认知能力外，健康中的心理健康与新生代农民工政治权利融入存在显著正相关关系，但相关程度微弱。

表 7.6　人力资本构成要素与政治权利融入的相关系数和显著性水平

变量 1	变量 2	相关系数	显著性水平
政治权利融入	知识	0.154	0.000
	技能	0.093	0.003
	经验	-0.007	0.813
	健康	0.057	0.063
	身体健康	0.034	0.266
	心理健康	0.078	0.011
	能力	0.126	0.000
	认知能力	0.203	0.000
	非认知能力	-0.017	0.573
样本容量		1047	

一级指标中的经验和健康、二级指标中的身体健康、非认知能力

与新生代农民工政治权利融入的相关关系不显著。

第二节　回归分析的变量与数据分析方法

新生代农民工总体人力资本及其不同维度与新生代农民工城市融入总体水平、就业融入存在显著正向相关关系，居住融入、公共服务融入与政治权利融入与部分人力资本构成要素存在显著正向相关关系，表明新生代农民工人力资本与市民化存在一定程度的关联。探讨新生代农民工总体人力资本及其构成要素对新生代农民工城市融入、城市融入不同维度是否存在显著影响以及影响大小，则需要借助回归分析。

一　变量

（一）因变量

因变量为新生代农民工城市融入。新生代农民工城市融入既包括总体城市融入，也包括不同维度的城市融入。其中，总体城市融入的水平由城市融入不同维度按照层次分析法的权重加权乘以 100 而得，城市融入不同维度的水平是其所属维度的加权平均数乘以 100[①]。其中，因为少部分新生代农民工自我雇佣或雇佣他人，在就业融入与总体城市融入方面呈现出较高水平，呈右偏分布。为改善其分布状态，减少异方差性，故对乘以 100 之后的总体城市融入和就业融入取自然对数。

[①]　为使取自然对数后的数值均为正数，且使结果更好解释，故对在新生代农民工城市融入水平分析中的总体城市融入水平、各个维度的城市融入水平乘以 100。

（二）自变量

本章的自变量是新生代农民工人力资本。新生代农民工人力资本既包括总体人力资本，也包括不同维度的人力资本，其中，新生代农民工总体人力资本由新生代农民工一级指标根据层次分析法所得权重加权而得，没有二级指标的知识、技能与经验，直接采用原始指标；细分了二级指标的健康与能力，由其所属二级指标按照相应权重合成。

（三）控制变量

本书的控制变量包括性别、年龄、婚姻与职业四个指标。本书的样本基本情况虽然包括了性别、年龄、婚姻、户籍地与流入地、行业与职业七个指标。但就对城市融入的影响而言，现有研究对户籍地、流入地与行业的关注较少，在探索性分析中，加入户籍地、流入地与行业后，调整的 R^2 反而略有下降，故在控制变量中删除上述三个变量。

在控制变量中，除年龄外，其他均为虚拟变量。性别、婚姻与职业的参照组依次是女性、未婚、服务员。性别为二分类变量，设置一个虚拟变量；婚姻类别有三，设置两个虚拟变量；职业的原始数据包括 7 个类别，在回归分析中，将管理员、老板与其他合为一类，职业成为一个五分类变量，设置四个虚拟变量。

二　数据分析方法

本书的因变量与自变量在本质上均为定序变量，定序变量中的数字仅代表顺序，不能进行数学运算。但在实证分析中，理查德·P.鲁尼恩（Richard P.Runyon）等（2007）认为：为进行多元统计分析，可将定序变量视为定距变量，例如，在分析农民工安全感等的影响因素时，将安全感量表得分视为定距变量，展开多元线性回归分析（李培林、李炜，2010）。因此，本书亦将新生代农民工城市融入与人力资本视为定距变量。

本书将新生代农民工城市融入视为定距变量，故采用多元线性回归模型分析新生代农民工人力资本对其城市融入的影响。人力资本对城市融入的影响包括两个部分：总体人力资本对城市融入的影响、人力资本构成要素对城市融入的影响。在分析总体人力资本对城市融入的影响时，为考察总体人力资本作为一个整体是否在控制变量的基础上，对城市融入产生显著影响，采用多层回归模型。共分为以下两个步骤。

第一步，构建只含有控制变量的基本模型。本书的基本模型如下所示：

$$y = \beta_0 + \beta_1 sex + \beta_2 age + \beta_3 mar_1 + \beta_4 mar_2 + \beta_5 v_1 + \beta_6 v_2 + \beta_7 v_3 + \beta_8 v_4 + \varepsilon$$

（式 7.1）

在式 7.1 中，y 代表新生代农民工城市融入水平，在不同的回归分析中，其代表指标不同，是总体城市融入、就业融入、居住融入、公共服务融入与政治权利融入五个指标之一。β_0 为回归常数，β_1 到 β_8 为控制变量的回归系数。sex 为性别，age 代表年龄，mar_1、mar_2 是婚姻的两个虚拟变量，分别代表已婚与未婚相比、其他与未婚相比；v_1 到 v_4 是职业的四个虚拟变量，依次代表工人与服务员相比、销售员与服务员相比、技术员与服务员相比、其他与服务员相比，ε 为随机干扰项。

第二步，在基本模型的基础上，纳入总体人力资本指标：

$$y_i = \beta_0 + \beta_1 sex + \beta_2 age + \beta_3 mar_1 + \beta_4 mar_2 + \beta_5 v_1 + \beta_6 v_2 + \beta_7 v_3 \\ + \beta_8 v_4 + \beta_{HC} HC + \varepsilon$$

（式 7.2）

在式 7.2 中，与式 7.1 相同的指标代表相同的含义，HC 指总体人力资本，其相应的回归系数是 β_{HC}。通过与下值更改的显著性，考察总体人力资本是否对城市融入产生显著影响。

在分析人力资本构成要素对新生代农民工城市融入的影响时，为分析传统人力资本构成要素——知识、技能、经验与健康，新人力资本理论的核心——认知能力与非认知能力以及人力资本构成要素的交互项，分别作为一个整体，是否显著影响新生代农民工城市融入，特进行人力资本构成要素① 的多层回归分析，通过与下值更改的显著性，考察逐步纳入的变量作为整体，是否对城市融入具有显著影响。共分为以下四步。

第一步，构建只含控制变量的基本模型，与式 7.1 相同。

第二步，纳入传统人力资本构成要素：知识、技能、经验、身体健康与心理健康：

$$y_i = \beta_0 + \beta_1 sex + \beta_2 age + \beta_3 mar_1 + \beta_4 mar_2 + \beta_5 v_1 + \beta_6 v_2 + \beta_7 v_3 + \beta_8 v_4$$
$$+ \beta_K K + \beta_S S + \beta_E E + \beta_{H_1} H_1 + \beta_{H_2} H_2 + \varepsilon$$

（式 7.3）

在式 7.3 中，与式 7.1 相同的指标代表相同的含义，K、S、E、H_1 与 H_2 分别代指知识、技能、经验、身体健康与心理健康，其相应的回归系数依次是 β_K、β_S、β_E、β_{H1} 与 β_{H2}。

第三步，在式 7.3 的基础上，纳入新人力资本理论的核心变量——能力，据此分析人力资本构成要素对新生代农民工城市融入的影响。纳入能力后的回归模型具体如下：

$$y_i = \beta_0 + \beta_1 sex + \beta_2 age + \beta_3 mar_1 + \beta_4 mar_2 + \beta_5 v_1 + \beta_6 v_2 + \beta_7 v_3 + \beta_8 v_4$$
$$+ \beta_K K + \beta_S S + \beta_E E + \beta_{H_1} H_1 + \beta_{H_2} H_2$$
$$+ \beta_{C_1} C_1 + \beta_{C_2} C_2 + \varepsilon$$

（式 7.4）

式 7.4 中，C_1、C_2 分别为认知能力、非认知能力，其对应的回归系数是 β_{C1}、β_{C2}。

第四步，纳入部分人力资本构成要素的交互项，据此分析人力资本构成要素之间的交互效应。根据新人力资本理论中人力资本形成的

---

① 在后续分析中，将人力资本构成要素分为三大部分：由知识、经验、技能与健康组成的传统人力资本，由认知能力与非认知能力组成的能力，以及部分要素的交互项，为表达精简，在标题中统一使用"人力资本构成要素"。

交互性，在交互效应中，分析身体健康、心理健康、知识、认知能力与非认知能力之间的交互作用：

$$y_i = \beta_0 + \beta_1 sex + \beta_2 age + \beta_3 mar_1 + \beta_4 mar_2 + \beta_5 v_1 + \beta_6 v_2 + \beta_7 v_3 + \beta_8 v_4$$
$$+ \beta_K K + \beta_S S + \beta_E E + \beta_{H_1} H_1 + \beta_{H_2} H_2 + \beta_{C_1} C_1 + \beta_{C_2} C_2$$
$$+ \beta_{H_1 H_2} H_1 H_2 + \beta_{H_1 K} H_1 K + \beta_{H_1 C_1} H_1 C_1 + \beta_{H_1 C_2} H_1 C_2 + \beta_{H_2 K} H_2 K$$
$$+ \beta_{H_2 C_1} H_2 C_1 + \beta_{H_2 C_2} H_2 C_2 + \beta_{KC_1} KC_1 + \beta_{KC_2} KC_2 + \beta_{C_1 C_2} C_1 C_2 + \varepsilon$$

（式 7.5）

式 7.5 中，$H_1 H_2$、$H_1 K$、$H_1 C_1$、$H_1 C_2$、$H_2 K$、$H_2 C_1$、$H_2 C_2$、KC_1、KC_2、$C_1 C_2$ 分别代表身体健康与心理健康的交互、身体健康与知识的交互、身体健康与认知能力的交互、身体健康与非认知能力的交互、心理健康与知识的交互、心理健康与认知能力的交互、心理健康与非认知能力的交互、知识与认知能力的交互、知识与非认知能力的交互、认知能力与非认知能力的交互，上述交互项对应的回归系数依次为 $\beta_{H_1 H_2}$、$\beta_{H_1 K}$、$\beta_{H_1 C_2}$、$\beta_{H_2 K}$、$\beta_{H_2 C_1}$、$\beta_{H_2 C_2}$、β_{KC_1}、β_{KC_2}、$\beta_{C_1 C_2}$。因为纳入交互项，构成交互项的两个自变量与其交互项可能存在多重共线性，故式 7.5 中的知识、身体健康、心理健康、认知能力与非认知能力均采用中心化处理后的变量。其中，采用量表测量的心理健康、认知能力与非认知能力三个指标，其中心化处理指标均是效度分析、信度分析后保留条目的平均值。交互项是对应指标中心化后的数值的乘积。

在式 7.3、式 7.4 中，知识、身体健康、心理健康同样使用中心化处理后的变量。因为式 7.5 对可能存在交互效应的变量进行了中心化处理，作为多层回归，要求前后模型使用的变量一致，故式 7.3、式 7.4 中的知识、身体健康、心理健康、认知能力与非认知能力均采用中心化后的指标值。在式 7.5 中，因为中心化后，虽然交互项的系数、显著性水平不会改变，但自变量回归系数的大小、方向与显著性水平均将发生改变（方杰等，2015）。故在探讨、比较人力资本二级指标对新生代农民工市民化的影响时，采用式 7.4 的结果。

三　稳健性检验

一般而言，稳健性检验可以从数据、变量和方法入手，比较不同数据、变量、方法分析结果的一致性，如果基准回归与新回归中的自变量的显著性、影响方向一致，则表明分析结果具有稳健性。当从数据入手检验分析结果的稳健性时，主要通过分样本回归、改变样本容量、调整样本期等实现。当从变量入手检验分析结果的稳健性时，常见做法是替换因变量或主要自变量，或者补充新变量。当从方法入手分析结果的稳健性时，主要做法是改变回归分析方法。

本章将采用改变样本容量的方法，删除市民化水平高于 1 的样本共计 18 份，将剩余 1029 份样本回归结果与全体样本结果比较，根据比较结果，判断不同自变量对新生代农民工市民化影响的稳健性。在全样本和删除极端值样本的回归中均显著的因素，将作为研究结果进行分析。

第三节　人力资本对新生代农民工城市融入的多层回归结果分析

在本节的回归分析中，将依次分析总体人力资本对新生代农民工总体城市融入和分维度城市融入的影响、人力资本构成要素对新生代农民工不同维度城市融入的影响以及人力资本构成要素对新生代农民工总体城市融入的影响。变量描述统计见前述章节，其中，控制变量的描述统计见第四章第一节；新生代农民工人力资本的描述统计见第五章第三节，其中，知识、身体健康、心理健康、认知能力、与非认知能力采用中心化后的数值。新生代农民工城市融入及其不同维度的描述统计见第六章第三节。①

一 总体人力资本对新生代农民工城市融入的影响分析

为探讨作为整体的人力资本是否对新生代农民工总体城市融入及其不同构成维度存在显著影响，特进行总体人力资本对新生代农民工总体城市融入与不同维度的影响分析。

运用多层回归分析方法，在仅含控制变量的基本模型的基础上，加入总体人力资本指标，回归模型表达式见式 7.1 与式 7.2，因变量分别为总体城市融入、就业融入、居住融入、公共服务融入与政治权利融入。

控制变量的回归结果不是本书关注的重点，因此，将总体人力资本对总体城市融入、就业融入、居住融入、公共服务融入与政治权利融入的回归结果整合，具体见表 7.7。

表 7.7　总体人力资本对新生代农民工城市融入影响的回归结果

	总体城市融入	就业融入	居住融入	公共服务融入	政治权利融入
回归系数	0.015***	0.011***	0.518***	1.297***	0.559***
调整 R^2	0.203	0.155	0.154	0.085	0.045
F 值	30.575***	22.293***	22.191***	11.771***	6.415***
R^2 更改	0.062	0.037	0.012	0.065	0.030
F 值更改	81.674***	46.074***	15.397***	74.647***	33.134***
样本容量					1047
回归系数	0.014***	0.010***	0.474***	1.343***	0.572***
调整 R^2	0.195	0.152	0.139	0.088	0.043
F 值	28.726***	21.448***	19.398***	11.956***	6.099***
R^2 更改	0.078	0.054	0.011	0.069	0.032
F 值更改	99.696***	64.948***	12.601***	77.791***	34.460***

---

① 本节内容已在《学海》2022 年第四期以"新生代农民工人力资本与市民化研究——以新人力资本理论为视角"为题发表，根据本著作的结构、内容等做了一定修改。

续表

	总体城市融入	就业融入	居住融入	公共服务融入	政治权利融入
样本容量					1029

注：（1）*** 表示 p<0.001。（2）R^2 更改和 F 值更改均以控制模型为基础。

总体人力资本对新生代农民工城市融入及其不同维度的回归结果显示：五个回归模型均通过 F 值检验，表明可采用线性回归模型分析总体人力资本对新生代农民工城市融入的影响。

五个回归方程的调整 R^2 从 0.045 到 0.203 不等，总体人力资本对新生代农民工总体城市融入及其不同维度具有一定的阐释力，其中，对总体城市融入的解释力度最高，总体人力资本可解释总体城市融入变异的 20.3%。

R^2 更改的数值与 F 值更改显著性检验结果表明：整体人力资本水平不仅对新生代农民工总体城市融入，还对新生代农民工城市融入的不同维度均产生显著正向影响。在控制变量的基础上，加入总体人力资本后，模型的拟合优度均增加，R^2 增加量从 0.012 到 0.065 不等，F 值更改均显著。

回归系数显著性检验结果表明：总体人力资本对新生代农民工总体城市融入与不同维度城市融入存在显著的和稳健的正向影响。在五个回归模型中，总体人力资本的回归系数均通过显著性检验。总体人力资本每增加一个单位，新生代农民工总体城市融入将上升 1.5 个百分点，就业融入将上升 1.1 个百分点，居住融入、公共服务融入与政治融入将分别上升 0.518、1.297 与 0.559[①]。同时，根据删除极端值的样本回归结果，总体人力资本仍然对新生代农民工总体城市融入以及不同维度城市融入存在显著正向影响，表明总体人力资本对城市融入的影响具有稳健性。

---

① 因总体城市融入指标值与就业融入指标值作了取自然对数的处理，而居住融入、公共服务融入与政治权利融入未取自然对数，故回归系数的解释不同。

新生代农民工人力资本对新生代农民工城市融入产生稳健的影响，在一定程度上源于新人力资本理论视角下人力资本的内涵更加丰富、人力资本的价值更加微观化。新人力资本理论在传统人力资本的基础上加入能力，更多分析人力资本对个体经济社会行为及其结果的影响，人力资本的价值更加微观化。新生代农民工城市融入既包括新生代农民工就业行为与结果，也包括居住、公共服务与政治权利等方面的行为和结果，同样是经济社会行为及其结果的复合体，亦受到人力资本的显著正向影响和稳健的影响。

二 人力资本构成要素对新生代农民工不同维度城市融入的影响分析

新生代农民工城市融入包括就业融入、居住融入、公共服务融入与政治权利融入四个维度。为探讨人力资本构成要素对新生代农民工城市融入不同维度的影响，同样采用多层回归模型，模型设定与本章第二节相同，采用式 7.1、式 7.3、式 7.4 与式 7.5。

（一）人力资本构成要素对新生代农民工就业融入的影响

1. 多层回归结果

人力资本构成要素对新生代农民工就业融入影响的多层回归共计四个模型，结果见表 7.8。

表 7.8 人力资本构成要素对就业融入影响的多层回归结果

变量	模型 1（控制变量）		模型 2（传统要素）		模型 3（能力）		模型 4（交互项）	
	非标准系数	标准系数	非标准系数	标准系数	非标准系数	标准系数	非标准系数	标准系数
常量	3.920***		3.911***		3.937***		3.938***	
男性	0.069**	0.093**	0.064**	0.086**	0.071**	0.095**	0.074**	0.100**
年龄	0.007**	0.105**	0.006*	0.093*	0.006*	0.089*	0.007*	0.095*
已婚	0.005	0.007	0.007	0.010	0.009	0.012	0.010	0.013
其他婚姻	-0.123	-0.039	-0.126	-0.040	-0.110	-0.035	-0.125	-0.040

续表

变量	模型 1（控制变量）		模型 2（传统要素）		模型 3（能力）		模型 4（交互项）	
	非标准系数	标准系数	非标准系数	标准系数	非标准系数	标准系数	非标准系数	标准系数
工人	0.008	0.010	0.004	0.005	0.009	0.012	0.011	0.014
销售员	0.064	0.059	0.048	0.044	0.023	0.021	0.015	0.014
技术员	0.159***	0.165***	0.139***	0.144***	0.127**	0.131**	0.121**	0.126**
其他职业	0.296***	0.344***	0.267***	0.310***	0.234***	0.272***	0.231***	0.268***
知识			0.004	0.008	-0.017	-0.039	-0.009	-0.021
技能			0.017	0.056	0.008	0.025	0.007	0.024
经验			0.004	0.045	0.004	0.044	0.003	0.037
身体健康			0.042***	0.108***	0.034**	0.087**	0.032**	0.082**
心理健康			0.074**	0.094**	0.063**	0.079**	0.064*	0.081*
认知能力					0.067***	0.140***	0.069***	0.143***
非认知能力					0.029*	0.066*	0.029*	0.066*
身体健康与心理健康交互							-0.047*	-0.066*
知识认知能力交互							-0.035*	-0.061*
认知能力非认知能力交互							0.036*	0.067*
调整 R^2	0.118		0.146		0.164		0.172	
R^2 更改			0.031		0.019		0.016	
F 值	18.517***		14.725***		14.654***		9.707***	
F 值更改			7.703***		12.130***		2.060*	
样本容量	1047							

注：（1）*** 表示 $p<0.001$，** 表示 $p<0.01$，* 表示 $p<0.05$。本章以下表格星号的含义与本表相同。

（2）R^2 更改和 F 值更改均以前一个模型为基础。本章以下表格中的 R^2 更改和 F 值更改与此表相同。

（3）为使表格更加简洁，删除了影响不显著的交互项的分析结果，本章后续表格做类似处理。

四个模型均通过 F 检验，表明取自然对数后的就业融入与人力资本构成要素之间存在显著的线性关系，可采用线性模型。

采用调整 R^2 检验模型拟合优度，四个模型的调整 R^2 依次为 0.118、0.146、0.164 与 0.172，表明人力资本构成要素对新生代农民工就业融入具有一定的解释力。

因纳入交互项，特进行多重共线性测度。容忍度最小值为 0.411，方差膨胀因子最大为 2.433，变量进行了中心化处理，即使纳入交互项，也不存在较强的多重共线性。后续回归分析因纳入的自变量相同，容忍度最小值和方差膨胀因子最大值均相同，故后续回归分析将不再陈述容忍度最小值和方差膨胀因子的最大值。

在删除极端值后的样本中①，容忍度最小值为 0.412，方差膨胀因子最大为 2.425，不存在较强的多重共线性。后续删除极端值的回归分析因为自变量相同，容忍度最小值与方差膨胀因子最大值与此处相同，将不赘述。在模型 3 的基础上，加入交互项后，F 值更改的显著性水平为 0.060，与基准回归相比，交互项作为整体，未能对新生代农民工就业融入产生显著影响。在模型 3 中，对新生代农民工就业融入产生显著正向的人力资本因素包括身体健康、心理健康、认知能力与非认知能力，其标准化回归系数分别为 0.111、0.082、0.088 与 0.087；在模型 4 中，身体健康、心理健康、认知能力与非认知能力同样对新生代农民工就业融入存在显著正向影响，影响显著的交互项包括身体健康与心理健康的交互项、身体健康与非认知能力的交互项、认知能力与非认知能力的交互项，三个交互项的回归系数依次是 -0.035、-0.023 与 0.030。

2. 结果分析

第一，传统人力资本要素、能力对新生代农民工就业融入存在显著影响。以知识、经验、技能与健康为代表的传统人力资本要素、由

---

① 为节省篇幅，此处删除样本的回归结果采用文字形式，仅报告与分析密切相关的内容。本章后续的删除样本回归结果做相同处理。

认知能力和非认知能力组成的能力分别作为一个整体，对新生代农民工就业融入具有显著影响。多层回归结果显示：在控制变量模型的基础上，纳入知识、技能、经验、身体健康与心理健康，新模型 R^2 增加 0.031，且该变动具有显著性。在包含传统人力资本构成要素的基础上，加入认知能力与非认知能力，形成模型 3，模型 3 的解释力得到显著增长，表明作为整体的能力对新生代农民工就业融入具有显著影响。在包含能力的模型的基础上，纳入人力资本构成要素的交互效应，形成模型 4，模型 4 的解释力同样显著增加，但在删除极端值的样本回归分析中，模型 4 的 F 值更改未通过显著性检验，因此，人力资本构成要素交互项对新生代农民工就业融入的影响不稳健。

在人力资本理论的发展中，不管是人力资本理论的萌芽阶段、形成阶段，还是人力资本理论的发展阶段和完善阶段，均认为：人力资本是影响个体工资的重要因素。就业融入包括收入比值、收入稳定性与工作稳定性，收入比值体现了新生代农民工的工资水平，不管是传统人力资本因素，还是能力因素，均对新生代农民工就业融入产生显著正向影响。

第二，身体健康、心理健康、认知能力与非能力对就业融入产生显著正向影响，认知能力的影响最为强劲。不管是全样本的模型 3，还是删除极端值样本的模型 3，其回归系数显著性检验结果表明：在人力资本构成要素中，身体健康、心理健康、认知能力与非认知能力均对新生代农民工就业融入产生显著正向影响。身体健康、心理健康均对新生代农民工就业融入存在显著影响。健康是一种重要的人力资本，塞尔玛·J. 米西肯（Selma J.Mushkin, 1962）将健康视为与教育同等重要的资本。迈克尔·格罗斯曼（Michael Grossman, 1972）构建了首个健康人力资本需求模型，构建该模型的基本前提是健康与其他形式人力资本的差异，健康作为一种人力资本，它对收入的影响机理是通过增加个体用于赚取收入的时间实现；其他形式的人力资本，如教育，则是通过增加个体知识存量影响市场生产率与非市场生产率。新生代农民工身体健康水平与心理健康水平越高，用于工作的时间可越长，生产效率可越高，收入水平亦将随之增加，从而提高其就业融入水平。

认知能力与非认知能力均对就业融入产生显著正向影响。就业融入取自然对数，结合回归系数可发现：认知能力每提升一个单位，新生代农民工就业融入将上升 6.7%。从标准化回归系数来看，在基准模型中，认知能力的标准化回归系数为 0.14，高于其他影响显著的变量的标准化回归系数。就业融入由收入比值、收入稳定性和就业稳定性三个二级指标组成。认知能力对收入的促进作用已经得到中外研究的支持，赫克曼等（2006）的研究显示：认知能力对个体劳动力市场效率如收入具有较高解释力；利用中国家庭追踪调查（CFPS）2010 年、2012 年数据，发现认知能力对收入存在显著的正向影响（黄国英、谢宇，2017）；利用 CFPS 2010-2016 年的数据，分析发现：认知能力对劳动者的收入影响显著，对低技能劳动者的收入影响更为显著（盛卫燕、胡秋阳，2019）。在本次调查数据中，以收入、收入稳定性为主的就业融入，虽然与人力资本构成要素二级指标均呈显著正相关关系，但与认知能力的相关系数最高，达到 0.23，新生代农民工认知能力越高，其工资或收入水平越高，其就业融入水平亦越高。

非认知能力的经济价值已经得到学术界的公认，不论采用自尊和控制点测量非认知能力，还是采用大五人格作为非认知能力的代理变量，均对个人收入存在正向影响（周金燕，2015）。非认知能力对收入的影响存在直接效应和间接效应，其中，非认知能力对收入的直接影响效应表现为非认知能力通过影响劳动生产率等影响收入，间接效应包括社会资本效应、教育边际效应和职业筛选效应（王春超、张承莎，2019）。本书采用大五人格测试新生代农民工的非认知能力，虽然最终提取的因子数量和因子名称与预期不一致，但因子含义基本囊括了宜人性、外向性、尽责性、开放性和情绪稳定性。非认知能力越高，表明个体具有更高的尽责性、宜人性、开放性、外向性和情绪稳定性，一般而言，尽责性、情绪稳定性可提高个体工作效率，增加个体收入水平，维持个体就业的稳定性。本次调查数据表明：以工资（收入）、工作稳定性为因变量，新生代农民工非认知能力与取自然对数的工资（收入）之间存在正相关关系，二者 Eta 系数为 0.30；新生代农民工非认知能力与工作稳定性的 Eta 系数为 0.29。表明新生代农民工非认知能力越高，其工资（收入）水平就越高，工作稳定性就越强，可直接提高新生代农民工就业融入水平。

非认知能力的社会资本效应表明：非认知能力可提高个体社会资本水平，进而提高个体的就业融入水平。宜人性、开放性、外向性可以扩展个体的社会资本，本次调查数据显示：将新生代农民工非认知能力视为定序变量时，以社会资本为因变量将社会资本操作化为知心朋友数量，新生代农民工非认知能力与社会资本之间存在正相关关系，二者 Eta 系数为 0.28。二者的相关系数表明：非认知能力可提高个体社会资本数量，而社会资本对新生代农民工工作收入、工作稳定性均产生显著正向影响（杨政怡、杨进，2021），使个体获得更高收入水平和更强的工作稳定性，提升新生代农民工就业融入水平。非认知能力的教育边际效应表明非认知能力越高，教育对收入的影响力度越大，从而提高新生代农民工就业融入水平。非认知能力的职业筛选效应表明非认知能力越高，进入高收入职业的可能性亦越高，进而提高新生代农民工就业融入水平。将新生代农民工职业分为服务员、工人、销售员、技术员与包括管理员、老板以及其他类的其他职业，以职业分类为因变量可发现：新生代农民工非认知能力与职业类别的 Eta 相关系数为 0.31，即非认知能力不同，职业类别不同，新生代农民工非认知能力越高，进入更高收入的职业的可能性越高。

第三，身体健康与心理健康的交互效应以及认知能力与非认知能力的交互效应显著。乔晓春（2014）认为：在交互分析中，若两个自变量的回归系数为正，当其中一个自变量取值更高时，另一个自变量的斜率随之增加，该交互作用是增强交互作用；若两个自变量的回归系数为正，当其中一个自变量取值更高时，另一个变量的斜率反而下降，该交互作用为干涉交互作用；通常情况下，两自变量的回归系数与交互项的回归系数如果为正、正、正组合或者负、负、负组合，则为增强交互作用；两自变量的回归系数与交互项的回归系数如果为正、正、负组合或者负、负、正组合，则为干涉交互作用。结合全样本分析结果与删除极端值后的样本分析结果，可发现：身体健康与心理健康的交互效应以及认知能力与非认知能力的交互效应均显著。

身体健康与心理健康在对新生代农民工就业融入的影响中存在干涉交互作用。在模型3中，身体健康与心理健康的回归系数均为正；在模型4中，身体健康与心理健康的交互项回归系数为负，故二者的交互作用属于干涉交互作用，即在身体健康与心理健康对新生代农民工就业融入的影响中，身体健康水平越高，心理健康的影响力度越低；心理健康水平越高，身体健康的影响力度越低。表明在健康对就业融入的影响中，身体健康与心理健康存在替代作用，因此，在新生代农民工就业融入的提升过程中，随着新生代农民工年龄的增长，身体健康会出现下降趋势，心理健康的影响会更加突出。

认知能力与非认知能力在对新生代农民工就业融入的影响中存在增强交互作用。在模型3中，认知能力与非认知能力的回归系数均为正；在模型4中，二者交互项的交回归系数亦为正，故二者的交互作用属于增强交互作用。在认知能力与非认知能力对新生代农民工就业融入的影响中，认知能力水平越高，非认知能力的影响力度越高；非认知能力水平越高，认知能力的影响力度也越高，彼此强化对新生代农民工就业融入的正向影响。虽然新生代农民工处于成年期，其能力具有一定的稳定性，但在个体生命历程中，能力同样具有变动性。从认知能力与非认知能力的发展趋势来看，虽然成年期认知能力随年龄增长下降，但下降速度存在个体差异，认知干预可减慢认知下降过程（李德明等，2004）；非认知能力虽然具有相对稳定性，但在个体生命周期中，非认知能力是变动的，它可以在不同年龄阶段通过教育、养育与环境得到不同程度的提高（赫克曼、考茨，2012）。因此，在提升新生代农民工就业融入的过程中，可以通过培训、继续教育等方式对新生代农民工进行认知干预，通过营造积极环境等提高非认知能力，使认知能力与非认知能力的增强交互作用得以持续。

（二）人力资本构成要素对新生代农民工居住融入的影响

1. 多层回归结果

人力资本构成要素对新生代农民工居住融入影响的多层回归见表7.9。

四个模型均通过 F 检验，表明居住融入与人力资本构成要素之间存在显著的线性关系，可采用线性回归模型。

采用调整 R^2 检验模型拟合优度，四个模型的调整 R^2 依次为 0.142、0.165、0.173 与 0.195，表明人力资本构成要素对新生代农民工居住融入具有一定的解释力。

表 7.9　人力资本构成要素对居住融入影响的多层回归结果

变量	模型 1（控制变量）		模型 2（传统要素）		模型 3（能力）		模型 4（交互项）	
	非标准系数	标准系数	非标准系数	标准系数	非标准系数	标准系数	非标准系数	标准系数
常量	9.959		15.144**		16.532**		15.621**	
男性	-2.241	-0.036	-2.615	-0.042	-1.921	-0.031	-2.078	-0.033
年龄	0.240	0.041	-0.164	-0.028	-0.181	-0.031	-0.084	-0.014
已婚	18.312***	0.294***	18.094***	.291***	18.647***	0.300***	18.003***	0.289***
其他婚姻	-2.746	-0.010	-4.800	-0.018	-5.066	-0.019	-5.124	-0.019
工人	0.422	0.006	0.045	0.001	-0.364	-0.006	0.153	0.002
销售员	10.007**	0.108**	8.087*	0.088*	6.784*	0.074*	6.585*	0.071*
技术员	8.815**	0.108**	7.154*	0.087*	6.329	0.077	5.918	0.072
其他职业	16.084***	0.220***	13.815***	0.189***	11.902***	0.163***	12.590***	0.172***
知识			3.265**	0.088**	2.032	0.055	2.617*	0.071*
技能			0.593	0.023	0.171	0.007	0.289	0.011
经验			1.031***	0.147***	1.005***	0.143***	0.985***	0.140***
身体健康			-0.677	-0.021	-0.759	-0.023	-0.833	-0.025
心理健康			5.201**	0.077**	5.757**	0.086**	5.210*	0.077*

变量	模型 1 （控制变量）		模型 2 （传统要素）		模型 3 （能力）		模型 4 （交互项）	
	非标准系数	标准系数	非标准系数	标准系数	非标准系数	标准系数	非标准系数	标准系数
认知能力					4.419**	0.109**	4.770**	0.117**
非认知能力					-1.840	-0.049	-1.502	-0.040
身体健康认知能力交互							-3.428*	-0.084*
心理健康认知能力交互							8.961**	0.107**
知识、认知能力交互							-5.288***	-0.111***
调整 R^2	0.142		0.165		0.173		0.195	
R^2 更改			0.026		0.009		0.029	
F 值	22.725***		16.849***		15.541***		11.108***	
F 值更改			6.487***		5.981**		3.822***	
样本容量	1047							

在删除极端值的样本中，在传统人力资本要素基础上加入能力、在传统人力资本要素与能力的基础上加上交互项，F 值更改均显著；在模型 3 中，影响显著的人力资本要素包括经验、心理健康与认知能力，均产生正向影响，其标准化回归系数分别是 0.142、0.081 与 0.096；在模型 4 中，对新生代农民工居住融入产生显著正向影响的因素除知识、经验、心理健康与认知能力外，还包括身体健康与认知能力的交互项、心理健康与认知能力的交互项以及知识与认知能力的交互项，三个交互项的回归系数依次为 -3.212、8.089 以及 -5.139。

2. 结果分析

第一，传统人力资本要素、能力与人力资本构成要素交互项对居住融入存在显著影响。不管是传统的人力资本构成要素，还是新人力资本理论的核心——能力，以及人力资本构成要素的交互项，在加入回归时，作为一个整体，均显著增加了新模型的 R^2。多层回归结果中 R^2 更改的显著性检验表明：在基本模型的基础上，纳入知识、技能、经验、身体健康与心理健康，新模型的 R^2 显著增加 0.026，表明知识、技能、经验、身体健康与心理健康作为一个整体，对新生代农民工居住融入具有显著影响。在模型 2 的基础上，加入认知能力与非认知能力，形成模型 3，模型 3 的解释力得到显著增长，表明作为整体的能力对新生代农民工居住融入具有显著影响。在模型 3 的基础上，纳入人力资本构成要素的交互效应，形成模型 4，模型 4 的解释力同样显著增加，证明作为整体的人力资本构成要素的交互项显著影响新生代农民工居住融入。

　　第二，经验、心理健康与认知能力显著正向影响居住融入，其中，经验的影响力度最大。结合全样本分析的模型 3 与删除极端值进行分析的模型 3 的回归系数显著性检验结果，可发现：在人力资本构成要素中，显著影响居住融入的因素包括经验、心理健康与认知能力，且影响方向均为正向。在显著影响新生代农民工居住融入的人力资本要素中，经验的影响力度最强，认知能力的标准化回归系数位居第二位，高于心理健康的标准化回归系数。模型 3 显示：经验的标准化系数最高，达到 0.143，认知能力紧随其后，其标准化回归系数为 0.109，心理健康的标准化回归系数最低，为 0.086。居住融入作为新生代农民工在住房购买、住房情况以及家庭随迁方面与市民的接近程度的指标，与务工年限密切关联，务工年限越长，在务工城市购买住房、住房设施改善、家庭随迁的情况均将得到改善。住房购买、住房情况与家庭随迁均以一定经济条件为基础，而认知能力是改善个体劳动力市场表现的重要因素。因此，认知能力显著影响居住市民化。良好的心理健康状况，一方面，可提高个体的劳动力市场参与度，获取更加稳定和更高的收益；另一方面，良好的心理健康状况意味着更加积极向上的生活态度，为个体改善居住条件提供更强劲的内驱力。

第三，认知能力与知识、身体健康、心理健康的交互效应显著。在交互项对新生代农民工居住融入的影响中，认知能力与知识、认知能力与身体健康、认知能力与心理健康存在显著的交互效应。知识与认知能力的交互作用属于干涉交互作用。在模型3中，知识的回归系数虽然不显著，但影响方向为正；认知能力对新生代农民工居住融入产生了显著正向影响。在模型4中，知识与认知能力的交互项的回归系数为负，因此，知识与认知能力存在干涉交互作用。知识水平越低，认知能力对居住市民化的影响越高，知识和认知能力在对新生代农民工居住融入的影响过程中，存在替代效应，尤其是在受教育程度更低的新生代农民工群体中，认知能力更为重要。根据回归系数的符号，身体健康与认知能力的交互作用同样属于干涉交互作用。在身体健康与认知能力对新生代农民工居住融入的影响中，身体健康水平越低，则认知能力对居住融入的影响越强。随着新增新生代农民工规模的不断缩小，新生代农民工平均年龄将逐步增加，身体健康水平逐渐降低，因为身体健康与认知能力的干涉交互作用，认知能力在新生代农民工居住融入水平提升过程中将越来越重要。心理健康与认知能力的交互作用属于增强交互作用。在新生代农民工居住融入的多层回归中，心理健康、认知能力的主效应均显著，且回归系数均为正，交互效应亦显著，交互项回归系数亦为正，故在对新生代农民工居住融入的影响中，心理健康与认知能力的交互作用属于增强交互作用。当以心理健康为调节变量时，认知能力对新生代农民工居住融入的影响，随着心理健康水平的提升而增强；当以认知能力为调节变量时，心理健康对新生代农民工居住融入的影响，随着认知能力的提升而增强。

（三）人力资本构成要素对新生代农民工公共服务融入的影响

1. 多层回归结果

人力资本构成要素对新生代农民工公共服务融入影响的多层回归结果见表7.10。

表 7.10　人力资本构成要素对公共服务融入影响的多层回归结果

变量	模型 1（控制变量）		模型 2（传统要素）		模型 3（能力）		模型 4（交互项）	
	非标准系数	标准系数	非标准系数	标准系数	非标准系数	标准系数	非标准系数	标准系数
常量	15.939*		12.448		15.713*		13.966*	
男性	-2.888	-0.042	-2.586	-0.038	-1.413	-0.021	-0.999	-.015
年龄	0.824**	0.128**	0.905**	0.140**	0.871**	0.135**	0.929***	0.144***
已婚	-4.209	-0.062	-2.266	-0.033	-1.583	-0.023	-1.796	-0.026
其他婚姻	2.665	0.009	-1.521	-0.005	-0.609	-0.002	-2.868	-0.010
工人	0.223	0.003	1.656	0.023	1.626	0.023	1.095	0.015
销售员	8.834*	0.088*	4.001	0.040	0.904	0.009	0.562	0.006
技术员	8.318*	0.093*	4.830	0.054	3.150	0.035	2.688	0.030
其他职业	7.968*	0.100*	2.423	0.030	-1.841	-0.023	-2.070	-0.026
知识			12.970***	0.320***	10.249***	0.253***	10.521***	0.260***
技能			0.437	0.015	-0.672	-0.023	-0.574	-0.020
经验			.220	0.029	0.193	0.025	0.134	0.017
身体健康			.424	0.012	-.246	-0.007	-0.280	-0.008
心理健康			3.159	0.043	2.853	0.039	4.243	0.058
认知能力					9.228***	0.207***	8.402***	0.189***
非认知能力					0.319	0.008	0.174	0.004
心理健康、非认知能力交互							5.329*	.071*
调整 R^2	0.020		0.113		0.142		0.150	
R^2 更改			0.096		0.031		0.016	
F 值	3.652***		11.226***		12.575***		8.393***	
F 值更改			22.732***		18.830**		1.947*	
样本容量	1047							

　　四个模型均通过 F 检验，表明公共服务融入与人力资本构成要素之间存在显著的线性关系，可采用线性模型。

　　采用调整 R^2 检验模型拟合优度，四个模型的调整 R^2 依次为 0.020、0.113、0.142 与 0.150，表明人力资本构成要素对新生代农民工公共服务融入具有一定的解释力。

在删除极端值的样本回归中，加入人力资本构成要素的交互项后，F 值更改的显著性水平为 0.083，人力资本构成要素的交互项作为一个整体，未能对新生代农民工公共服务融入产生显著影响。在模型 3 中，影响显著的人力资本因素包括知识与认知能力，二者的标准化回归系数分别是 0.271 与 0.193。在模型 4 中，知识与认知能力依然存在显著正向影响，心理健康与非认知能力的交互项的回归系数显著，回归系数为 5.898。

2. 结果分析

第一，传统人力资本要素与能力对新生代农民工公共服务融入影响显著。将知识、技能、经验与身体健康、心理健康作为传统人力资本的代表，将认知能力与非认知能力作为新人力资本的代表，将人力资本部分构成要素的交互项作为一个整体，三者均对新生代农民工公共服务融入产生显著正向影响，但在删除极端值的样本回归中，加入交互项后，F 值更改不显著。多层回归结果显示：在基本模型的基础上，纳入知识、技能、经验、身体健康与心理健康，形成模型 2，模型 2 的 R^2 显著增加 0.096，表明知识、技能、经验、身体健康与心理健康作为一个整体，对新生代农民工公共服务融入具有显著影响。在模型 2 的基础上，加入认知能力与非认知能力，形成模型 3，模型 3 的解释力显著增加 0.031，表明作为整体的能力对新生代农民工公共服务融入具有显著影响。

第二，知识与认知能力对新生代农民工公共服务融入存在显著正向影响，知识影响力度更大。模型 3 显示：在人力资本诸要素中，知识与认知能力对新生代农民工公共服务融入具有显著正向影响，表明知识的提高、认知能力的提升，可有效提高新生代农民工的公共服务融入水平。从标准化回归系数来看，知识为 0.253，认知能力为 0.207，就对公共服务融入的影响力度而言，认知能力略低于知识。

本书以受教育程度作为知识的测量指标，现有研究发现：在非制度性因素中，受教育程度是影响农民工享有公共服务的重要因素（杨昕，2008）。知识对公共服务融入的影响主要通过两种途径得以实现，一是通过知识对就业单位性质、就业岗位层级与职业种类的筛选机制提高公共服务融入水平。以职业类型选择为例，新生代农民工受教育程度越高，其拥有的职业选择能力越强，越有可能获得社会声望更高的职业，在社会阶层日益固化的过程中，通过教育改变绝大多数新生代农民工的职业选择将成为根本途径（赵建国、周德水，2019）。公共服务包括劳动合同签订、社会保险参与、住房公积金参与和随迁子女教育四个方面。新生代农民工学历越高，越有可能在规模大、管理规范的单位就业，越有可能处于岗位层级的上层。而务工单位规模越大、管理越规范，与员工签订劳动合同、为员工缴纳社会保险和住房公积金的可能性越高；员工就业岗位层级越高、职业市场需求量越大，企业更有可能通过签订劳动合同、缴纳社会保险和住房公积金保留此类员工。以岗位层级为例，本次调查数据显示：不同受教育程度的新生代农民工，在职业分布方面存在显著差异，高学历的被调查者更多分布在层级更高的职业中。在工人、服务员、销售员、技术员、管理员、老板等岗位中，管理员作为更高的岗位层级，其大专及以上的占比超过20%，在所有被调查者中，大专及以上占比仅为10.70%。同时，在不同岗位层级之间，公共服务融入存在显著差异，岗位层级越高，公共服务融入的水平越高。在管理员中，公共服务融入的均值达到0.51，远高于被调查者整体的平均水平0.32。二是通过知识对政策法规知晓度的影响提高公共服务融入水平。知识水平越高的新生代农民工，对法规、政策的了解程度更高，更有可能借助政策法规，提高自身的公共服务融入水平。

认知能力与知识一致，对新生代农民工公共服务融入产生显著正向影响。加入认知能力与非认知能力后，知识对新生代农民工公共服务融入的影响力度减弱。因此，如果不加入能力，知识对新生代农民工公共服务融入的影响力度将出现虚高情形。认知能力主要影响个体经济表现，认知能力越强的个体，在劳动力市场上就更具有竞争力，成为务工单位的挽留对象，进而提高其公共服务融入水平。将新生代农民工认知能力视为定序变量,将新生代农民工的劳动合同签订率、社会保险参与率和住房公积金参与率、随迁子女公办学校就读率视为定比变量,同时,将四个定比变量视为因变量,新生代农民工认知能力与四个变量的 Eta 系数分别为 0.28、0.44、0.44 与 0.46。相关系数结果表明:新生代农民工认知能力与劳动合同签订率接近中度相关,与社会保险参与率、住房公积金参与率与随迁子女公办学校就读率呈中度相关。因此,与知识对新生代农民工公共服务融入的影响类似,认知能力越强的个体,越有可能进入更好的企业,从而获得更高的劳动合同签订率、社会保险参与率和住房公积金参与率,了解流入地随迁子女入学政策,提高个体公共服务融入水平。

第三,心理健康与非认知能力的交互效应显著。在人力资本构成要素交互项对新生代农民工共服务市民化融入的影响中,心理健康与非认知能力存在增强交互作用。心理健康、非认知能力对新生代农民工公共服务融入的影响均不显著,但影响方向为正,交互效应显著,交互项系数为正,故心理健康与非认知能力的交互属于增强交互作用。由于心理健康、非认知能力的主效应不显著而交互效应显著,表明在人力资本构成要素对新生代农民工公共服务融入的影响中,心理健康需要与非认知能力共同发挥作用,从而提高新生代农民工公共服务融入的水平。

(四)人力资本构成要素对新生代农民工政治权利融入的影响

1. 多层回归结果

人力资本构成要素对新生代农民工政治权利融入影响的多层回归结果见表7.11。

四个模型均通过 F 检验,表明政治权利融入与人力资本构成要素之间存在显著的线性关系,可采用线性模型。

采用调整 R^2 检验模型拟合优度,四个模型的调整 R^2 依次为 0.015、0.041、0.058 与 0.060,表明人力资本构成要素对新生代农民工政治权利融入具有一定的解释力。

表 7.11　人力资本构成要素对政治权利融入影响的多层回归结果

变量	模型 1（控制变量）		模型 2（传统要素）		模型 3（能力）		模型 4（交互项）	
	非标准系数	标准系数	非标准系数	标准系数	非标准系数	标准系数	非标准系数	标准系数
常量	-0.347		0.178		1.722		1.701	
男性	3.255*	0.075*	2.999*	0.069*	3.636*	0.084*	3.643*	0.084*
年龄	0.311*	0.076*	0.184	0.045	0.167	0.041	0.177	0.043
已婚	-0.529	-0.012	-0.249	-0.006	0.184	0.004	0.171	0.004
其他婚姻	0.241	0.001	-0.853	-0.005	-0.696	-0.004	-0.751	-0.004
工人	1.178	0.026	1.371	0.030	1.191	0.026	1.173	0.026
销售员	7.493**	0.117**	5.822*	0.091*	4.363	0.068	4.263	0.067
技术员	3.459	0.061	2.038	0.036	1.197	0.021	1.160	0.020
其他职业	4.562*	0.090*	2.473	0.049	0.414	0.008	0.416	0.008
知识			3.231***	0.126***	1.912*	0.075*	2.026*	0.079*
技能			0.859	0.047	0.355	0.020	0.298	0.016
经验			0.409*	0.084*	0.391*	0.080*	0.369*	0.076*
身体健康			0.084	0.004	-0.148	-0.007	-0.229	-0.010
心理健康			4.077**	0.088**	4.220**	0.091**	4.066*	0.087*
认知能力					4.572***	0.162***	4.635***	0.165***
非认知能力					-0.676	-0.026	-0.438	-0.017
身体健康、非认知能力交互							-1.725*	-0.067*
认知能力、非认知能力交互							2.952*	0.092*
调整 R²	0.015		0.041		0.058		0.060	
R² 更改			0.030		0.018		0.012	
F 值	2.983**		4.419***		5.266***		3.683***	
F 值更改			6.590***		10.253***		1.287	
样本容量	1047							

　　在删除极端值的样本回归中，加入人力资本构成要素的交互项后，F 值更改的显著性水平为 0.302，人力资本构成要素的交互项作

为一个整体，与基准模型一致，未能对新生代农民工公共服务融入产生显著影响。在模型 3 中，影响显著的人力资本因素包括知识、经验、心理健康与认知能力，四个指标的标准化回归系数依次是 0.088、0.081、0.095 与 0.154。在模型 4 中，知识、经验、心理健康与认知能力依然存在显著正向影响，身体健康与非认知能力的交互项、认知能力与非认知能力的交互项影响显著，二者的回归系数为分别为 -1.846 与 2.774。

2. 结果分析

第一，传统人力资本要素与能力均显著影响政治权利融入。将知识、技能、经验、身体健康与心理健康作为一个整体，将认知能力与非认知能力作为一个整体，将人力资本部分构成要素的交互项作为一个整体，回归结果表明：不管是传统的人力资本构成要素，还是新人力资本理论的核心，均对新生代农民工政治权利融入产生了显著影响，但交互项作为一个整体，对新生代农民工政治权利融入的影响不显著。多层回归结果显示：在控制变量模型的基础上，加入知识、技能、经验、身体健康与心理健康，形成模型 2，模型 2 的 R^2 显著增加 0.030，表明知识、技能、经验、身体健康与心理健康作为一个整体，对新生代农民工政治权利融入具有显著影响。在模型 2 的基础上，加入认知能力与非认知能力，形成模型 3，模型 3 的解释力显著增加 0.018，表明作为整体的能力对新生代农民工政治权利融入具有显著影响。在模型 3 的基础上，加入人力资本构成要素的交互效应，形成模型 4，模型 4 的解释力虽然增加，但并不显著，证明作为整体的人力资本构成要素交互项对新生代农民工政治权利融入的影响不显著。

第二，知识、经验、心理健康与认知能力均对新生代农民工政治权利融入具有显著正向影响，认知能力的影响最为强劲。模型 3 的回归系数显著性检验结果显示：在人力资本构成要素中，知识、经验、心理健康与认知能力的回归系数均通过显著性检验，且影响均为正。在显著影响新生代农民工政治权利融入的诸因素中，认知能力的标准化回归系数最高，达到 0.162，远远高于其他显著影响新生代农民工政治权利融入自变量的系数。

政治权利融入包括选举参与和工会参与，在对政治权利融入的影响中，知识对选举参与和工会参与的影响机制不同，对社区选举的影响更多借助知识对政策法规的知晓度产生影响，对工会参与的影响与知识对就业单位的影响机制类似，知识水平越高的新生代农民工，越有可能在规模更大、管理更为规范的大型企业获得就业机会，而规模大、管理规范的企业，更有可能设置工会，并吸纳所有正式员工加入。

经验即务工年限，务工年限越长，新生代农民工在同一社区居住年限可能越长，对居住社区产生归属感，提高参与社区选举的可能性。根据《中华人民共和国城市居民委员会组织法》第八条第二款的规定，参与社区选举的选民，不受居住期限的限制。但新生代农民工作为社区外来者，参与社区选举在一定程度上代表了新生代农民工对居住社区的认同，一般而言，在同一社区居住时间越长，产生认同感、归属感的可能性越高，越有可能参与社区。据本次调查数据，参加社区选举与未参加社区选举的被调查者相比，务工年限存在显著差别，参加社区选举的平均务工年限是 8.62 年，高于全体被调查者6.54 年的平均水平，而未参加社区选举的平均务工年限是 6.38 年。务工年限对工会参与的影响通过经验对就业单位的筛选机制实现，务工年限影响新生代农民工就业单位的选择，经验越丰富，新生代农民工进入管理更为规范、规模更大的务工单位的可能性就越高，就更有可能参加企业工会。

心理健康水平越高的个体，拥有更加积极的状态，更低的焦虑忧虑和丧失自信，融入社区的程度更高，更有可能参加社区选举。在工会参与中，因心理健康是提高个体就业质量的重要因素之一，与知识对新生代农民工政治权利融入的影响机制类似，心理健康越高的个体，越有可能进入规模更大的企业，获得更好的职业。本次调查数据显示：显著性水平为 0.05 时，从整体来看，不同职业之间，其心理健康水平存在显著差异；分职业来看，销售员的心理健康水平显著高于工人 0.11，技术员的心理健康水平显著高于工人 0.09，包括管理员、雇主和其他的职业类别，其心理健康水平显著高于工人 0.17，显著高于服务员 0.11。不仅如此，心理健康水平越高的个体，表明持有更加积极的状态，主动参与工会的概率更高。

认知能力亦对新生代农民工政治权利融入产生显著正向影响。作为包括阅读能力、写作能力、通信技术应用能力和计算能力的认知能力，与知识、心理健康对新生代农民工工会参与影响的相同之处在于，认知能力亦提高了个体的就业质量，从而提高工会参与率。在对社区选举的影响中，可能与认知能力对居住融入的影响有关，认知能力提高了个体购买房产、改善居住条件和家庭随迁的概率，在购买房产社区和居住条件更好的社区，参与社区选举的可能性更高。本次调查相关数据的独立样本 T 检验显示：在务工地购买房产和未购买房产的新生代农民工，其认知能力存在显著差异，购买房产的新生代农民工，其认知能力的平均得分是 2.31，远高于所有被调查者的认知能力平均水平，该值为 1.99；而未在务工地购买房产的新生代农民工，其认知能力仅为 1.92，低于所有被调查者的认知能力平均数。

第三，身体健康与非认知能力的交互效应显著。虽然作为整体的人力资本构成要素交互项对新生代农民工政治权利融入的影响不显著，但部分交互项对新生代农民工政治权利融入产生了显著影响。身体健康与非认知能力的交互效应属于增强交互效应。身体健康与非认知能力的交互项对新生代农民工政治权利融入存在负向影响，身体健康、非认知能力均对新生代农民工政治权利融入不存在显著影响，但影响方向均为负向，表明二者的交互效应属于增强交互。主效应不显著而交互效应显著，表明身体健康、非认知能力必须同时作用于新生代农民工政治融入，才能产生显著影响。

认知能力与非认知能力的交互项回归系数虽然显著，但不能将其作为结论。认知能力与非认知能力的交互项对政治权利融入影响方向为正，在主效应中，认知能力为显著正向影响，非认知能力影响方向为负，但不显著，两个自变量与交互项的回归系数符合组合出现了正、负、正的情形。借助与交互效应相似的调节效应的检验方法（罗胜强、姜燕，2015），分别以认知能力、非认知能力作为调节变量，得出的结论不一致，故不能将其作为结论。

三　人力资本构成要素对新生代农民工总体城市融入的影响分析

人力资本构成要素对新生代农民工总体城市融入的影响，同样采用多层回归模型，模型设定与本章第二节相同，采用式 7.1、式 7.3、式 7.4 与式 7.5。

（一）多层回归结果

四个回归模型的结果见表 7.12。

表 7.12　人力资本构成要素对总体城市融入影响的多层回归结果

变量	模型 1（控制变量）		模型 2（传统要素）		模型 3（能力）		模型 4（交互项）	
	非标准系数	标准系数	非标准系数	标准系数	非标准系数	标准系数	非标准系数	标准系数
常量	3.437***		3.452***		3.490***		3.476***	
男性	0.029	0.036	0.024	0.030	0.037	0.046	0.039	0.049
年龄	0.009***	0.123***	0.006*	0.085*	0.006*	0.080*	0.007*	0.095*
已婚	0.094***	0.116***	0.100***	0.125***	0.108***	0.134***	0.104***	0.129***
其他婚姻	-0.075	-0.022	-0.104	-0.030	-0.093	-0.027	-0.109	-0.031
工人	0.017	0.021	0.016	0.019	0.016	0.019	0.019	0.022
销售员	0.141***	0.118***	0.102*	0.085*	0.066	0.056	0.058	0.049
技术员	0.195***	0.184***	0.158***	0.149***	0.139**	0.131**	0.131**	0.124**
其他职业	0.326***	0.345***	0.272***	0.288***	0.224***	0.237***	0.224***	0.237***
知识			0.063***	0.131***	0.032*	0.067*	0.042**	0.088**
技能			0.017	0.050	0.004	0.012	0.005	0.015
经验			0.010**	0.108**	0.010**	0.105**	0.009**	0.097**

续表

变量	模型 1（控制变量）		模型 2（传统要素）		模型 3（能力）		模型 4（交互项）	
	非标准系数	标准系数	非标准系数	标准系数	非标准系数	标准系数	非标准系数	标准系数
身体健康			0.032**	0.076**	0.024*	0.058*	0.023	0.054
心理健康			0.094***	0.108***	0.090***	0.104***	0.093***	0.108***
认知能力					0.105***	0.200***	0.107***	0.204***
非认知能力					0.006	0.011	0.007	0.015
身体健康、知识交互							-0.034*	-0.066*
知识、认知能力交互							-0.054**	-0.088**
调整 R^2	0.141		0.188		0.215		0.234	
R^2 更改			0.050		0.029		0.025	
F 值	22.443***		19.603***		20.155***		13.765***	
F 值更改			12.987***		19.241***		3.459***	
样本容量	1047							

四个模型均通过 F 检验，表明取自然对数后的总体城市融入与人力资本构成要素之间存在显著的线性关系，可采用线性模型。

采用调整 R^2 检验模型拟合优度，四个模型的调整 R^2 依次为0.141、0.188、0.215 与 0.234，表明人力资本构成要素对新生代农民工城市融入具有一定的解释力。

在删除极端值的样本回归中，加入人力资本构成要素的交互项后，F 值更改的显著性水平为 0.026，低于 0.05，人力资本构成要素的交互项作为一个整体，与基准模型一致，对新生代农民工总体城市融入产生显著影响。在模型 3 中，影响显著的人力资本因素包括知识、经验、身体健康、心理健康与认知能力，五个指标的标准化回归系数依次是 0.154、0.129、0.065、0.108 与 0.167。在模型 4 中，知识、经验、身体健康、心理健康与认知能力依然存在显著正向影响，但交互项回归系数均不显著。

（二）结果分析

1. 传统人力资本、能力与人力资本构成要素交互项对总体城市融入存在显著影响

多层回归结果显示：不管是传统人力资本要素，还是新人力资本理论的核心——能力、人力资本构成要素的交互项，各自作为一个整体，均对新生代农民工总体城市融入具有显著影响。在基本模型的基础上，加入传统人力资本要素——知识、技能、经验与健康，新模型的 R^2 增加 0.05，且 R^2 的变动具有显著性。在传统人力资本构成要素模型的基础上，加入新人力资本理论中的核心要素——认知能力与非认知能力，加入能力后的模型的 R^2 增加 0.029，且 R^2 的变动具有显著性。在模型 3 的基础上，加入人力资本交互效应，形成模型 4，模型 4 与模型 3 相比，R^2 增加 0.025，且 R^2 的变动具有显著性，表明人力资本构成要素的交互项作为一个整体，同样显著影响新生代农民工总体城市融入。

2. 影响显著的因素包括知识、经验、身体健康、心理健康与认知能力

在人力资本诸要素中，知识、经验、身体健康、心理健康和认知能力对新生代农民工总体城市融入产生显著正向影响，其中，认知能力对新生代农民工总体城市融入的影响力度最大。根据模型 3，在显著影响新生代农民工总体城市融入的人力资本因素中，认知能力处于最高水平。在本次回归中，因变量取自然对数，故自变量回归系数的解释是在其他变量不变的情况下，该自变量变化一个单位，因变量平均变化量为回归系数乘以 100%。认知能力的回归系数高达0.105，表明认知能力每提升一个单位，新生代农民工总体城市融入将上升 10.5%。从标准化回归系数来看，认知能力的标准化回归系数为 0.200，远远高于其他影响显著的自变量的标准化回归系数。其他影响显著的自变量，其回归系数从大到小依次是经验、心理健康、知识与身体健康。

结合人力资本构成要素对城市融入不同程度的影响分析可发现：

知识通过对公共服务融入和政治权利融入的显著正向影响，对新生代农民工总体城市融入产生显著正向影响。当新生代农民工受教育程度越高时，新生代农民工进入规模更大、管理更为规范的企业的概率增加，签订劳动合同、参加社会保险、参与工会等的可能性随之提升；对城市基本公共服务政策的知晓程度更高，对社区选举政策的知晓度和参与度更高。当未加入能力时，知识对城市融入的作用被高估；加入能力后，虽然知识仍然对公共服务融入、政治权利融入和总体城市融入存在显著影响，但影响力度降低。

经验通过对居住融入和政治权利融入的显著正向影响，提升总体城市融入水平。本书使用务工年限作为经验的测量指标，务工年限越长，新生代农民工越有可能经历结婚、生育子女等重要生命事件，成立家庭后，更有可能出现家庭随迁现象，购买住房的概率增加，对居住条件的要求更高，提高个体居住融入水平。随着务工年限加长，新生代农民工的居住点更为稳定，对居住社区的了解程度更高，参加居住点社区选举的意愿更强，最终参加社区选举的概率更高。

健康包含的身体健康与心理健康，均对总体城市融入产生显著影响。健康不仅是人力资本的构成要素之一，也是其他人力资本发挥作用的载体，是基础性的人力资本，正如中共中央、国务院 2016 年 10 月 25 日印发的《"健康中国 2030"规划纲要》开篇所言："健康是促进人的全面发展的必然要求，是经济社会发展的基础条件。"城市融入是新生代农民工全面发展的一种体现，健康水平的改善可提升新生代农民工城市融入水平和全面发展的水平。与其他对新生代农民工城市融入影响显著的人力资本构成要素相比，健康对城市融入的提升路径更为多样，新生代农民工身体健康水平与心理健康水平越高，用于工作的时间越长，生产效率越高，收入水平亦将随之增加，从而提高其就业融入水平。良好的心理健康状况，不仅可以提高个体的工作效率，为更好的居住环境创造条件，还可使个体持有积极的生活态度，提升个体对良好居住条件的期望。此外，较高的心理健康水平可提高个体参与工作和政治活等的意愿，增加个体用于工作和政治活动等的时间，较高的工作和政治活动的参与意愿和更多的参与时间，将提高新生代农民工的政治权利融入水平。健康通过上述多样化的影响路径，显著正向影响新生代农民工总体城市融入水平。

在现有认知能力内涵研究中，智力是认知能力的核心，而智力作为一种包括计划、推理、解决问题等的心智能力，与个体行为如影随形，对个体行为产生广泛而深远的影响。新人力资本理论关注人力资本的微观价值，已证实能力对个体经济行为和非经济行为产生广泛影响。新生代农民工城市融入以个体就业质量为基础和前提，与非认知能力相比，认知能力在中低端劳动力市场上，对劳动者就业质量的影响非常稳健（李晓曼、涂文嘉，2020）。在认知能力对新生代农民工城市融入的影响中，认知能力显著正向影响新生代农民工就业融入。此外，新生代农民工城市融入还包括了个体的非经济行为，如住房购买、获取城市公共服务和参与社区选举等，认知能力同样正向影响居住融入、公共服务融入与政治权利融入，认知能力对新生代农民工城市融入的影响呈现稳健、强劲的特点。

认知能力通过直接路径和间接路径提升新生代农民工的城市融入水平。直接路径是认知能力通过影响个体收入提高就业融入的水平，从而影响总体城市融入水平，在认知能力对就业融入的影响中已经论述，此处不再赘述。间接路径是认知能力通过影响知识、健康与非认知能力，间接作用于城市融入。新人力资本理论强调人力资本构成要素的交互性，能力与健康相互影响，共同影响教育获取（赫克曼、科尔宾，2016）。认知能力通过知识，影响公共服务融入和政治权利融入，通过身体健康、心理健康与非认知能力，影响就业融入，通过心理健康，影响居住融入和政治权利融入，最终对总体城市融入和不同维度的城市融入产生显著影响。本次调查数据显示：新生代农民工认知能力与知识、身体健康、心理健康、健康与非认知能力存在显著正相关关系，皮尔逊相关系数分别为 0.42、0.15、0.11、0.17 与 0.21。

本章小结

新生代农民工总体人力资本与总体城市融入、城市融入不同维度存在显著正相关关系。所有人力资本构成要素均与总体城市融入、就业融入显著正相关；经验、心理健康与认知能力和居住融入存在显著正相关关系；知识、技能、心理健康、认知能力、非认知能力与公共服务融入显著正相关；知识、技能、心理健康、认知能力与政治权利融入存在正相关关系。在人力资本构成要素中，仅有认知能力、心理健康与总体城市融入、不同维度的城市融入存在显著正相关关系，认知能力与总体城市融入的相关系数、认知能力与就业融入的相关系数、认知能力与政治权利融入的相关系数均是相应相关分析中的最高值。

总体人力资本对新生代农民工总体城市融入、新生代农民工就业融入、新生代农民工居住融入、新生代农民工公共服务融入和新生代农民工政治权利融入均存在显著正向影响，对总体城市融入的阐释力度最大。

以知识、技能、经验与健康为代表的传统人力资本要素、新人力资本理论的核心——能力、人力资本构成要素的交互项各自作为一个整体，依次放入回归模型，传统人力资本要素和能力对新生代农民工城市融入的每一个维度以及总体城市融入均产生显著影响；人力资本构成要素的交互项对总体城市融入和居住融入影响显著。

身体健康、心理健康、认知能力与非认知能力显著正向影响就业融入，在人力资本交互项对就业融入的影响中，身体健康与心理健康存在干涉交互作用，认知能力与非认知能力存在增强交互作用；居住融入受到经验、心理健康与认知能力的显著正向影响，认知能力与知识、认知能力与身体健康存在干涉交互作用，认知能力与心理健康存在增强交互作用；公共服务融入受到知识和认知能力的显著正向影响，心理健康与非认知能力存在增强交互作用；显著影响政治权利融入的人力资本要素包括知识、经验、心理健康与认知能力，身体健康与非认知能力存在增强交互作用。总体城市融入受到知识、经验、身体健康、心理健康与认知能力的显著正向影响。

在人力资本构成要素中，有且仅有认知能力对总体城市融入和所有不同维度的城市融入均影响显著，在影响显著的因素中，认知能力对总体城市融入、就业融入与政治权利融入的影响力度均处于最高水平。

第八章　新生代农民工人力资本的
影响因素分析

　　不管是相关关系分析结果，还是回归分析结果，均表明人力资本与新生代农民工城市融入存在显著相关关系，作为整体的人力资本对新生代农民工城市融入影响显著，新生代农民工总体城市融入与不同维度的城市融入，亦受到人力资本构成要素的显著影响。尤其是人力资本的核心——能力，作为一个整体，对新生代农民工总体城市融入以及不同维度城市融入均产生了显著影响；能力中的认知能力，显著正向影响了新生代农民工的总体城市融入水平以及每一个维度的城市融入水平。当从人力资本提升角度提出旨在提高新生代农民工城市融入水平的对策时，需要明确与新生代农民工城市融入显著相关且影响显著的人力资本及其构成要素的影响因素。

第一节　变量选取与数据分析方法

一　变量选取

（一）因变量的选取

　　本书旨在从人力资本提升角度，提出提高新生代农民工城市融入水平的建议，故根据人力资本与城市融入的相关关系结果、人力资本对城市融入的影响分析结果选择本章的因变量。

新生代农民工的人力资本与城市融入的相关关系分析结果表明：总体人力资本与总体城市融入、不同维度城市融入均存在显著正相关关系；在人力资本构成要素与总体城市融入、不同维度城市融入的五组相关分析中，与知识、技能、经验、身体健康、心理健康、认知能力、非认知能力存在显著相关的数量依次为4、4、3、2、5、5、3。人力资本对新生代农民工城市融入的影响分析结果显示：总体人力资本对总体城市融入、不同维度的城市融入影响均显著；在人力资本构成要素对新生代农民工总体城市融入、不同维度城市融入的五组回归中，知识、技能、经验、身体健康、心理健康、认知能力、非认知能力存在显著影响的频数分别为：3、0、3、2、4、5、1。综合相关关系与回归分析的结果可发现：技能虽然与总体城市融入、部分城市融入维度显著相关，但未对新生代农民工城市融入产生显著影响；经验虽然与城市融入部分维度显著相关且对部分城市融入维度影响显著，但经验的测量指标是外出务工时长，外出务工时长更多受到个体年龄、连续外出务工年龄的影响。

综上，本书选择知识、身体健康、心理健康、认知能力与非认知能力、总体人力资本作为因变量。因本书不包括接受全日制大学教育但户口仍在农村的群体，但部分被调查者通过继续教育提升学历，因此，将知识分为正规教育与继续教育两个变量，其中，正规教育选择受教育程度为高中（含中专）及其以下的样本；继续教育如果使用大专及其以上的样本，变量只有一个选项，无法进行回归分析，故选择继续教育参与作为继续教育的替代变量。

（二）自变量的选取

自变量选择的主要依据有三：一是本书梳理的不同人力资本构成要素的投资途径，从总体来看，人力资本的投资主体有四：政府、家庭、务工单位与个人，但在不同人力资本构成要素中，具体的投资主体和主要的投资主体不尽相同，比如，正规教育更多是政府与家庭的投资，以获取学历为目的的继续教育参与更多是家庭投资与个人投资。

二是其他人力资本要素，在将其他人力资本构成要素作为自变量时，需要满足三个条件：第一，对新生代农民工总体城市融入或某一维度城市融入的影响显著，因为本书的目的是通过人力资本提升促进城市融入的发展；第二，与因变量存在的关系符合因果关系的条件；第三，符合新人力资本理论中重点关注的相互影响的因素。基于上述三个条件，技能因为对城市融入影响不显著，经验因为新人力资本理论并未重点关注其与其他人力资本构成要素的关系，故不考虑技能与经验对其他人力资本构成要素的影响。本书分析其他人力资本构成要素对某一人力资本构成要素的影响，意在探讨人力资本部分要素之间是否存在互相影响的关系，再加之调查数据仅为横截面数据，故不深入分析相互影响的要素之间何为因何为果的问题。

三是问卷填答情况，在问卷设计中，人力资本投资途径与本书梳理的人力资本投资途径一致，但在数据采集过程中，家庭相对经济地位因为排版原因，导致部分被调查者漏选，故删除该变量。

（三）控制变量的选取

一般选择性别、年龄、婚姻与地区作为控制变量，根据因果关系的要求进行删减。

二 数据分析方法

（一）多元线性多层回归模型

人力资本测量从本质上属于定序测量，根据行为统计学，将其上升至定距变量，除继续教育参与影响因素分析外，采用多元线性回归模型分析人力资本的影响因素。从理论上来看，个人数据嵌套于家庭数据与企业数据之中。在数据采集过程中，限制一个家庭仅调查一人，使被调查者来源的家庭分散；调查时间选择在新生代农民工返乡较为集中的春节期间，要求调查者尽量选择在不同单位就业的新生代农民工，被调查者来源的企业较为分散，从数据采集角度缓解数据嵌套的影响。

为分析不同投资主体作为一个整体，在一定的放入次序下，对新生代农民工人力资本的影响是否显著，最终采用多层回归模型。分为两大步骤，第一步，构建只含控制变量的基本模型，在不同的人力资本构成要素的影响分析中，纳入的控制变量不尽相同。第二步，根据人力资本构成要素相应的人力资本投资测量指标，选择与该人力资本要素相关的主体，主体纳入回归模型遵循从宏观到微观的原则，依次放入不同主体的指标；当需要同时放入家庭和务工单位两个主体时，因务工单位是新生代农民工工作生活的主要场域，故先放入家庭，再放入务工单位。

（二）二项 Logistic 回归模型

因继续教育参与属于二分变量，故继续教育参与影响因素分析采用二项 Logistic 回归模型。在二项 Logistic 回归模型中，因变量是 $logitP$，其中，P 是继续教育参与的发生比，即发生概率与不发生概率的比值。同时，分析不同投资主体作为一个整体，在一定的放入次序下，对新生代农民工继续教育参与的影响是否显著，仍然采用多层回归模型。影响继续教育参与的主体主要是家庭与个体，首先，构建只含控制变量的基本模型；其次，在基本模型的基础上，纳入家庭变量，最后，在家庭变量模型的基础上，纳入个体变量，形成最终模型。

（三）稳健性检验

本章的稳健性检验与上一章相同，通过对比全样本回归结果与删除市民化极端值的样本回归结果，判断分析全样本回归结果的稳健性。

第二节　新生代农民工知识的影响因素分析

根据本章因变量的选择，知识包括正规教育与继续教育参与两个变量。

一　正规教育的影响因素分析

（一）变量的选取

1. 因变量的选取

正规教育以被调查者的受教育程度为因变量，但不包括受教育程度为大专及以上的样本，因为本书的研究对象不包括户口在农村的全日制大学生，大专及以上的样本通过继续教育获得相应学历。

2. 自变量的选取

在新生代农民工接受正规教育的过程中，采用被调查者在接受义务教育阶段是否享受过政府提供的营养餐作为政府在新生代农民工正规教育投资中的变量。该变量为虚拟变量，以否为参照组。

从家庭角度来看，选取家庭文化资本与家庭社会资本两个变量，其中，家庭文化资本包括两个指标：父亲受教育程度与母亲受教育程度；家庭社会资本包括三个指标：同辈数量、被调查者 15 岁之前父亲陪伴的时间、母亲陪伴的时间。

从个体角度来看，虽然理论研究表明：知识与认知能力、非认知能力以及健康存在交互作用，但本调查的认知能力、非认知能力与健康是被调查者的现状，正规学历教育获得时间早于调查时间，违反了因果关系分析中最基本的因在前、果在后的要求。故不分析部分人力资本构成要素交互项对正规教育的影响。

3. 控制变量的选取

在正规教育的影响因素中，选择性别与流出地区作为控制变量。性别、地区均为分类变量，性别的参照组为女性，地区的参照组为西部。

（二）变量的描述统计

因 112 份样本的受教育程度为大专及其以上，该部分样本通过继续教育获得，所以删除该部分样本，对剩余 935 份样本进行分析。因变量、自变量与控制变量的结果如表 8.1 所示。

表 8.1-1　正规教育影响因素分析中三类变量的描述统计（定类变量）

指标名称	指标取值	频数	频率
自变量			
政府提供营养餐	是	199	21.3
	否	736	78.7
控制变量			
性别	男	559	59.8
	女	376	40.2
流出地区 [a]	东部	203	21.7
	中部	372	39.8
	西部	317	33.9
	东北	43	4.6
样本容量		935	

注：a 采用与"农民工监测调查"相同的划分 。

表 8.1-2 正规教育影响因素分析中三类变量的描述统计（非定类变量）

指标名称	平均值	标准差	最小值	最大值
因变量				
正规受教育程度	3.31	0.68	1	4
自变量				
父亲受教育程度	2.59	0.84	1	5
母亲受教育程度	2.30	0.85	1	5
同辈数量	2.72	1.27	1	10
父亲陪伴	3.19	1.17	1	5
母亲陪伴	3.50	1.16	1	5
样本容量		935		

相关变量的描述统计结果表明：在政府变量中，政府为新生代农民工在义务教育阶段提供营养餐的比例刚超过 20%。在被调查者中，

近 80% 的新生代农民工在上学期间，未享受过政府提供的营养餐。在家庭变量中，父亲的受教育程度更高，母亲的陪伴时间更长，同辈数量接近 3。父亲受教育程度更高，可能源于农村家庭资源有限，且伴随传统观念的影响，如果存在资源约束，男性接受教育的概率更高。母亲陪伴时间更长，一方面与女性工资水平更低有关，这意味着女性陪伴孩子的机会成本更低，本次调查数据显示，女性与男性的工资水平存在显著差异，女性平均工资水平低于男性 2619 元。另一方面，与我国传统家庭分工有关，一般情况下，女性更多承担家务，从而陪伴孩子的时间更长。

（三）回归结果与分析

正规教育投资主要来自政府与家庭，故进行三次回归，形成三个模型，模型 1 只含控制变量，模型 2 包括控制变量与政府投资变量，模型 3 包括控制变量、政府投资变量以及家庭投资变量，具体结果见表 8.2。

表 8.2 正规教育影响因素的多层回归结果

变量	模型 1（控制变量）		模型 2（政府）		模型 3（家庭）	
	非标准系数	标准系数	非标准系数	标准系数	非标准系数	标准系数
常量	3.201***		3.156***		2.758***	
男性	-0.069	-0.049	-0.073	-0.052	-0.086*	-0.062*
东部	0.232***	0.140***	0.245***	0.148***	0.147**	0.089**
中部	0.217***	0.155***	0.233***	0.167***	0.139**	0.099**
东北	0.195	0.060	0.158	0.049	-0.049	-0.015
政府提供营养餐			0.187**	0.112**	0.136**	0.082**
父亲受教育程度					0.185***	0.227***
母亲受教育程度					0.099**	0.124**
同辈数量					-0.085***	-0.159***
父亲陪伴					0.007	0.012
母亲陪伴					-0.003	-0.004
调整 R^2	0.023		0.034		0.166	

续表

变量	模型 1（控制变量）		模型 2（政府）		模型 3（家庭）	
	非标准系数	标准系数	非标准系数	标准系数	非标准系数	标准系数
R^2 更改			0.012		0.135	
F 值	6.387***		7.549***		19.532***	
F 值更改			11.899**		30.232***	
样本容量	935					

注：（1）*、**、*** 分别为 $p<0.05$、$p<0.01$、$p<0.001$，本章以下表格星号含义与此表相同。

（2）本表与本章后续表格的 R^2 更改与 F 值更改均以前一个模型为基础。

三个模型均通过 F 检验，表明新生代农民工正规教育与政府投资、家庭投资存在显著的线性关系，可采用线性模型。

采用调整 R^2 检验模型拟合优度，三个模型的调整 R^2 依次为 0.023、0.034 与 0.166，表明政府投资、家庭投资对新生代农民工受教育程度具有一定的解释力。

R^2 更改的显著性检验结果表明：不管是在控制变量的基础上加入政府投资，还是在政府投资的基础上加入家庭投资，R^2 都出现了显著增加，表明政府投资、家庭投资分别作为一个整体，显著影响新生代农民工的正规教育程度。在政府投资与家庭投资中，家庭投资影响更大。

在删除极端值后的 1029 份样本中，有 110 份样本的受教育程度为 5，删除受教育程度为 5 的样本，剩余 919 份样本进行回归。在模型 1 的基础上，加入政府提供营养餐，调整 R^2 的更改显著增加；在模型 3 中，影响显著的因素包括政府提供营养餐、父亲受教育程度、母亲受教育程度与同辈数量，父亲受教育程度的影响力度最大。在四个影响显著的指标中，同辈数量产生负面影响，其他三个指标产生正向影响。

在控制变量的基础上，加入政府这一主体，模型解释力显著上升；加入家庭变量后，政府提供营养餐对新生代农民工正规教育的影响仍然显著。政府为学生提供营养餐可显著提高新生代农民工的受教育程度，该结果与我国农村学校布局变革有关。1994 年，分税制改革减少了地方财政收入，导致农村义务教育经费短缺，从 1995 年开始，我国农村教学点数量开始下降；2001 年，中央推行农村税费改革，取消集资，义务教育管理体制开始"以县为主"，致使财政进一步紧张，为节省开支，全国开始推行"撤点并校"，教学点数量在 2000—2001 年直线下降，2002—2011 年持续下降；"撤点并校"引发了一系列问题，2012 年，国务院出台《关于规范农村义务教育学校布局调整的意见》，制止盲目撤点并校，至此，"撤点并校"政策结束（候海波等，2018）。本书新生代农民工年龄区间是 16-38 岁，其接受义务教育阶段多位于 1995-2011 年。"撤点并校"增加了学生家庭与学校的距离，在此背景下，政府提供营养餐，可有效解决孩子远距离求学的就餐问题，对学生完成学业和提升学业水平大有裨益。

模型 3 的回归系数结果表明：除政府提供营养餐外，父亲受教育程度、母亲受教育程度以及同辈数量显著影响新生代农民工的受教育程度，模型的调整 R^2 显著增加，表明家庭是影响新生代农民工受教育程度的主要因素和重要因素。在家庭投资变量中，同辈数量存在挤占效应，对新生代农民工受教育程度存在显著负向影响，家庭同辈数量越多，个体最终的受教育程度将越低。个体接受教育，对家庭而言，不仅是投资，也是支出，受家庭资源的约束，当同辈数量增加后，因家庭资源有限，每个个体能得到的资源更少，使其受教育程度下降。父亲受教育程度、母亲受教育程度对新生代农民工的受教育程度存在显著正向影响，即父亲母亲受教育程度越高，子代的受教育程度亦将越高。与母亲相比，父亲的受教育程度对子代的受教育程度影响更大。凯特·L. 安特诺尼克斯（Kate.L. Antonovics）、亚瑟·S. 戈德伯格（Arthur S. Goldberger）（2005）同样利用已经完成学校教育的样本，分析父代受教育水平对子代受教育水平的影响，分析发现：父亲的受教育程度产生显著正向影响，但母亲的受教育程度影响很小或不显著。父亲受教育程度的影响力度高于母亲，可能源于两个方面的原因，一方面，与农村女性家庭地位更低有关，母亲作为家庭中的外来人员，尤其在婚姻存续期间的前期，在家庭中处于更低的位置，在家庭重大决策如孩子教育方面，话语权更低，影响力更弱。另一方面，也与母亲的受教育程度更低有关。表 8.1 显示，母亲的受教育程度低于父亲，均值比较结果显示：二者的差异具有统计显著性，受教育程度更低的母亲，对子代受教育程度的影响力度更弱。

二　继续教育参与的影响因素分析

（一）变量的选取

1. 因变量的选取

继续教育参与以是否参加过继续教育为因变量。

2. 自变量的选取

本书的继续教育是指自考、夜校、电大等教育形式，其影响主体主要来自家庭与个体。反映家庭的变量是父母双方的受教育程度，反应个体的变量主要是工作时间以及对知识的态度。从理论上来看，个体工资或收入应影响个体的继续教育参与，但个体的工资或收入是本书中就业融入的一个测量指标。本书将根据人力资本对城市融入的影响分析结果和人力资本影响因素分析结果，提出促进新生代农民工城市融入发展的人力资本投资体系，在人力资本与城市融入之间，人力资本是因，城市融入是果，若在人力资本影响因素分析中纳入反映城市融入的指标作为自变量，则不符合以人力资本为因、城市融入为果的前提，故未纳入。

3. 控制变量的选取

在继续教育的影响因素中，选择性别、年龄与婚姻作为控制变量。其中，性别、婚姻为分类变量，性别的参照组为女性，婚姻的参照组为未婚。

（二）变量的描述统计

继续教育参与影响因素分析的样本容量为 1047，故控制变量的描述统计与样本基本情况一致，此处不再赘述。在 1047 份样本中，参与继续教育的频数和频率分别为 367、35.1%，未参与继续教育的频数和频率依次为 680、64.9%。

自变量的描述统计如表 8.3 所示。在全部被调查者中，同样是父亲受教育程度高于母亲受教育程度。工作时间平均值在合法区间内，《国务院关于职工工作时间的规定》第三条规定：职工每日工作 8 小时、每周工作 40 小时；《中华人民共和国劳动法》第四十一条规定：用人单位由于生产经营需要，经与工会和劳动者协商后可以延长工作时间，一般每日不得超过一小时；因特殊原因需要延长工作时间的，在保障劳动者身体健康的条件下延长工作时间每日不得超过三小时，但是每月不得超过三十六小时。每月按照 20.83 个工作日计算，平均每日加班不超过 1.72 小时，因此，从日平均工作时间的合法性来看，平均每天工作时间应不超过 9.72 小时，本次被调查者的新生代农民工，其日平均工作时间为 9.64 小时，小于 9.72。被调查者重视知识，对知识的态度的均值达到 4.01。在本次调查中，态度采用五分刻度，从 1 到 5 分别代表很不重要、不重要、一般、重要与非常重要。

表 8.3　继续教育参与影响因素分析中自变量的描述统计

指标名称	平均值	标准差	最小值	最大值
父亲受教育程度	2.67	0.91	1	5
母亲受教育程度	2.37	0.92	1	5
工作时间	9.64	1.88	1	18
对知识的态度	4.01	1.01	1	5
身体健康	4.63	0.94	1.08	6
心理健康	3.17	0.46	1	4
认知能力	1.99	0.76	1	5
非认知能力	4.01	0.82	1.53	6
样本容量	1047			

（三）回归结果与分析

继续教育参与主要受到家庭与个体的影响，故进行了只含控制变量、控制变量与家庭投资变量、控制变量与家庭投资变量以及个人投资变量三个回归，具体结果见表 8.4。因变量属于二分类变量，故采用二项 Logistic 回归。

表 8.4　继续教育二项 Logistic 回归结果

变量	模型 1（控制变量）		模型 2（家庭）		模型 3（个体）	
	回归系数	发生比率比	回归系数	发生比率比	回归系数	发生比率比
常量	-1.211**	0.298	-3.706***	0.025	-3.022**	0.049
男性	0.090	1.095	0.109	1.116	0.270	1.310
年龄	0.020	1.020	0.031	1.031	0.027	1.027
已婚	-0.027	0.974	0.042	1.043	0.191	1.211
其他婚姻	0.300	1.350	0.450	1.569	0.218	1.243
父亲受教育程度			0.340***	1.405	0.224*	1.251
母亲受教育程度			0.494***	1.639	0.479***	1.614
工作时间					-0.016	0.984
对知识的态度					0.057	1.059
身体健康					-0.019	0.981
心理健康					-0.089	0.915
认知能力					0.891***	2.437
非认知能力					-0.480***	0.619
Nagelkerke R^2	0.004		0.128		0.235	
似然比卡方值	3.150		102.156***		195.564***	
样本容量	1047					

加入家庭变量与个体变量后的模型经过似然比卡方检验，表明新生代农民工继续教育参与的发生比对数值与家庭变量、个体变量存在

显著的线性关系，可采用二项 Logistic 模型。

采用 Nagelkerke R^2 检验模型拟合优度，三个模型的 Nagelkerke R^2 依次为 0.004、0.128 与 0.235，表明家庭变量、个体变量对新生代农民工继续教育参与具有一定的解释力。

在删除极端值的样本中，在控制变量的基础上加入家庭变量、在家庭变量的基础上加入个体变量，模型的解释力均得到显著提升。在模型 2 中，影响显著的因素分别是父亲受教育程度与母亲受教育程度；在模型 3 中，影响显著的因素分别是父亲受教育程度、母亲受教育程度、认知能力与非认知能力，其中，非认知能力存在负向影响。

综合上述分析可发现，家庭和个体是促进个体参与继续教育的两大推动力量。在家庭变量中，父亲与母亲的受教育程度可显著提高新生代农民工参与继续教育的可能性，但母亲受教育程度的影响力度更大，母亲受教育程度每提高一个等级，新生代农民工参加继续教育的概率是不参加继续教育概率的 1.614 倍。在正规教育中，父亲与母亲的受教育程度均产生显著正向影响，但父亲受教育程度的影响更大。母亲受教育程度对新生代农民工正规教育和继续教育影响的差异，可能与农村已婚女性在家庭中的地位变迁有关。农村已婚女性在婚姻的早中期，因为完全进入一个新的家庭，家庭地位较男性更低，在子代教育决策中的影响力较低；随着时间的流逝，已婚妇女因为生养孩子、照顾老人、分担家务劳动、生产劳动以及外出务工，对家庭的贡献逐渐增加，其家庭地位亦随之逐步提高，对晚于子代正规教育发生的继续教育参与，产生显著的影响力。尤其是贫困地区的女性，其外出务工经历有助于更新自身的性别观念，提升经济独立性与家庭话语权，增强决策平权化趋势（唐永霞、罗卫国，2015）。

在个体变量中，认知能力与非认知能力显著影响新生代农民工的继续教育参与。其中，认知能力对继续教育参与具有显著正向影响，认知能力每提高一个单位，参加继续教育的概率是不参加继续教育概率的 2.437 倍。认知能力越高，表明学习能力越强，越有可能参加继续教育。非认知能力对新生代农民工继续教育参与存在负向影响，即非认知能力水平越高，新生代农民工参与继续教育的概率越低。非认知能力由三个因子合成：他人指向因子、自我指向因子与事物指向因子，其中，他人指向因子所占比重最高，非认知能力水平越高，表明新生代农民工越外向、积极、活跃，而继续教育是工作之余的学习，需要暂时脱离工作的影响，专注于学习，但外向、积极、活跃的人格特质较难在工作之余静心攻读学位，因此会降低参与继续教育的概率。

第三节 新生代农民工健康的影响因素分析

健康由身体健康与心理健康构成，本节将分别分析身体健康、心理健康的影响因素。

一 身体健康的影响因素分析

（一）变量的选取

1. 因变量的选取

以身体健康总量为因变量。

2. 自变量的选取

政府投资变量选择义务教育阶段是否享受政府提供的营养餐；家庭投资变量选择家庭饮食健康；务工单位投资变量选择是否提供健康服务、是否提供健康环境两个指标；个体投资变量包括个人饮食健康、健康支出、运动频率、睡眠时间、对身体健康的态度、知识、心理健康、认知能力、非认知能力 9 个指标。

3. 控制变量的选取

控制变量选择性别、年龄、婚姻、流出地区四个指标，性别、婚姻与流出地的参照组分别为女性、未婚与西部。

（二）变量的描述统计

身体健康影响因素分析的样本量仍然为1047，故控制变量的描述统计与样本基本情况一致，不再赘述。因变量与自变量的描述统计见表8.5。

表 8.5-1 身体健康影响因素分析中因变量与自变量的描述统计（定类变量）

指标名称	指标取值	频数	频率（%）
自变量			
政府提供营养餐	是	243	23.2
	否	804	76.8
家庭饮食健康	是	700	66.9
	否	347	33.1
健康服务	是	471	45.0
	否	576	55.0
健康环境	是	621	59.3
	否	426	40.7
个人饮食健康	是	804	76.8
	否	243	23.2
样本容量		1047	

表 8.5-2 身体健康影响因素分析中因变量与自变量的描述统计（非定类变量）

指标名称	平均值	标准差	最小值	最大值
因变量				
身体健康	4.63	0.94	1.08	6
自变量				
健康支出	248.30	539.06	0	6000
运动频率	1.92	3.98	0	100
睡眠时间	7.64	1.36	1	16

续表

指标名称	平均值	标准差	最小值	最大值
对身体健康的态度	4.47	0.76	1	5
知识	3.49	0.83	1	5
心理健康	3.17	0.46	1	4
认知能力	1.99	0.76	1	5
非认知能力	4.01	0.82	1.53	6
样本容量	1047			

据表 8.5 可知，在全体被调查者中，近八成在接受义务教育阶段，未享受过政府提供的营养餐。政府为农村义务教育阶段提供营养餐始于 2011 年秋季学期，自 2011 年秋季学期起，中国启动实施农村义务教育学生营养改善计划，此次计划的核心是在集中连片特殊困难地区率先启动国家试点。据此推断，在 1996 年以后出生的新生代农民工可能享受政府的营养餐计划。出生于 1996 年及其以后的新生代农民工占比 13.75%。与此同时，我国城市自 20 世纪 80 年代开始，推行政府营养餐试点，2001 年，《关于推广学生营养餐的指导意见》发布，更多城市为义务教育阶段的孩子提供营养餐。部分新生代农民工在城市接受教育，因此，在全体被调查者中，享受过政府营养餐的比例超过 20%。

在家庭身体健康投资变量中，近七成的被调查者认为家庭饮食健康。在务工单位身体健康投资变量中，近半数务工单位为新生代农民工提供健康服务，近六成的务工单位为新生代农民工提供了健康的工作环境。在个体身体健康投资变量中，包括健身、购买保健品等的健康支出平均值达到 248.30 元，但不同被调查者之间差异较大，极值高达 6000；运动频率平均为每周约 2 次；睡眠时间接近 8 小时；非常重视身体健康，对身体健康的态度位于重要与非常重要之间。

（三）多层回归结果与分析

将代表政府、家庭、务工单位与个体的变量在控制变量的基础上依次纳入，回归结果见表 8.6。

表 8.6　身体健康的多层回归结果

变量	模型 1（控制变量）		模型 2（政府）		模型 3（家庭）		模型 4（务工单位）		模型 5（个人）	
	非标准系数	标准系数	非标准系数	标准系数	非标准系数	标准系数	非标准系数	标准系数	非标准系数	标准系数
常量	4.757***		4.745***		4.505***		4.429***		1.815***	
男性	0.007	0.004	0.007	0.004	0.025	.013	0.046	0.024	0.041	0.022
年龄	-0.011	-0.059	-0.010	-0.058	-0.008	-0.046	-0.009	-0.048	-0.005	-0.029
已婚	-0.059	-0.031	-0.058	-0.030	-0.065	-0.034	-0.066	-0.035	-0.093	-0.049
其他婚姻	0.179	0.022	0.176	.022	0.161	.020	0.124	0.015	0.171	0.021
东部	0.352***	0.157***	0.354***	0.158***	0.348***	0.155***	0.324***	0.144***	0.266**	0.118**
中部	0.290***	0.151***	0.292***	0.152***	0.293***	0.152***	0.279***	0.145***	0.228**	0.119**
东北	-0.017	-0.004	-0.021	-0.005	-0.044	-0.009	-0.038	-0.008	-0.046	-0.010
政府提供营养餐			0.024	0.011	0.002	0.001	-0.041	-0.018	-0.023	-0.010
家庭饮食健康					0.267***	0.134***	0.240***	0.120***	0.104	0.052
健康服务							0.077	0.041	0.042	0.022
健康环境							0.135*	0.070*	0.060	0.031
个人饮食健康									0.111	0.050
健康支出									-8.290E-5	-0.047
运动频率									-0.001	-0.002

续表

变量	模型 1（控制变量）		模型 2（政府）		模型 3（家庭）		模型 4（务工单位）		模型 5（个人）	
	非标准系数	标准系数	非标准系数	标准系数	非标准系数	标准系数	非标准系数	标准系数	非标准系数	标准系数
睡眠时间									0.053*	0.077*
对身体健康的态度									0.128**	0.103**
知识									-0.003	-0.003
心理健康									0.317***	0.154***
认知能力									0.114**	0.091**
非认知能力									0.113**	0.099**
调整 R²	0.031		0.030		0.047		0.052		0.126	
R² 更改			0.000		0.018		0.007		0.081	
F 值	5.715***		5.011***		6.671***		6.202***		8.568***	
F 值更改			0.116		19.242***		3.922*		10.813***	
样本容量					1047					

表 8.6 显示，在五个模型中，F 值均通过显著性检验，表明在分析政府变量、家庭变量、务工单位变量、个体变量对新生代农民工身体健康的影响中，可采用线性回归模型。调整 R^2 显示，仅包括控制变量的模型 1 与包括政府变量的模型 2 解释力非常微弱，剩余三个模型具有一定的阐释力，尤其是加入个体变量后，调整 R^2 上升到 0.126。

R^2 更改的显著性检验结果表明，政府变量对新生代农民工身体健康影响不显著。在控制变量的基础上，加入政府变量后，解释力并没有得到显著提升。在控制变量、政府变量上加入的家庭变量，在控制变量、政府变量、家庭变量上加入务工单位变量，最后在务工单位变量的基础上加入个体变量，R^2 均得到显著提升，这表明家庭变量、务工单位变量与个体变量三者各自作为一个整体，在上述添加顺序上，对新生代农民工身体健康存在显著影响。

无论是 R^2 更改的显著性检验结果，还是最终模型的回归系数显著性检验结果，删除极端值的样本分析结果与全样本分析结果均一致。

从回归系数的结果来看，最终模型影响显著的变量均来自个体变量，表明个体是影响新生代农民工身体健康的重要主体。在个体变量中，睡眠时间、对身体健康的态度、心理健康、认知能力与非认知能力均对身体健康存在显著正向影响，其中，心理健康的影响力度最大。在对身体健康存在显著影响的五个个体指标中，其中三个指标属于人力资本构成要素，表明人力资本构成要素之间存在交互性。

现代医学已经证明，良好睡眠是身体健康的最优基础（赵华杰，2019）。睡眠时间是良好睡眠的表现之一，本次调查数据显示：新生代农民工平均睡眠时间为 7.64 小时，处于成人正常睡眠时间范围之内。对于身体健康的态度对身体健康的影响可采用态度的 ABC 理论解释。根据戴维·迈尔斯（David G. Myers, 2009）的态度 ABC 理论，态度本身包括行为倾向，当个体对身体健康持更加积极的态度时，采取有助于提升身体健康的行为倾向增加，进而对身体健康产生显著正向影响。心理健康与身体健康密切相关，心理健康对身体健康的促进作用主要有三种途径：一是心理健康通过自身的认知活动，以情绪为调节变量，对自身身体健康产生影响；二是情绪、情感直接作用于身体健康，精神愉快、情绪饱满和积极的心理状态，是强身健体的关键；三是个体特质对身体健康的影响，个体特质是情绪和情感对身体健康产生影响的中介变量（陆舜华，2004）。认知能力、非认知能力对身体健康的积极促进作用，与心理健康对身体健康的提升作用交织，认知能力对身体健康的影响需要借助情绪，认知能力的核心是对信息的处理过程，在信息处理过程中，必然伴随对信息的评价，引发情绪反应，从而在体内产生一定的生理变化和生化变化，影响身体健康（陆舜华，2004）。非认知能力对身体健康的影响更加直接，非认知能力的实质是人格特质，人格与躯体不适如全身烘热、头部沉重、头胀、自汗等存在一定的相关性，各人格维度，尤其是神经质维度与躯体不适的相关更为密切（田蕾等，2018）。在本书中，非认知能力得分越高，个体越积极、外向，情绪越稳定，对身体健康可产生促进作用。

二　心理健康的影响因素分析

（一）变量的选择

1. 因变量的选择

因心理健康量表所有条目均通过了项目分析、效度分析与信度分析，故以心理健康量表所有条目的平均分作为心理健康的指标值。

2. 自变量的选择

心理健康选择家庭投资变量、务工单位投资变量与个体投资变量。其中，家庭投资变量选择家庭关系是否和谐；务工单位投资变量选择是否提供健康服务、工作环境是否健康；个体投资变量选择健康支出、运动频率、睡眠时间、知心朋友数量、对心理健康的态度、知识、身体健康、认知能力与非认知能力。

3. 控制变量的选择

与身体健康影响因果分析中控制变量的选择一致，选择性别、年龄、婚姻状况与流出地四个指标，性别、婚姻状况与流出地的参照组依次为女性、未婚与西部。

（二）变量的描述统计

控制变量的数值与样本基本情况一致；因变量的描述统计已经在身体健康分析中呈现；自变量中，除家庭关系是否和谐、知心朋友数量和对心理健康的态度外，其他自变量均已经在身体健康分析中呈现。在 1047 份样本中，大部分家庭的家庭关系较为和谐，家庭关系和谐的频数和频率分别为 887、84.7%，家庭关系不和谐的频数和频率依次为 160、15.3%。从平均值来看，新生代农民工拥有一定的社会资本，知心朋友数量的平均值、标准差、最大值和最小值依次是 3.08、2.21、0 与 20；对心理健康的重视程度低于身体健康，但仍处于较高水平，对心理健康的态度的平均值、标准差、最大值和最小值分别为 4.3、0.85、1、5。

（三）多层回归结果与分析

心理健康影响因素的多层回归包括四个模型，回归结果见表 8.7。

表 8.7　心理健康影响因素的多层回归结果

变量	模型 1（控制变量）		模型 2（家庭）		模型 3（务工单位）		模型 4（个体）	
	非标准系数	标准系数	非标准系数	标准系数	非标准系数	标准系数	非标准系数	标准系数
常量	3.210***		3.075***		3.025***		1.769***	
男性	-0.013	-0.014	-0.014	-0.015	-0.003	-0.003	-0.005	-0.005
年龄	-0.004	-0.042	-0.004	-0.047	-0.004	-0.045	0.001	0.008
已婚	0.010	0.011	0.008	0.008	0.008	0.009	-0.013	-0.014
其他婚姻	0.053	0.013	0.053	0.013	0.032	0.008	0.054	0.014
东部	0.116**	0.106**	0.106**	0.097**	0.096*	0.088*	0.061	0.056
中部	0.093**	0.100**	0.091**	0.097**	0.086**	0.092**	0.054	0.057
东北	-0.058	-0.026	-0.026	-0.012	-0.031	-0.014	-0.086	-0.038
家庭关系			0.179***	0.141***	0.165***	0.130***	0.103**	0.081**
健康服务					0.040	0.044	0.017	0.019
健康环境					0.065*	0.069*	0.029	0.031

续表

变量	模型 1（控制变量）		模型 2（家庭）		模型 3（务工单位）		模型 4（个体）	
	非标准系数	标准系数	非标准系数	标准系数	非标准系数	标准系数	非标准系数	标准系数
健康支出							5.227E-5*	0.062*
运动频率							0.002	0.018
睡眠时间							0.046***	0.136***
知心朋友数量							0.007	0.035
对心理健康的态度							0.014	0.026
知识							-0.003	-0.006
身体健康							0.077***	0.158***
认知能力							0.010	0.017
非认知能力							0.107***	0.192***
调整 R^2	0.010		0.029		0.035		0.136	
R^2 更改			0.019		0.008		0.108	
F 值	2.548*		4.890***		4.771***		9.658***	
F 值更改			20.941***		4.172*		14.468***	
样本容量	1047							

四个模型均通过 F 检验，表明在分析家庭、务工单位与个体对新生代农民工心理健康的影响中，可采用线性模型。

调整 R^2 在加入家庭投资变量后，为 0.029，依次加入务工单位投资变量和个体投资变量后，相应的调整 R^2 分别为 0.035 和 0.136，表明家庭投资变量、务工单位投资变量和个体投资变量对新生代农民工心理健康有一定的解释力。

删除极端值的样本分析结果与全样本分析结果相比，二者 R^2 更改的显著性检验结果一致；二者最终模型的回归系数显著性检验结果存有一定差异，在全样本回归结果中显著的健康支出，在删除极端值的样本回归结果中不显著。

R^2 更改及其 F 检验结果显示：在控制变量、家庭投资变量、务工单位投资变量和个体投资变量的放置顺序下，家庭、务工单位和个体各自作为一个整体，对新生代农民工心理健康存在显著影响，加入个体投资变量后，R^2 大幅度增加，说明个体投资变量对新生代农民工心理健康影响力度最大。

根据模型 4 回归系数显著性检验结果与稳健性检验结果，家庭关系、睡眠时间、身体健康、非认知能力均对新生代农民工心理健康存在显著正向影响，上述因素分属家庭变量与个体变量，最具影响力的因素是非认知能力。

家庭关系在三个模型中均对新生代农民工心理健康产生了显著正向影响，表明在原生家庭中，和谐的家庭关系有助于提高新生代农民工的心理健康水平。原生家庭作为个体早期生活的主要场域，其对个人心理感知的影响十分深远。新生代农民工连续外出务工的平均年龄为 20.2 岁，平均年龄为 27.7 岁，离家平均时长为 7.5 年，部分新生代农民工已经组建了属于自己的家庭，但原生家庭对心理健康的影响仍然显著。奥地利精神病学家、个体心理学的创始人阿尔弗雷德·阿德勒（Alfred Adler, 2016）在研究成人案例时发现，家庭关系的僵化是导致个体发展性障碍的原因之一。当家庭关系和谐时，可降低个体发展性障碍的发生率，提高个体心理健康水平。本书中的心理健康包括三个方面：积极状态、焦虑忧郁与丧失自信，以丧失自信为例，自信作为一种自我知觉以及个人人格的构成部分之一，受到对以往经历的归因的影响。个体生命早期身处和谐家庭关系的个体，更容易得到内部归因引导，逐渐形成自信的自我知觉，提高个体心理健康水平。与此同时，自我知觉与人格具有相对稳定的特点，一旦形成，在较长时间内容保持稳定。因此，个体生命早期的家庭关系对个体心理健康产生深远影响。

睡眠时间、身体健康与心理健康的关系已经得到共识：充足的睡眠、良好的身体健康是提升心理健康的良方。本书显示：睡眠时间、身体健康对新生代农民工心理健康具有显著的正向影响。非认知能力越高，新生代农民工心理健康水平越高，与其他影响显著的因素相比，非认知能力对心理健康的影响力度最大。人格发展的完备程度，可在一定程度上左右个体的心理健康水平（俞国良、张亚利，2020）。与此同时，人格不仅可以直接预测个体心理健康，还是社会支持对心理健康产生影响的中介变量（胡军生、王登峰，2006）。非认知能力越高，代表被调查者越是主动、积极、外向，对事物更具开放性，这样的人格特质有利于排解心理困扰，提升个体心理健康水平；也有利于个体对社会支持获得高社会支持感，对心理健康产生积极作用。

第四节　新生代农民工能力的影响因素分析

一　认知能力的影响因素分析

（一）变量的选择

1. 因变量的选择

在新生代农民工认知能力影响因素中，因变量选择项目分析、效度分析与信度分析后保留条目的平均值。

2. 自变量的选择

认知能力的形成受到政府、家庭、务工单位与个体的共同影响。从政府来看，政府对被调查者早期教育的支持同样影响其认知能力的形成，故选择在义务教育阶段，是否享受过政府提供的营养餐作为政府投资认知能力的代表。从家庭来看，选择父母双方的受教育程度、父母双方的陪伴、家庭关系是否和谐五个指标。从务工单位来看，选择是否为被调查者提供能力提升指导培训、是否为被调查者能力提升提供物质奖励与晋升奖励三个指标。从个体来看，选择对认知能力的态度、知识、身体健康、心理健康与非认知能力五个指标，其中，心理健康采用心理健康量表的平均值，非认知能力采用项目分析、效度分析与信度分析后保留条目的平均值。

3. 控制变量的选择

选择性别、年龄、婚姻状况、流出地区作为控制变量，性别、婚姻状况、流出地区的参照组分别是女性、未婚、西部。

（二）变量的描述统计

认知能力回归分析的样本容量为1047，控制变量的描述统计与本书样本基本情况一致，此处不再赘述。因变量与前述两节已经提及的自变量，此处亦不再重复呈现。在自变量中，是否提供能力指导培训、是否为能力提升提供物质奖励、是否为能力提升提供晋升奖励以及对认知能力的态度为新增变量。务工单位是否提供能力培训的众数是未提供能力培训，在被调查者中，务工单位提供能力指导培训的频数与频率分别为426、40.7%，未提供能力指导培训的频数和频率分别为621、59.3%；务工单位是否提供能力提升物质奖励的众数是未提供物质奖励，务工单位提供能力提升物质奖励的频数与未提供物质奖励的频数分别是426与621，其对应的频率分别是40.7%与59.3%；务工单位是否提供能力提升晋升奖励的众数是未提供晋升激励，务工单位提供能力提升晋升奖励的频数与未提供晋升奖励的频数分别是308与739，其对应的频率分别是29.4%与70.6%。总体来看，务工单位对新生代农民工的能力培训以及能力提升激励处于较低水平。被调查者对认知能力的态度的均值为3.91，标准差为0.96，最小值与最大值分别为1、5，表明新生代农民工对认知能力的态度介于一般到重要之间，接近重要。此外，虽然在新生代农民工正规教育影响因素分析中纳入了父亲陪伴与母亲陪伴变量，但正规教育的样本容量为935，而认知能力的样本容量为1047。在1047份样本中，父亲陪伴与母亲陪伴的最大值均为5，最小值均为1，父亲陪伴的平均值、标准差分别是3.21、1.18，母亲陪伴的平均值和标准差分别是3.52与1.16。

（三）多层回归结果与分析

将上述变量按照控制变量、政府投资变量、家庭投资变量、务工单位投资变量、个人投资变量的顺序放入，进行多层回归，结果如表8.8：

表 8.8 认知能力影响因素的多层回归结果

变量	模型 1 (控制变量)		模型 2 (政府)		模型 3 (家庭)		模型 4 (务工单位)		模型 5 (个体)	
	非标准系数	标准系数	非标准系数	标准系数	非标准系数	标准系数	非标准系数	标准系数	非标准系数	标准系数
常量	1.982***		1.800***		1.103***		1.095*		-0.211	
男性	-0.118*	-0.076*	-0.122**	-0.080**	-0.120**	-0.078**	-0.102*	-0.067*	-0.094*	-0.061*
年龄	-0.002	-0.016	0.000	0.003	0.004	0.026	0.005	0.034	0.008	0.058
已婚	-0.084	-0.055	-0.059	-0.038	-0.055	-0.036	-0.063	-0.041	-0.051	-0.033
其他婚姻	0.140	0.021	0.100	0.015	0.129	0.020	0.029	0.004	-0.042	-0.006
东部	0.265***	0.147***	0.294***	0.163***	0.229***	0.127***	0.192***	0.106***	0.137*	0.076*
中部	0.254***	0.165***	0.285***	0.185***	0.226***	0.146***	0.182***	0.118***	0.148**	0.096**
东北	0.607***	0.163***	0.551***	0.148***	0.398***	0.107***	0.318***	0.085***	0.332**	0.089**
政府提供营养餐			0.343***	0.192***	0.275***	0.154***	0.148**	0.082**	0.146**	0.082**
父亲受教育程度					0.159***	0.193***	0.118***	0.143***	0.066*	0.080*
母亲受教育程度					0.089**	0.109***	0.066*	0.081*	0.023	0.028
父亲陪伴					-0.009	-0.014	-0.012	-0.018	-0.027	-0.043
母亲陪伴					0.015	0.023	0.008	0.012	0.001	0.001
家庭关系					-0.002	-0.001	0.011	0.005	-0.064	-0.031
提供能力培训指导							0.355***	0.231***	0.263***	0.171***
物质奖励							0.004	0.002	-0.037	-0.024

续表

变量	模型 1（控制变量）		模型 2（政府）		模型 3（家庭）		模型 4（务工单位）		模型 5（个体）	
	非标准系数	标准系数	非标准系数	标准系数	非标准系数	标准系数	非标准系数	标准系数	非标准系数	标准系数
晋升奖励							0.243***	0.147***	0.205***	0.124***
对认知能力的态度									0.024	0.030
知识									0.237***	0.260***
身体健康									0.048*	0.059*
心理健康									-0.003	-0.002
非认知能力									0.135***	0.147***
调整 R²	0.049		0.083		0.148		0.231		0.311	
R²更改			0.035		0.069		0.084		0.082	
F 值	8.665***		12.869***		15.030***		20.640***		23.492***	
F 值更改			40.018***		16.911***		37.956***		24.942***	
样本容量						1047				

　　五个模型均通过 F 检验，表明新生代农民工认知能力与政府投资、家庭投资、单位投资、个人投资存在显著的线性关系，可采用线性模型。

　　采用调整 R^2 检验模型拟合优度，五个模型的调整 R^2 依次为 0.049、0.083、0.148、0.231 与 0.311，表明政府投资、家庭投资、单位投资与个人投资对新生代农民工认知能力具有一定的解释力。

　　将四大投资主体各自作为一个整体，均对新生代农民工认知能力具有显著正向影响，尤其是家庭、务工单位和个体影响力度更大。R^2 更改显示，在控制变量的基础上，加入政府变量、家庭变量、务工单位变量与个体变量后，模型的 R^2 均出现了显著增长，其中，加入家庭、务工单位和个体变量，增长幅度较大，表明在认知能力形成与提升过程中，家庭、务工单位和个体的影响更加重要。

　　删除极端值后的回归结果在 R^2 更改、F 值更改、回归系数显著性检验等方面与全样本一致。

　　从回归系数来看，在政府、家庭、务工单位和个体四大变量中，均存在影响显著的指标。政府早期干预对认知能力提升十分重要。政府的认知能力投资虽然只加入一个指标，但在 4 个模型中，该指标的影响均显著，由此可见，政府在个体早期的投资对个体后期认知能力发展具有显著的提升作用。赫克曼、迪米特里·V. 马斯捷罗夫（Dimitriy V. Masterov）（2007）的研究发现，在个体生命早期，塑造丰富的环境对提升个体当时与未来的人力资本水平十分重要，丰富的环境需要良好的学校环境和持续学习的工作环境。政府提供营养餐是良好学校环境的组成部分之一，尤其在农村学校"撤点并校"的背景下，政府提供营养餐有效解决了距离学校较远学生的饮食问题，可有效提高学生的入学率，并降低学生的辍学率，学校学习可在一定程度上提高学生的阅读能力、计算能力与写作能力以及通信技术应用能力，提升新生代农民工的认知能力水平。

　　在家庭变量中，模型 5 显示，仅有父亲受教育程度对被调查者认知能力具有显著正向影响。与父亲受教育程度相比，母亲受教育程度在最终的模型中影响不显著。这一结论可能与农村地区家庭地位的性别差异有关。改革开放以来，我国农村已婚女性的家庭地位不断提升，更多参与家庭决策，但与男性相比，决策权依然较低（唐永霞，2020）。新生代农民工目前的认知能力更多来自学校教育，但个体最终的受教育程度与家庭决策密切相关，在家庭决策中，男性具有更大的决定权，故在新生代农民工认知能力影响中，父亲的受教育程度影响显著。

在务工单位变量中，提供能力指导和培训、对能力提升给予晋升奖励具有显著正向影响。新生代农民工是已经进入劳动力市场的劳动者，务工单位是其认知能力提升的重要主体，提供能力提升指导、培训可显著提高新生代农民工的认知能力。能力作为个体完成某一任务所必须具备的心理条件，对已经进入劳动力市场的新生代农民工而言，受到实践活动的影响。务工单位提供能力提升指导和培训，作为务工单位的能力提升实践，直接作用于新生代农民工。在物质奖励与晋升奖励之中，物质奖励的影响不显著，可能源于物质奖励更多地与可测量的绩效结果关联，物质奖励更多激发员工短期的工作行为、工作态度，而认知能力的提升是长期的过程和内隐的过程，更多地依靠内在激励，故晋升奖励的影响显著。另外，也可能与新生代农民工的流动动机相关。从学术界关注新生代农民工开始，已经注意到新生代农民工流动动机与上一代农民工流动动机的差异。国内较早研究新生代农民工的学者王春光（2001）通过对调查数据的分析发现，新生代农民工外出动机已经发生变化，从单纯赚钱的经济型动机转变到经济型动机和以改变生活现状、追求城市生活或现代化生活方式为特征的生活型动机并存或生活型动机。刘传江、程建林（2007）的调查数据显示，第二代农民工即新生代农民工，外出动机主要是学技术、提高生活水平。张笑秋（2016a）利用湖南省的调查数据，将农民工流动动机区分为以赚取收入为目的的经济动机与以追求城市生活方式、增长见识本领和享受市民权利为目的的非经济动机，发现新生代农民工的经济动机与非经济动机并存，非经济动机强于上一代。从总体来看，

"新生代农民工流动动机呈现多元化倾向，处于生存型向发展型过渡的阶段，由谋求生存向谋求发展转变，生存动机与发展动机并存，注重个人发展"（张笑秋，2016b:30）。因此，在与认知能力提升的物质奖励和晋升奖励中，晋升奖励产生显著影响。

在个体变量中，个体的知识、身体健康、非认知能力对认知能力具有显著正向影响。知识的影响力度不仅在个体变量中最高，在所有显著影响新生代农民工认知能力的因素中，知识的标准化回归系数处于最高水平。认知能力包括阅读能力、写作能力、计算能力与通信技术应用能力，上述四种能力的提升，与知识密切相关，受教育程度越高，个体的阅读能力、写作能力、计算能力与通信技术应用能力越高，故知识对认知能力的影响力度较大。本次调查数据显示，在人力资本构成要素的相关分析中，认知能力与知识的斯皮尔曼相关系数为0.432，显著性水平为0.000，是人力资本构成要素相关分析中的最高相关系数。身体健康是使用各种能力的前提和基础，故身体健康水平越高，认知能力的水平越高；非认知能力的水平越高，表明新生代农民工越开放、积极、活跃和勤勉，越具开放性。上述特质可提升新生代农民工的阅读能力、写作能力、计算能力和通信技术应用能力，提高认知能力的整体水平。

二　非认知能力的影响因素分析

非认知能力虽然仅对就业融入产生显著影响，但就业融入是新生代农民工城市融入最重要和最主要的维度；同时，非认知能力亦是本书的研究特色之一，故本书将探讨新生代农民工非认知能力的影响因素。

（一）变量的选择

1. 因变量的选择

因变量选择非认知能力项目分析、效度分析与信度分析后保留条目的平均值。

2. 自变量的选择

本书中的非认知能力的实质是人格特质，人格特质更多受到自身所在微观环境的影响，即受到家庭变量、务工单位变量和个体变量的影响。在家庭变量中，选择父母受教育程度、父母陪伴和家庭关系五个指标；在务工单位变量中，仍然选择是否提供能力指导培训、是否为能力提升提供物质奖励和是否为能力提升提供晋升奖励三个指标；在个体变量中，选择个体对非认知能力的态度、知识、身体健康、心理健康与认知能力五个指标。

3. 控制变量的选择

控制变量中，选择性别、年龄、婚姻状况与流出地区四个指标，除年龄外，分别以女性、未婚、西部为参照组。

（二）变量的描述统计

自变量中，仅个人对非认知能力的态度为新增变量，被调查者对非认知能力的态度的平均值为 4.08，介于重要与非常重要之间，接近重要，标准差为 0.92，最小值为 1，最大值为 5；其他变量与前述分析相同，控制变量的描述统计见样本基本情况。

（三）多层回归结果及其分析

非认知能力的多层回归结果见表 8.9。在四个模型中，除控制模型外，在控制模型基础上加入家庭变量的模型 2、在模型 2 的基础上加入务工单位变量的模型 3，在模型 3 的基础上加入个体变量的模型 4，均通过 F 检验，在新生代农民工非认知能力的影响因素分析中，可采用多元线性回归模型。

加入家庭变量、务工单位变量、个体变量后的调整 R^2 分别为 0.033、0.049、0.137，表明家庭因素、务工单位因素与个体因素对新生代农民工非认知能力具有一定的解释力，尤其是个体因素的加入，R^2 增长明显。R^2 更改的显著性检验表明，家庭因素、务工单位因素与个体因素各自作为一个整体，对新生代农民工非认知能力影响显著。

表 8.9　非认知能力影响因素的多层回归结果

变量	模型 1（控制变量）		模型 2（家庭）		模型 3（务工单位）		模型 4（个体）	
	非标准系数	标准系数	非标准系数	标准系数	非标准系数	标准系数	非标准系数	标准系数
常量	4.149***		3.505***		3.438***		1.602***	
男性	0.031	0.018	0.032	0.019	0.043	0.025	0.069	0.041
年龄	-0.009	-0.055	-0.010	-0.060	-0.009	-0.058	-0.007	-0.041
已婚	0.115	0.069	0.104	0.062	0.116	0.069	0.131*	0.078*
其他婚姻	-0.255	-0.036	-0.242	-0.034	-0.262	-0.036	-0.300	-0.042
东部	0.092	0.047	0.050	0.025	0.034	0.017	-0.072	-0.037
中部	-0.009	-0.005	-0.026	-0.016	-0.027	-0.016	-0.121*	-0.072*
东北	0.208	0.051	0.230	0.057	0.193	0.048	0.147	0.036
父亲受教育程度			0.011	0.012	-0.002	-0.002	-0.033	-0.037
母亲受教育程度			0.079*	0.088*	0.075*	0.084*	0.051	0.057
父亲陪伴			0.069*	0.098*	0.070**	0.099**	0.045	0.065
母亲陪伴			0.027	0.037	0.021	0.029	0.019	0.026
家庭关系			0.185*	0.081*	0.181*	0.079*	0.092	0.040
提供能力指导培训					-0.027	-0.016	-0.159**	-0.095**
能力提升物质奖励					0.170**	0.102**	0.147**	0.088**
能力提升晋升奖励					0.193**	0.107**	0.128*	0.071*
对非认知能力的态度							0.055*	0.061*
知识							0.009	0.009
身体健康							0.092**	0.105**
心理健康							0.353***	0.196***
认知能力							0.195***	0.178***
调整 R²	0.002		0.033		0.049		0.137	
R² 更改			0.036		0.018		0.090	
F 值	1.325		4.018***		4.605***		9.274***	
F 值更改			7.728***		6.690***		21.882***	
样本容量	1047							

在删除极端值的样本中，回归结果在 R^2 更改、F 值更改、回归系数显著性检验等方面与全样本虽然具体数值不同，但方向和显著性均一致。

加入家庭后的回归系数显著性检验结果表明：在家庭因素中，母亲受教育程度、父亲陪伴与家庭关系是提高新生代农民工非认知能力的三大利器，母亲受教育程度越高、父亲陪伴时间越多，家庭关系越和谐，越有利于新生代农民工非认知能力的提升。

最终模型的回归系数显著性检验结果表明：加入个体变量后，家庭变量中的指标均不显著，影响显著的因素均来自务工单位变量和个体变量，故在新生代农民工非认知能力提升中，务工单位与个体是关键。

在务工单位变量中，务工单位提供能力培训指导，将降低新生代农民工的非认知能力水平。这一结果可能与务工单位的培训内容相关，新生代农民工务工单位基于新生代农民工的流动性以及培训后薪酬成本可能上涨的考量，很多务工单位故意忽略对新生代农民工的培训（董新稳、李兴洲，2021）。即使有培训，考虑到新生代农民工的流动性以及薪酬成本等因素，培训内容更多是纪律规章制度等，纪律规章制度具有约束性特征，以约束性内容为主的培训，虽然可能提高新生代农民工的尽责性，但也有可能降低新生代农民工的宜人性、开放性与外向性等人格特质，从而在一定程度上降低新生代农民工的非认知能力水平。务工单位提供的能力提升物质奖励和晋升奖励均对新生代农民工非认知能力的提升产生了显正向影响。本书的非认知能力实质为人格，人格本身包含部分"一般的动机"（拉森、巴斯，2017：308），每个个体具有物质需要与发展需要，务工单位提供的能力提升物质奖励和晋升奖励属于外部刺激，是动机过程中的外部诱因，该外部诱因可以满足新生代农民工的物质需要和发展需要，从而强化相应动机，提高新生代农民工的动机水平。而动机又包含在人格之中，因此，务工单位提供的能力提升物质奖励和晋升奖励可以提高新生代农民工的非认知能力。

在个体变量中，影响显著的指标包括个体对非认知能力的态度、身体健康、心理健康与认知能力，四个指标均对新生代农民工非认知能力存在正向影响。被调查者若能在认识上重视非认知能力，这一态度极可能导致被调查者采取有助于提高非认知能力的行为，最终提高非认知能力水平。健康水平越高，个体越有可能表现出外向、活跃、勤勉和开放的人格特质。认知能力与非认知能力二者同属于能力范畴，较高的读写能力、计算能力和通信技术应用能力，有助于新生代农民工形成更加积极主动和外向的人格特质，提高新生代农民工的非认知能力。

第五节　新生代农民工总体人力资本的影响因素分析

为探讨作为整体的人力资本受到哪些因素的影响，本书特分析新生代农民工总体人力资本的影响因素。

一　变量的选择

（一）因变量的选择

因变量是新生代农民工总体人力资本。本书将人力资本构成指标做无量纲化处理，根据各指标的权重，对无量纲化处理后的人力资本指标进行加权，加权结果即为新生代农民工总体人力资本。

（二）自变量的选择

自变量从政府、家庭、务工单位和个体四个主体展开。其中，反映政府投资的指标是在义务教育阶段，是否享受过政府提供的营养餐；家庭变量包括父母受教育程度、同辈数量、父母陪伴时间、家庭关系与家庭饮食七个指标；务工单位包括是否提供健康服务、是否提供健康工作环境、是否提供能力培训或指导、是否给予能力晋升物质奖励、是否给予能力晋升奖励五个指标；个体变量包括个体饮食是否健康、健康支出、运动频率、睡眠时间、工作时间、知心朋友数量与对人力资本的态度七个指标。

（三）控制变量的选择

控制变量包括性别、年龄、婚姻与流出地区，性别、婚姻与流出地区的参照组分别为女性、未婚和西部。

二　变量的描述统计

上述指标，除因变量与对人力资本的态度外，其他变量均在本章人力资本不同维度的影响因素分析中有所体现，故此处仅展现总体人力资本与对人力资本的态度描述统计结果。总体人力资本的平均值为 49.50，标准差是 7.04，最小值与最大值分别为 30.62、78.42；对人力资本的态度的平均值为 4.23，位于重要和很重要之间，标准差是 0.66，最小值与最大值分别为 1 和 5。

三　多层回归结果与分析

总体人力资本的影响因素分析见表 8.10。

表 8.10　总体人力资本影响因素的多层回归结果

变量	模型 1		模型 2（政府）		模型 3（家庭）		模型 4（务工单位）		模型 5（个体）	
	非标准系数	标准系数	非标准系数	标准系数	非标准系数	标准系数	非标准系数	标准系数	非标准系数	标准系数
常量	46.194***		45.148***		35.424***		35.400***		29.518***	
男性	0.172	0.012	0.145	0.010	0.273	0.019	0.491	0.034	0.570	0.040
年龄	0.062	0.046	0.077	0.057	0.138**	0.102**	0.139**	0.103**	0.194***	0.143***
已婚	-0.441	-0.031	-0.297	-0.021	-0.487	-0.034	-0.551	-0.039	-0.736	-0.052
其他婚姻	0.677	0.011	0.447	0.007	0.272	0.004	-0.700	-0.011	-0.742	-0.012
东部	2.951***	0.176***	3.118***	0.186***	2.218***	0.132***	1.685***	0.100***	1.602**	0.095**
中部	2.413***	0.168***	2.592***	0.180***	1.970***	0.137***	1.516***	0.105***	1.346**	0.094**
东北	2.540*	0.073*	2.223*	0.064*	1.037	0.030	0.419	0.012	0.441	0.013
政府提供营养餐			1.961***	0.118***	1.122*	0.067*	-0.266	-0.016	-0.239	-0.014
父亲受教育程度					1.230***	0.160***	0.892***	0.116***	0.900***	0.117***
母亲受教育程度					0.853**	0.112**	0.549*	0.072*	0.403	0.053
同辈数量					-0.438**	-0.082**	-0.504**	-0.094**	-0.529**	-0.099**
父亲陪伴					0.513*	0.086*	0.500*	0.084*	0.390*	0.065*
母亲陪伴					0.189	0.031	0.165	0.027	0.202	0.033
家庭关系					0.959	0.049	1.057	0.054	0.602	0.031
家庭饮食健康					2.293***	0.153***	1.772***	0.119***	1.565***	0.105***
健康服务							0.983*	0.070*	0.810	0.057

续表

变量	模型 1		模型 2（政府）		模型 3（家庭）		模型 4（务工单位）		模型 5（个体）	
	非标准系数	标准系数	非标准系数	标准系数	非标准系数	标准系数	非标准系数	标准系数	非标准系数	标准系数
健康环境							0.634	0.044	0.487	0.034
提供能力培训指导							3.048***	0.213***	2.765***	0.193***
物质奖励							0.477	0.033	0.339	0.024
晋升奖励							1.709***	0.111***	1.540**	0.100**
个人饮食健康									0.322	0.019
健康支出									0.000	0.038
运动频率									0.115*	0.065*
睡眠时间									0.298*	0.058*
工作时间									-0.263*	-0.070
知心朋友数量									0.396***	0.124***
对人力资本的态度									1.058***	0.099***
调整 R²	0.026		0.039		0.166		0.248		0.286	
R² 更改			0.013		0.132		0.084		0.042	
F 值	5.058***		6.285***		14.863***		18.236***		16.541***	
F 值更改			14.414***		23.573***		23.492***		8.892***	
样本容量					1047					

五个模型均通过 F 检验，表明可采用线性模型分析政府变量、家庭变量、务工单位变量和个体变量对新生代农民工总体人力资本的影响。五个模型的调整 R^2 依次为 0.026、0.039、0.166、0.248 与 0.286，表明四大类变量对人力资本总体水平具有一定的阐释力。按照上述加入顺序，五个模型 R^2 更改均显著增加，在本书的加入顺序下，四大类变量各自作为一个整体，对新生代农民工人力资本具有显著影响。

在删除极端值的样本回归结果中，父亲陪伴的回归系数显著性水平为 0.139，而在全样本回归结果中，该指标回归系数的显著性水平为 0.048。其他回归结果在方向与显著性方面与全样本回归结果一致。

最终模型的回归系数及其显著性检验结果表明，影响总体人力资本的因素主要来自家庭、务工单位和个体，其中，影响力度最大的指标是务工单位提供的指导。

在属于家庭变量的指标中，父亲受教育程度、同辈数量与家庭饮食三个指标显著影响新生代农民工总体人力资本，其中，同辈数量影响为负向，其他变量的影响为正向。同辈数量对新生代农民工人力资本存在负向影响，表明家庭生育孩子数量在子代人力资本提升中存在挤占效应，子代数量越高，子代的人力资本水平将越低。贝克尔等（2016：298）认为："在增长过程中的一些点，经济会经历人力资本、物资资本快速积累而出生率和家庭规模快速减少的时期。"即孩子质量对数量的替代；与此相反，孩子数量会替代孩子质量。与同辈数量对正规教育的影响机制相似，新生代农民工人力资本存量依靠人力资本投资形成，每一个家庭在人力资本投资中都存在家庭投资约束线，随着孩子数量的增加，能够用于每一个孩子的人力资本投资资源将减少，进而降低个体的人力资本水平。父亲受教育程度对人力资本整体水平存在正向显著作用，母亲的受教育程度与陪伴未能产生显著影响，可能与农村女性地位低于男性有关。由此可见，父代对子代人力资本水平的影响主要通过父代的受教育程度产生影响，父代更高的受教育水平，意味着对子代更高的人力资本重视程度和更多、更好的人力资本投入；家庭饮食结构对已经独立于原生家庭的新生代农民工的人力资本仍然产生影响，表明早期的健康人力资本投资具有深远影响。

在务工单位变量中，务工单位提供能力培训或指导、为能力提高提供晋升奖励是提高新生代农民工人力资本的重要手段。对新生代农民工而言，已经完成正规教育，并进入劳动力市场，用工单位是提升其人力资本水平的重要主体。对新生代农民工而言，对个体能力提高和社会地位提升具有极高的期望，当用人单位提供能力培训或指导以及晋升奖励时，可直接提高新生代农民工人力资本中的主要构成部分——能力的水平，晋升奖励可满足其对社会地位提升的需求，为其主动提高人力资本水平提供强大动力，并最终提升新生代农民工人力资本水平。例如，在调查中，个别被调查者反映，如务工单位规定：在员工学历提高后，可晋升到上一级岗位。在此规定下，被调查者将主动利用工作之余的时间学习，拿到岗位晋升要求的学历，提升个体的人力资本水平。

在个体变量中，运动频率、睡眠时间、工作时间、知心朋友数量以及对人力资本的态度，显著影响新生代农民工人力资本水平。其中，工作时间存在负向影响，工作时间越长，新生代农民工用于睡眠、学习、健身等时间相应减少，不利于新生代农民工提高人力资本水平。运动频率、睡眠时间、知心朋友数量与对人力资本的态度对人力资本水平具有提升作用。适当的睡眠时间可提高个体的身体健康水平与心理健康水平。知心朋友数量对人力资本的影响，表明社会资本可有效提高人力资本。态度虽然并不必然导致行为的变化，但态度不同可能致使行为存在差异。当新生代农民工在认识上越重视人力资本时，越有可能采取提高人力资本的行为，最终提升自身人力资本水平。

综合人力资本影响因素回归结果可发现，在知识、身体健康、心理健康、认知能力与非认知能力之间，相互影响。具体影响情况见下图：

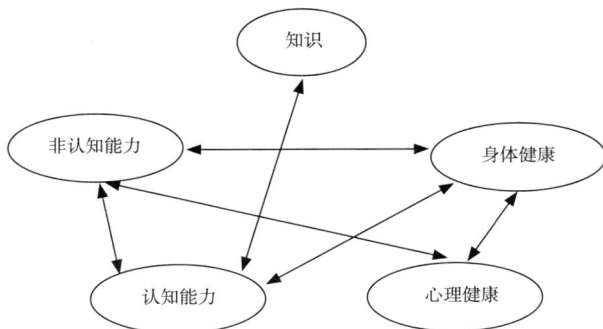

图 8.1　人力资本部分构成因素的相互影响

在知识、身体健康、心理健康、认知能力、非认知能力之间，知识与认知能力、身体健康与心理健康、身体健康与认知能力、身体健康与非认知能力、认知能力与非认知能力、心理健康与非认知能力之间存在相互影响的作用。其中，知识与认知能力、非认知能力与心理健康互为对方影响力度最强的因素。在人力资本构成要素的相互影响中，在知识与能力之间，当知识为因变量时，专指是否参加继续教育；当知识为自变量时，指受教育程度。

本章小结

本章以显著影响新生代农民工城市融入的知识、健康、能力与总体人力资本为因变量，多层回归结果发现：

政府提供营养餐、父亲受教育程度、母亲受教育程度以及同辈数量显著影响新生代农民工的正规教育，其中，父亲受教育程度影响力最强；同辈数量的影响方向为负，其他变量的影响方向为正。继续教育主要受到父亲受教育程度、母亲受教育程度、认知能力与非认知能力的影响显著，其中，非认知能力的影响方向为负；在所有影响显著的因素中，认知能力的促进作用最大。

睡眠时间、对身体健康的态度、心理健康、认知能力与非认知能力均对身体健康存在显著正向影响，其中，心理健康的影响力度最大。对心理健康影响显著的因素包括家庭关系、睡眠时间、身体健康、非认知能力，其中，最具影响力的因素是非认知能力。

认知能力受到政府提供营养餐、父亲受教育程度、务工单位提供能力指导培训、能力提升后的晋升奖励、知识、身体健康以及非认知能力的显著正向影响，其中，知识是最强有力的影响因素。对新生代农民工非认知能力影响显著的因素包括务工单位提供能力指导培训、能力提升后的物质奖励、能力提升后的晋升奖励、对非认知能力的态度、身体健康、心理健康与认知能力，心理健康对非认知能力最具影响力。

对总体人力资本而言，影响显著的因素包括父亲受教育程度、同辈数量、家庭饮食、务工单位提供能力指导培训、能力提升后的晋升奖励、运动频率、睡眠时间、工作时间、知心朋友数量以及对人力资本的态度。在上述影响因素中，同辈数量、工作时间影响为负，影响力度最大的因素是务工单位提供能力指导培训。

第九章　基于城市融入的新生代农民工人力资本投资体系构建分析

在新型城镇化背景下，基于新人力资本理论的人力资本及其构成要素对新生代农民工城市融入存在显著影响，但新生代农民工人力资本水平评估显示，新生代农民工人力资本整体处于低水平，在不同的构成要素中，最高水平仅为中等。在新生代农民工城市融入进程中，提升该群体的人力资本水平十分迫切。新生代农民工人力资本影响因素分析结果显示，新生代农民工人力资本受到多个主体的影响，在基于城市融入的新生代农民工人力资本投资体系构建中，显著影响新生代农民工人力资本的四大主体的投资指向和投资手段是重点，应遵循的基本原则是基础，人力资本投资体系的持续运转需要相关措施的保障，即基于城市融入的新生代农民工人力资本投资体系由基本原则、四大主体投资指向与投资手段、保障措施三大部分构成。

第一节　新生代农民工人力资本投资体系构建的基本原则

根据本书的结果，在构建基于城市融入的新生代农民工人力资本投资体系时，应坚持以下四大原则。

一　多主体参与并分工协作

政府、家庭、务工单位与个体共同参与新生代农民工人力资本投资体系，分工协作，共同提升新生代农民工人力资本水平。不管是传统人力资本构成要素，还是由认知能力与非认知能力构成的能力，抑或是总体人力资本，各自作为一个整体，均对新生代农民工城市融入总体水平与不同维度的城市融入水平产生显著影响。根据新人力资本理论，人力资本的形成是个体与外部环境交互的结果。对新生代农民工而言，面临的环境包括政府、家庭与务工单位。综合显著影响新生代农民工城市融入的人力资本的回归结果，可发现：显著影响新生代农民工知识、健康、能力与总体人力资本的变量，来自政府、家庭、务工单位和个体之中。因此，四大主体均应参与新生代农民工人力资本投资。

在四大主体中，政府扮演保障者角色，为新生代农民工人力资本提升提供以下三类保障：第一，物资保障，如为处于义务教育阶段的农民工子弟提供营养餐；第二，提供资金保障，如发放培训补贴、企业人力资本投资税收优惠等；第三，提供相关政策法规制度及其执行保障。家庭扮演助力者角色，为已经脱离或逐渐脱离原生家庭的新生代农民工的人力资本提升提供力所能及的物质支持、精神支持与文化支持。务工单位扮演直接指导者和激励者的角色，为新生代农民工人力资本的提升提供最为直接的指导和激励。个体扮演接受者和行动者角色，接受政府、家庭与务工单位的外部力量，内化为个体意识，转变为个体行动，最终提升个体的人力资本水平。

二　重点提升和均衡发展相结合

在新生代农民工人力资本投资中，应重点提高新生代农民工的认知能力。新生代农民工人力资本投资的重点应满足两个条件：第一，该重点对新生代农民工总体城市融入和不同维度城市融入的影响显著；第二，该重点不仅是人力资本的主要组成部分，而且水平较低。在新生代农民工人力资本构成要素中，能力所占比重最高，在能力中，又以认知能力所占比重更高。新生代农民工人力资本水平分析显示，新生代农民工的认知能力处于低水平，但在城市融入与人力资本的相关关系中，认知能力与总体城市融入的相关性最高，在新生代农民工人力资本构成要素对城市融入及其不同维度的影响分析中，认知能力的影响均显著，且对就业融入、政治权利融入以及总体城市融入的影响力度高于其他人力资本构成要素。因此，认知能力是新生代农民工人力资本提升中的重点和难点。通过认知能力的提升，可提高新生代农民工人力资本的总体水平。

总体城市融入与不同维度城市融入，除受到认知能力的显著影响外，还受到其他人力资本构成要素的影响，且人力资本构成要素之间存在交互性，新生代农民工的认知能力受到知识、身体健康与非认知能力等其他人力资本构成要素的影响。此外，新生代农民工其他人力资本构成要素或处于低水平，或处于中等水平，均存在提升空间。因此，在重点提升认知能力的同时，还应提高其他人力资本构成要素的水平，促进新生代农民工人力资本的均衡发展。

三　差异化投资

当以性别、年龄与区域为群体划分标准时，不同群体的人力资本水平以及城市融入水平存有差异。因此，在每一分类标准下，人力资本提升的重点群体不同，不同群体应重点关注的人力资本构成要素也不同。在不同性别之间，女性的总体城市融入、就业融入和政治融入均低于男性，女性的技能水平和经验低于男性，男性的认知能力低于女性。因此，在推进新生代农民工城市融入进程中，在性别视角下提升新生代农民工的人力资本水平时，应以女性为重点，关注女性的技能提升和经验积累，如加强女性新生代农民工的技能培训，为女性新生代农民工提供更好的生育与养育服务。对男性而言，则更多关注其认知能力提升。

在不同年龄之间，由于 20 岁及以下群体的居住融入、公共服务融入和总体城市融入均处于最低水平，因此人力资本投资应以 20 岁及以下群体为重点。20 岁及以下的新生代农民工，其非认知能力低于 21—30 岁群体，总体人力资本低于其他年龄段的新生代农民工；31 岁及以上的新生代农民工与 21—30 岁的新生代农民工相比，知识、身体健康、健康、认知能力与能力均更低。因此，在年龄视角下，应更多关注 20 岁及以下的新生代农民工，关注该群体的非认知能力投资。对 31 岁及以上的新生代农民工，应更多关注其健康投资和能力投资。

在不同区域之间，因西部新生代农民工的知识、身体健康、心理健康、健康、认知能力、能力与总体人力资本处于更低水平。因此，在区域视角下，应更多关注西部新生代农民工，重视该群体的知识投资、健康投资和能力投资。

四 质量优先于数量

在新生代农民工人力资本提升中，无论是根据理论研究结果，还是根据本书的实证研究结果，均应将人力资本质量提升作为重点。人力资本理论之父舒尔茨（1961）认为，人力资源中的质量部分属于人力资本。因此，强调质量是人力资本内涵的应有之义。人力资本对新生代农民工城市融入的影响结果显示，作为整体的人力资本对新生代农民工城市融入及其各个维度的影响均显著，人力资本水平越高，新生代农民工城市融入的水平也越高；在人力资本维度中，认知能力、知识、经验、身体健康与心理健康、非认知能力均对新生代农民工城市融入的总体水平或不同维度存在显著的正向影响。因此，在新生代农民工城市融入进程中，提高其人力资本质量应成为人力资本投资的优先策略。在质量提升的同时，逐步增加其数量，如增加技能数量。

第二节　四大主体的投资指向与投资手段

一　政府的投资指向与投资手段

（一）政府的投资指向

在新生代农民工人力资本投资中，政府投资直接指向知识和认知能力，间接指向健康与非认知能力。根据新生代农民工人力资本影响因素回归结果，知识、认知能力显著受到政府提供营养餐的正向影响，这一研究结果对提高农民工子代的知识水平和认知能力而言具有重要价值。同时，认知能力受到非认知能力、身体健康的影响，而身体健康又受到心理健康的影响。因此，政府在直接关注新生代农民工的知识和认知能力的同时，还应该关注身体健康、心理健康与非认知能力。

（二）政府的投资手段

政府在新生代农民工人力资本提升中，投资手段主要有四：一是监控务工单位生产环境，为新生代农民工享有健康工作环境提供制度保障。新生代农民工就业主要集中在制造业、住宿和餐饮业以及建筑业。在这三大行业中，建筑业与制造业的工作环境因为工作性质，相对于其他行业，存在更多具有健康威胁的因素。政府保障新生代农民工健康工作环境的制度可从以下几个方面入手：其一，定期检查与不定期抽查务工单位工作环境，并将定期检查与不定期检查的结果公之于众，增加工作环境信息的透明度。其二，根据检查结果，对务工单位工作环境建立评级制度，在务工单位生产所在地或在务工单位官网，标示务工单位工作环境等级。其三，制定促进务工单位改善工作环境的奖励政策与惩罚政策。将务工单位工作环境等级与务工单位银行贷款、税收等关联，提高务工单位改善工作环境的积极性。对工作环境较差且拒不改善的务工单位，可处以一定罚款。

二是制定并落实有利于家庭流动的政策。家庭是影响新生代农民工人力资本的重要主体之一，和谐的家庭环境有助于提升新生代农民工的心理健康水平，部分家庭成员留守农村，显然不利于家庭关系的和谐。因此，在农民工流动管理中，应从教育、住房、社会保险等方面入手，促进农民工家庭化流动。在教育方面，切实保障农民工随迁子女进入流入地公办学校就学。本次调查数据显示：在有随迁子女的被调查者中，到公办学校就读的比例不到一半。在住房方面，可以将农民工逐步纳入公租房体系，改善居住环境，为家庭提供物理空间。在社会保险方面，监管务工单位社会保险缴纳情况，为农民工家庭在城市生活提供基本保障。

三是增加能力培训，提高新生代农民工认知能力和非认知能力的水平。本书中的政府投资变量是政府是否为新生代农民工在接受义务教育阶段时提供营养餐，这是一个回溯性变量，对已经进入劳动力市场的新生代农民工群体，可借鉴其他国家对类似群体的做法。美国针对高中之前的辍学者或者在 20 岁出头就陷入困境的青年提供二次教育和技能培训，通过就业团队计划，政府为参与者提供长达 8 个月的学术教育、职业培训、心理咨询、健康教育和就业援助。该项目使参与者在 4 年至 5 年间，收入高于对照组；在参与后的 4 年内，政府对他们的福利支出减少 16%，逮捕率下降 16%，参与者在监狱服刑的比率下降 17%（克鲁格，2020）。在未来政府提供的培训中，可借鉴美国的就业团队计划，为更多的新生代农民工提供能力培训，通过有针对性的训练，提高新生代农民工的阅读能力、写作能力、计算能力和通信技术应用能力。同时，在培训中，还应倡导新生代农民工树立开放创新的意识，培养该群体的团结协作能力，倡导积极向上、勤奋乐观的生活态度，提高其非认知能力水平。

四是为接受教育的农民工子代提供营养餐，提高该群体的知识水平与认知能力水平。政府提供营养餐可显著提高新生代农民工的受教育程度与认知能力，因此，对处于义务教育阶段的农民工子女，无论在城市就读，还是在农村就读，政府应坚持为其提供营养餐；对于非义务教育阶段的困难农民工子女，政府可提供营养餐补贴。

二　家庭的投资指向与投资手段

（一）家庭的投资指向

家庭投资直接指向新生代农民工的知识、心理健康与认知能力。根据人力资本影响因素多层回归结果，在新生代农民工正规教育、继续教育参与、心理健康、认知能力的影响因素分析中，家庭变量中部分指标的影响显著，在正规教育的影响因素中，影响力度最大的指标来自家庭中父亲的受教育程度；在继续教育参与中，父亲受教育程度和母亲受教育程度的影响均显著；在心理健康的影响因素分析中，家庭关系产生显著影响；在认知能力的影响因素分析中，父亲受教育程度产生了正向影响；在身体健康与非认知能力的影响因素分析中，家庭变量在控制变量与政府变量的基础上，或在控制变量的基础上加入时，作为一个整体，使模型拟合优度显著增加。综上，家庭在新生代农民工的知识、健康与能力提升中均可发挥重要作用。

（二）家庭的投资手段

家庭针对新生代农民工人力资本的投资手段，更多通过提高父代自身的人力资本存量提高子代的人力资本存量。现有研究发现：人力资本存在代际传递性，父代的受教育程度影响下一代的认知能力与健康（张苏、曾庆宝，2011）。本书也得出相似结论，家庭变量中的父母受教育程度对新生代农民工正规教育和继续教育参与均存在显著正向影响。故要提高子代的人力资本水平，其父代的人力资本水平也应该提高。具体投资手段如下。

首先，形成与保持健康的家庭饮食习惯。新生代农民工未成年时的家庭饮食健康与否，作为代表家庭变量的指标，在控制变量的基础上加入时，对新生代农民工身体健康存在显著影响；同时，该指标对新生代农民工总体人力资本影响显著。因此，作为新生代农民工家庭，应为新生代农民工提供健康的饮食。通过自主学习，形成健康饮食理念，逐步培养以下健康饮食行为：在家庭饮食制作中，应尽量选择新鲜食材，减少高盐食物的摄入，如腌制品；同时，烹饪中减少用油量；增加主食和菜品种类，在谷物、蔬菜水果、肉蛋类食物、油脂等不同食物中，遵循科学搭配比例。

其次，形成和维系和谐的家庭关系。和谐的关系可有力提升新生代农民工的心理健康。新生代农民工成长的家庭多来自农民工家庭，农民工因为频繁的流动，导致留守儿童、留守妇女与留守老人的现象，显然不利于形成和谐的家庭关系。和谐家庭关系的形成和维系，需要家庭成员改变观念，如家庭关系中，应以夫妻关系而非亲子关系为核心。此外，也需要家庭中多代人的共同努力，相互理解、相互尊重。

最后，家庭成员坚持终身学习，共同参与学习型家庭的建设。在知识经济时代，终身学习的价值毋庸置疑，终身学习已经成为"个体生存与未来社会前行的'护照'"（何思颖、何光全，2019）。对人力资本水平较低的农村家庭而言，终身学习的价值更大，紧迫性更高。从生命历程的视角来看，终身学习从童年期、青年期开始，持续到成人期和老年期（欧阳忠明等，2022）。在新生代农民工家庭中，因为父辈的人力资本水平影响子代人力资本水平，且终身学习贯穿个体生命历程的每一个阶段。因此，在新生代农民工家庭中，每一位家庭成员均应坚持终身学习，例如，新生代农民工父母应不断提升自身能力与技能，学习和应用新技术，积极解决家庭生活中的问题，为子代树立榜样。此外，新生代农民工父母应鼓励新生代农民工参加继续教育或培训，并为新生代农民工参加继续教育提供力所能及的资金支持与时间支持；新生代农民工及其子代均将学习视为生活必需品，坚持学习。每位家庭成员通过自身的学习行为，为学习型家庭建设贡献自身力量。

三　务工单位的投资指向与投资手段

（一）务工单位的投资指向

务工单位针对新生代农民工的人力资本投资直接指向认知能力与非认知能力，间接指向知识、身体健康与心理健康。务工单位不仅仅是新生代农民工人力资本的使用者，更是新生代农民工人力资本提升的直接指导者和激励者，对新生代农民工的认知能力、非认知能力以及人力资本总体水平均存在显著影响，认知能力又受到知识、身体健康、非认知能力等因素的显著影响，非认知能力受到身体健康、心理健康与认知能力的显著影响。因此，务工单位的投资指向亦是能力、健康与知识。务工单位对新生代农民工技能提升具有直接的推动作用，因本书的目的是构建可以促进新生代农民工城市融入的人力资本投资体系，技能对新生代农民工城市融入的影响不显著，故未探讨务工单位对新生代农民工的技能投资。

（二）务工单位的投资手段

务工单位主要从工作环境改善、培训、激励、学习氛围营造与指导四个角度提升新生代农民工的人力资本水平。首先，切实改善工作环境，提高新生代农民工的健康水平。在新生代农民工身体健康与心理健康的影响因素分析中，由务工单位健康服务提供和工作环境是否健康组成的务工单位投资变量，作为一个整体，显著提升了模型的解释力。一方面，务工单位应去除工作环境中的各种危险因素，或提供免受工作环境危害的劳动保护。例如，在建筑业，应定期检查各种设备的安全性，为所有员工提供质量过硬的安全帽和其他安全设备，并在安全设备上标注个体身体基本信息，如血型、身高、体重等。另一方面，提供、执行有利于新生代农民工健康的制度安排，该制度安排主要包括以下三方面的制度：第一，务工单位严格执行工伤保险制度，确保在新生代农民工发生工伤事故（包括职业病）时，能得到相关保障。第二，务工单位制定有利于健康的工作时间制度，确保新生代农民工获得充足的休息时间，使其身体机能得到恢复和维持，为新生代农民工参加继续教育和社交生活提供时间条件。第三，建立健全健康管理制度，如开展定期健康体检，根据体检结果，提供有针对性的健康服务；对高危岗位的任职员工提供定期健康评估服务。

其次，挖掘新生代农民工的培训需求，为新生代农民工提供持续的、内容丰富的指导和培训。虽然务工单位提供的能力指导培训对新生代农民工非认知能力产生了负向影响，但务工单位提供的能力指导培训是提高新生代农民工认知能力与总体人力资本水平的强有力因素，务工单位提供的能力指导培训是对新生代农民工总体人力资本水平产生最强影响的因素。务工单位应结合新生代农民工个体的人力资本发展需求与务工单位用工需求，在二者需求的匹配点中确定培训内容和培训目标，以此提高培训效果，减少新生代农民工的流失，提升培训有效性。同时，将岗前培训、岗中培训与转岗培训结合起来，为新生代农民工提供持续的指导与培训。培训和指导内容不仅限于动作技能，还包括心智技能、专业技术知识和情绪能力，尤其是后三者的培训，能显著增加新生代农民工的知识，提高其工作经验的质量，提升其能力水平，对新生代农民工的就业和城市融入产生深远影响。

再次，通过晋升、工龄工资等激发新生代农民工提升人力资本水平的动机。当务工单位为新生代农民工人力资本提升提供激励时，新生代农民工将更有可能采取提高人力资本的行为，同时提高工作效率和质量，实现新生代农民工与务工单位的双赢。具体而言，务工单位可在新生代农民工学历提升、技能种类增加或等级提升、由个体能力导致的绩效改善和提高时给予奖励，奖励形式包括物质奖励与晋升奖励，但应以晋升奖励为主。因为新生代农民工人力资本影响因素分析结果显示：晋升奖励对新生代农民工认知能力、人力资本总体水平具有显著正向影响，而物质奖励有利于提升新生代农民工的非认知能力。同时，为新生代农民工提供工龄工资，当新生代农民工在同一务工单位工作时间不断增加时，增加其基本工资，降低新生代农民工的流动性，提高个人与务工单位投资人力资本的积极性。

最后，营造学习氛围，提供学习指导。新生代农民工人力资本的提升，最终依靠个体的学习，但外力的推动将提高学习效率。新生代农民工工作生活的主要场所是务工单位，故务工单位对推动新生代农民工学习、提高新生代农民工学习能力具有直接的促进作用。新生代农民工占比较高的务工单位，可在人力资源部成立新生代农民工发展办公室，或依托务工单位工会，为新生代农民工提供读书会、技能比武等活动，吸纳新生代农民工深度参与；同时，可定期举办学习指导座谈会，设立学习互助会，开展学习经验交流会。

四　个体的投资指向与投资手段

（一）个体的人力资本投资指向

新生代农民工人力资本投资指向知识中的继续教育参与、健康、能力和经验。新生代农民工作为其人力资本的载体，从理论层面来看，其人力资本投资可指向人力资本的所有构成要素。新生代农民工在其人力资本提升中扮演接受者和行动者的角色，新生代农民工人力资本及其构成要素的影响因素回归结果表明：除正规教育外，继续教育参与、身体健康、心理健康、认知能力与非认知能力以及总体人力资本，均受到新生代农民工个体因素的影响。此外，因为经验采用外出年限测量，显然，其易受到年龄、身体健康等个体特征的影响。技能的获取同样依赖于个体的学习和练习。在新生代农民工城市融入进程推进中，因为知识、经验、健康和能力对城市融入影响显著，故新生代农民工个体人力资本投资指向知识、经验、健康和能力。

（二）个体的人力资本投资手段

个体主要从对人力资本的态度和采取人力资本投资行为两个方面投资个体人力资本。在态度方面，新生代农民工应认识到人力资本对自身城市融入和其他行为的重要影响，对人力资本持有积极的态度。

回归结果显示，新生代农民工认为人力资本越重要，其人力资本水平将越高，重视程度每提高一个等级，其人力资本将提高 1.058 个单位。根据态度 ABC 理论，态度是主体对客体的感觉（affect），根据感觉，据此形成相应的行为倾向（behavior tendency），产生相应的认知（cognition）或想法（迈尔斯，2009）。当新生代农民工感受到人力资本的重要时，将产生提升人力资本的行为倾向和想法，最终人力资本水平更有可能被提升。故新生代农民工对人力资本的态度对新生代农民工人力资本具有显著的正向影响。同时，从理论来看，新生代农民工在个体发展中，也应将自身人力资本提升放在重要位置和首要位置，优先投资人力资本，因为"人的能力和素质则是决定贫富的关键"（舒尔茨，2017:14）。尤其对人力资本存量低、社会地位不高的新生代农民工群体而言，人力资本的意义更加巨大。新生代农民工已经意识到人力资本的重要性，在被调查者中，对人力资本的重视度平均值为 4.23，17.2% 的被调查者认为人力资本非常重要，57.2% 的被调查者认为人力资本重要，即 74.4% 的被调查新生代农民工已认识到人力资本的重要性。

虽然大部分新生代农民工已经认识到人力资本的重要性，但通过对新生代农民工闲暇时间安排的分析可以看出，在人力资本投资行动上，新生代农民工还有待完善。在第一休闲方式中，看电视高居榜首，占比 58.5%，紧随其后的休闲方式是上网、打牌，其比重分别为 22.7% 与 9.3%，三者合计，高达 90.5%。与人力资本投资直接相关的读书报和健身，其占比非常低，依次为 2.2% 与 1%。

在人力资本投资行为方面，新生代农民工应做到以下四个方面：第一，坚持学习知识，包括业务知识和通用性知识。新生代农民工多从事制造业、服务业和建筑业方面的职业，虽然所处岗位层级不高，但学习相关业务知识，不仅可提高个体与组织的绩效，个体还可在持续的学习中增加知识储备，提高自身的认知能力。认知能力的提升，除依靠业务知识学习外，还可借助对通用性知识的学习，如阅读书报，提高读写能力和学习能力。

第二，坚持干中学。干中学理论自提出以来，沿着宏观与微观两条路径展开，在微观层面，干中学是指劳动者在长期的职业生涯过程中不断学习、发现并解决问题，总结经验，提升人力资本水平。对于已经进入劳动力市场，且受教育程度又较低的农民工而言，干中学是其获得人力资本的重要途径之一（吴炜，2016）。新生代农民工在工作中，要将工作经历最终转换为对工资、城市融入等有益的人力资本。首先，个体应仔细观察工作场景与工作行为，从中发现个体不足与他人优势。其次，反思个体不足，借鉴他人经验，制定提高个体生产效率与技能的计划。再次，将计划付诸实践。最后，根据行动结果，评估个人人力资本提高程度，制定下一轮的干中学提升计划。

第三，养成并保持良好的生活习惯。新生代农民工人力资本影响因素回归结果显示，新生代农民工个体的睡眠时间显著影响个体的身体健康、心理健康与总体人力资本，运动频率显著影响新生代农民工的总体人力资本。因此，新生代农民工应在睡眠、运动方面养成并保持良好的生活习惯。在睡眠方面，应保持充足的睡眠。在调查时，新生代农民工处于16–38岁，平均每天睡眠时间应在8小时左右。本调查显示，虽然新生代农民工平均每天睡眠时间为7.6小时，与8小时较为接近，但从分布来看，仍然存在一定程度的睡眠不足现象。在新生代农民工中，42.6%的新生代农民工睡眠时间低于8小时，睡眠时间为6小时与6小时以下的被调查者，占到全体被调查者的16.4%。维持充足的睡眠时间，一方面，需要适当减少过度加班现象；另一方面，个人应该适当减少休闲所占时间，如减少打牌与非学习的上网时间。在运动方面，新生代农民工每周应坚持一定频率的运动。在确定运动频率、运动场所、运动形式时，应综合考虑自身经济条件、身体条件与时间条件，选择适合自身的运动形式和运动场所。

第四，建立和维系良好的社会关系网络。新生代农民工总体人力资本影响因素结果显示，在个体变量中，知心朋友数量不仅影响显著，而且影响力度较大，能有效提升新生代农民工人力资本水平。在个体社会关系网络建立和维系中，新生代农民工可基于地缘、业缘和兴趣爱好等，拓宽个体的社交范围，增加互动频率与互动深度，增加知心朋友数量，与知心朋友在工作中互惠互利，在学习中与生活中互帮互助，提升彼此的人力资本存量。在务工单位内部，新生代农民工应积极加入务工单位工会。《中华人民共和国工会法》第七条规定："工会动员和组织职工积极参加经济建设，努力完成生产任务和工作任务。教育职工不断提高思想道德、技术业务和科学文化素质，建设有理想、有道德、有文化、有纪律的职工队伍。"由此可见，工会可有效提升新生代农民工的人力资本水平。本书的调查数据显示：有42.2%的被调查者所在单位没有工会，在所在单位有工会的被调查者中，只有50.5%的被调查者加入了所在单位工会。新生代农民工在与用人单位确定劳动关系后，应尽快加入用人单位所在工会，依靠工会，更快更好地提高个体人力资本。

第三节　新生代农民工人力资本投资的保障措施

为保障各个主体持续投资新生代农民工人力资本的行为，应从资金与绩效评价两个方面提供保障。资金保障分为收入与支出范围两个方面，用于确保各个主体当下与未来的人力资本投资行为得以顺利开展。绩效评价包括评价指标与评价标准、评价主体、评价周期、评价方法与评价结果运用，为未来各个主体的人力资本投资行为提供指导。

一　新生代农民工人力资本投资的资金投入与支出

新生代农民工人力资本投资，离不开资金注入。新生代农民工人力资本投资主体有四：政府、家庭、务工单位和个体。因此，新生代农民工人力资本投资的资金来源渠道亦是政府、家庭、务工单位和个体。

政府提供用于新生代农民工人力资本投资的资金主要源于税收，支出可分为三个部分：一部分直接以补贴的形式发放给新生代农民工，该补贴主要用于培训；一部分以减少个人所得税的形式，提高新生代农民工提升个体学历的动机，2019 年 1 月 1 日施行的《个人所得税专项附加扣除暂行办法》第三章规定：纳税人在中国境内接受学历（学位）继续教育的支出、纳税人接受技能人员职业资格继续教育、专业技术人员职业资格继续教育的支出均可在个人所得税的纳税基数中得到一定数量的扣除；其余部分主要以现金的形式或减免的形式发放给务工单位、学校或培训机构与卫生机构。对务工单位，通过评价务工单位新生代农民工人力资本投资的绩效，给予一定的税收优惠，或将新生代农民工培训资金部分注入务工单位，由务工单位为新生代农民工提供培训。对学校，因新生代农民工已经进入劳动力市场，政府对新生代农民工投资的资金主要注入到继续教育类学校或承担农民工培训的机构。对卫生机构，在投入卫生经费时，根据包含新生代农民工的常住人口计算经费总量。

家庭提供的资金主要源于家庭收支的结余，主要用于新生代农民工继续教育参与和健康维系。家庭为新生代农民工参与继续教育提供力所能及的资金支持，为新生代农民工健康维系提供资金，如健康的饮食与医疗保健支出。

务工单位主要为新生代农民工提供培训资金、奖励资金与活动基金。培训资金可以从务工单位职工教育经费中按照新生代农民工占据务工单位员工的比重计提。其他资金提取思路可借鉴薪酬管理中的收益分享计划，可从新生代农民工因人力资本水平增加而带来的收益增量中提取，用于新生代农民工的工龄工资、维持相关机构的运转与相关学习活动的经费开支。

个体应在自身收入中预留一部分资金作为人力资本投资保障金。

新生代农民工群体工资水平普遍不高，本书调查显示，每月工资或收入的中位数为 4000 元，扣除必要开支后，可支配收入水平不高。在收入有限的背景下，需要新生代农民工合理规划和合理消费，确保存有一定水平的资金，用于继续教育支出、医疗保健支出、书报消费支出和必要的社会交往支出。

二 新生代农民工人力资本投资的绩效评价

绩效评价一般包括评价指标与评价标准、评价主体、评价周期、评价方法与评价结果运用。因此，新生代农民工人力资本投资绩效评价亦包括上述内容。

新生代农民工人力资本投资的评价指标可根据本书设计的人力资本指标体系，结合人力资本对新生代农民工城市融入的回归分析结果进行设计。根据该设计规则，新生代农民工人力资本投资的绩效评价指标包括知识、经验、健康和能力四大维度，其中，健康包括身体健康与心理健康，能力包括认知能力与非认知能力。各个指标的权重可根据其对新生代农民工总体城市融入与不同维度城市融入影响显著的频数与所有频数之和确定。人力资本对新生代农民工城市融入影响结果显示：知识、经验、身体健康、心理健康、认知能力、非认知能力存在显著影响的频数分别为：3、3、2、4、5、1，知识与经验的权重为均为 16.67%，身体健康与心理健康的权重分别是 11.11%、22.22%，认知能力与非认知能力的比重依次是 27.77% 与 5.56%。

评价标准可根据各个人力资本构成要素的发展速度设置相应的绩效评价等级，如在一个评价周期中，增加 10%，视为优秀，或赋值 100 分，最后的评价结果可根据评价等级的频数确定，或根据赋值加权得出总分，并确定不同等级对应的分值区间，以确定最终等级。

评价主体可由统计行政机构执行。可借鉴农民工监测调查的组织实施，甚至评价的组织机构可与农民工监测调查合并，在被调查者中，选择一定的样本量，定期展开调查。或者政府委托专业的调查机构，定期展开调查。

评价周期可设置为 1–2 年。因为人力资本的提升是一个缓慢的过程，调查过于频繁，其变化不显著，不利于衡量投资绩效；调查周期如果过长，不利于及时发现新生代农民工人力投资中存在的问题，也不利于人力资本投资行为的改进。

评价方法可采用问卷测评法。即采用人力资本各个构成要素的测量指标组成的问卷，测量新生代农民工报告期的人力资本水平，并与基期的人力资本水平对比，通过各个维度的水平变化与总体人力资本水平的变化，判断新生代农民工投资的绩效高低。

评价结果主要运用在调整人力资本投资目标、改变人力资本投资行为与人力资本投资激励几个方面。根据新生代农民工人力资本各个维度的发展速度，结合劳动力市场的需求，确定新一轮新生代农民工人力资本投资的重点方向和优先方向。投资目标的改变，必将引发人力资本投资活动的变革，例如，如果投资优先方向从认知能力转向非认知能力，政府、家庭、务工单位与个体的投资活动均将发生变化。改变人力资本投资激励是指根据新生代农民工人力资本水平的发展速度，政府确定对务工单位税收减免幅度，提高幅度越大，减税幅度应越大；务工单位根据新生代农民工人力资本的发展，提供相应的激励。

最终构建的人力资本投资体系如图 9.1 所示。

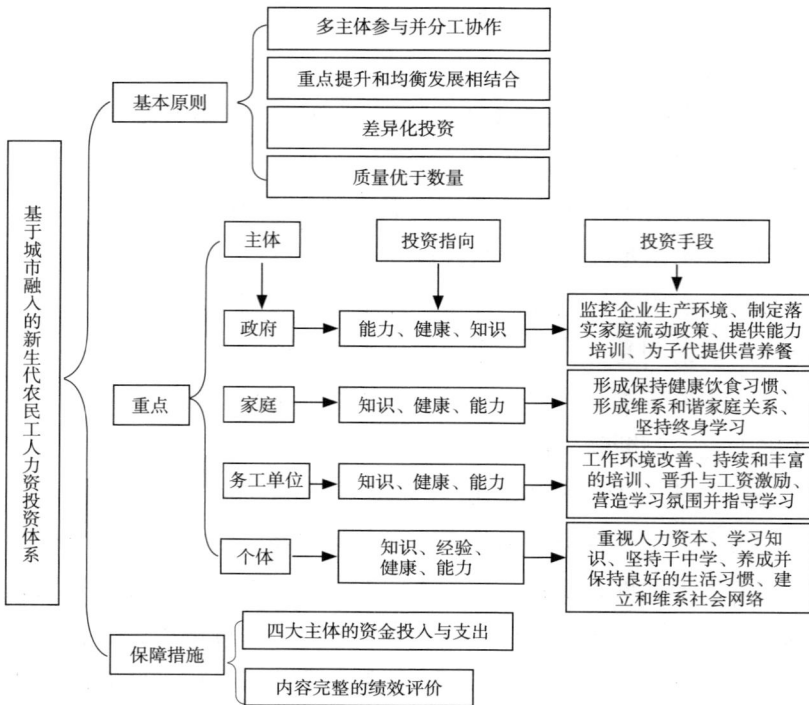

图 9.1　基于城市融入的新生代农民工人力资本投资体系

本章小结

基于城市融入的新生代农民工人力资本投资体系以新生代农民工人力资本水平、新生代农民工城市融入水平、人力资本对城市融入的影响分析以及人力资本的影响因素分析为依据，包括基本原则、四大投资主体的投资指向与投资手段、保障措施三个方面。基于城市融入的新生代农民工人力资本投资体系应坚持多主体参与并分工协作、重点提升和均衡发展相结合、差异化投资和质量优先于数量的原则。

政府投资主要指向能力、健康和知识，投资手段主要包括监控务工单位生产环境、制定并落实有助于家庭流动的政策、提供能力培训、为新生代农民工接受教育的子代提供营养餐。家庭投资主要指向知识、健康与能力，投资手段包括形成与保持健康的饮食习惯、形成和维系和谐的家庭关系和坚持终身学习。务工单位投资指向知识、健康和能力，主要途径是改善工作环境、培训、激励和学习氛围营造与学习指导。个体投资指向知识中的继续教育参与、经验、健康和能力，个体应重视人力资本的价值，采取坚持学习知识、坚持干中学、养成并保持良好生活习惯、建立和维系良好的社会网络提升个体人力资本水平。

四大主体各自的人力资本投资投入与支出以及完整的人力资本投资绩效评价可保障基于城市融入的新生代农民工人力资本投资体系持续运转。政府的新生代农民工人力资本投资资金来源源于税收，三大支出部分分别是给予新生代农民工、务工单位或培训学校的培训补贴、给予新生代农民工、务工单位的税收状态补贴、给予卫生机构的卫生经费补贴。家庭投资资金来源于家庭收支结余，用于新生代农民工继续教育与健康维系。务工单位的新生代农民工人力资本投资资金来源于单位职工教育经费和新生代农民工人力资本提升带来的收益增量，用于培训、奖励与学习指导等活动。个体的人力资本投资收入主要源于个体务工收入，用于继续教育支出、医疗保健支出、书报消费支出和必要的社会交往支出。新生代农民工人力资本投资的绩效评价指标包括知识、经验、身体健康与心理健康、认知能力与非认知能力，相应权重依次为 16.67%、16.67%、11.11%、22.22%、27.77%与 5.56%。绩效评价主体可选择统计行政机构，评价周期为 1–2 年，采用问卷测评方法，评价结果应用包括新生代农民工人力资本投资目标调整、改变人力资本投资行为与人力资本投资激励。

第十章　研究结论与研究展望

第一节　研究结论

一　新生代农民工人力资本处于中低水平且存在性别、年龄和区域差异

新生代农民工总体人力资本处于低水平。分维度来看，知识与健康处于中等水平，技能、经验与能力处于低水平；在健康中，身体健康与心理健康均处于中等水平；在能力中，认知能力处于低水平，非认知能力处于中等水平。

男性的技能、经验高于女性，女性的认知能力和能力高于男性。经验随年龄的增长而不断增加；20岁及以下的新生代农民工的总体人力资本水平显著低于其他群体，非认知能力低于21-30岁的新生代农民工，31岁及以上的新生代农民工，其知识、身体健康、健康、认知能力与能力均低于21-30岁的新生代农民工。从流出地来看，西部新生代农民工的知识、身体健康、心理健康、健康、认知能力、能力与总体人力资本显著低于东部与中部；与东北地区相比，西部新生代农民工的认知能力、能力和总体人力资本处于更低水平；东部、中部的身体健康、心理健康和健康均高于东北地区，但东北地区新生代农民工的认知能力、能力显著高于东部新生代农民工和中部新生代农民工。

二　新生代农民工城市融入程度处于中低水平且存在性别、年龄、区域与人力资本差异

新生代农民工总体城市融入处于中等水平。分维度来看，就业融入与居住融入处于中等水平，公共服务融入与政治权利融入处于低水平。

男性的就业融入、政治权利融入与总体城市融入水平均高于女性。20岁及以下群体的总体城市融入、居住融入、公共服务融入显著低于其他群体，21–30岁年龄段的新生代农民工，其政治权利融入、居住融入低于31岁及以上群体。在流入地差异方面，东部新生代农民工的居住融入水平显著低于西部新生代农民工；东部、中部、西部的公共服务融入水平均显著低于东北地区。在人力资本方面，就业融入、居住融入、公共服务融入、政治权利融入和总体城市融入在不同人力资本水平之间差异显著，且人力资本水平越高，居住、公共服务与政治权利的城市融入水平也越高。不管是新生代农民工人力资本的异质性分析，还是新生代农民工城市融入的异质性分析，关于东北区域的结论需要谨慎对待，因为不管是来自东北部的新生代农民工样本，还是流入东北部的新生代农民工样本，数量均较少。

三　新生代农民工城市融入受到总体人力资本、传统人力资本与能力的显著影响

总体人力资本对新生代农民工总体城市融入与不同维度的城市融入，均存在显著的正向影响。由知识、技能、经验、身体健康与心理健康构成的传统人力资本，作为一个整体，对新生代农民工总体城市融入和不同维度的城市融入产生显著影响。由认知能力与非认知能力组成的能力，作为一个整体，对新生代农民工总体城市融入和不同维度的城市融入产生显著影响。在传统人力资本的基础上，加入能力

后，人力资本对新生代农民工城市融入的阐释力得以提高。

四 不同人力资本构成要素影响的新生代农民工城市融入维度不同，仅认知能力均显著

知识对新生代农民工总体城市融入、公共服务融入与政治权利融入均存在显著正向影响。经验对总体城市融入、居住融入和政治权利融入的影响显著且为正向。身体健康对总体城市融入、就业融入存在显著正向影响。心理健康对总体城市融入、就业融入、居住融入和政治权利融入存在显著正向影响。认知能力对总体城市融入与每一个维度的城市融入均存在显著正向影响。非认知能力仅对就业融入产生显著正向影响。

在人力资本构成要素中，有且仅有认知能力对总体城市融入、就业融入、居住融入、公共服务融入和政治权利融入影响显著，且认知能力是影响总体城市融入、就业融入和政治权利融入最强有力的人力资本要素。

五 新生代农民工人力资本受到外部因素与内部因素的共同影响

外部因素是指政府、家庭、务工单位与个体中的非人力资本因素，内部因素是指个体中的人力资本要素。

对新生代农民工正规教育影响显著的指标来自政府提供营养餐与家庭的文化资本、社会资本。继续教育参与主要受到家庭文化资本与个体变量中认知能力与非认知能力的影响。对身体健康影响显著的因素均来自个体因素，它们是睡眠时间、对身体健康的态度、心理健康、认知能力与非认知能力。对心理健康影响显著的因素来自家庭变量与个体变量，其中，家庭变量是家庭关系，个体变量包括睡眠时间、身体健康、非认知能力。认知能力受到政府、家庭、务工单位与

个体的共同影响，其中，政府因素是政府为新生代农民工在义务教育阶段提供营养餐；家庭因素包括父亲受教育程度；务工单位因素包括提供能力指导培训和为能力提升提供晋升奖励；个体因素包括知识、身体健康与非认知能力。对新生代农民工非认知能力影响显著的因素来自务工单位与个体其中，务工单位因素包括提供能力指导培训、能力提升后的物质奖励和晋升奖励；个体因素包含态度以及人力资本中的身体健康、心理健康与认知能力。显著影响总体人力资本的因素包括来自家庭的父亲受教育程度、同辈数量和家庭饮食，来自务工单位的能力培训指导、晋升奖励，来自个体的运动频率、睡眠时间、工作时间、知心朋友数量和对人力资本的态度。

六　新生代农民工人力资本提升以认知能力为重点

在人力资本构成要素中，认知能力与总体城市融入和不同城市融入均显著相关，从二级指标来看，认知能力与总体城市融入的相关系数、认知能力与就业融入的相关系数、认知能力与政治权利融入的相关系数均是相应相关分析中的最高值。同时，在所有人力资本构成要素中，有且仅有认知能力对总体城市融入和所有不同维度的城市融入影响显著，且认知能力对总体城市融入、就业融入与政治权利融入的影响力度在影响显著的因素中，均处于最高水平。新生代农民工人力资本水平分析显示：新生代农民工认知能力处于低水平。因此，认知能力应成为人力资本提升的重点。

七　政府、家庭、务工单位和个体共同投资新生代农民工人力资本

显著影响新生代农民工城市融入的总体人力资本、人力资本构成要素，受到来自政府、家庭、务工单位与个体所含指标的显著影响，为促进新生代农民工城市融入水平，四大主体应共同投资新生代农民

工的人力资本。

政府扮演保障者角色，在新手农民工人力资本投资中，投资手段包括监控务工单位生产环境、制定并落实有助于家庭流动的政策、提供能力培训、为仍然接受教育的新生代农民工子代提供影响餐，指向能力、健康和知识。家庭扮演助力者角色，通过形成与保持健康的饮食习惯、形成和维系和谐的家庭关系和家庭成员坚持终身学习投资新生代农民工的知识、健康与能力。务工单位扮演直接指导者和激励者的角色，通过改善工作环境、培训、激励和学习氛围营造与学习指导关注新生代农民工的知识、健康和能力。个体扮演接受者和行动者角色，通过重视人力资本的价值、坚持学习知识、坚持干中学、养成并保持良好生活习惯、建立和维系良好的社会网络提升个体的知识、经验、健康和能力。

第二节　研究展望

根据本书的研究过程与研究结论，在未来的新生代农民工人力资本与城市融入研究中，还应对以下问题展开后续研究。

一　在新生代农民工相关研究中继续引入新人力资本理论

不管是在新生代农民工人力资本研究中，还是在人力资本对新生代农民工行为的研究中，均引入新人力资本理论。新生代农民工城市融入与人力资本的相关研究、人力资本对城市融入的影响研究均显示，能力与总体城市融入和不同维度的城市融入均显著相关；在传统人力资本的基础上，纳入认知能力与非认知能力，人力资本对城市融入的阐释力均得到显著增长；在人力资本构成要素中，有且仅有认知能力对新生代农民工总体城市融入与不同维度城市融入均存在显著影响。因此，在新生代农民工人力资本及其相关研究中，均应以新人力资本理论为指导，重视认知能力与非认知能力的效应，尤其应重视认知能力的效应。

二　完善新生代农民工技能和非认知能力测量

本书在新人力资本理论的指导下，确定新生代农民工人力资本的维度，根据现有文献对各个维度展开测量，构建新生代农民工人力资本的测量指标体系。但数据分析显示：技能未对城市融入及其不同维度产生显著影响，非认知能力因子分析后因子数量、因子含义与预期不一致，且仅对就业融入产生显著影响。可能原因是本书对技能与非认知能力的测量不够完善。

在后续研究中，可采用所获技能证书数量与技能证书等级指标，测量新生代农民工技能的数量与质量。对非认知能力的测量，可借鉴王登峰、崔红（2004）编制的中国人人格量表（Qingnian Zhongguo Personality Scale ,QZPS）之短式量表（QZPS-SF）。因为本书采用的《中文形容词大五人格量表（简式版）》更多在受教育程度更高的大学生中施测，当该量表用于受教育程度水平较低的新生代农民工群体时，与预期比较，出现较大偏差。而 QZPS-SF 则有在受教育程度相对较低的工人、农民中施测的经历；同时，本书非认知能力的因子分析结果显示，其因子数量与因子含义与 QZPS 二阶因素分析结果更为接近。在新生代农民工非认知能力调查中使用该量表时，可在较大规模的试调查基础上进行条目的删减，将删减后的量表用于正式调查。

三　深入分析新生代农民工人力资本不同要素的相互影响机制

本书研究显示：新生代农民工人力资本构成要素存在相互影响，尤其是知识与认知能力、心理健康与非认知能力之间，互为影响对方力度最大的因素。因为采用横截面数据，本书对不同要素之间相互影响的作用机制并未探讨。

在后续研究中，应在新人力资本理论的指导下，借助新生代农民工人力资本纵向调查数据，探讨在人力资本不同构成要素之间，是否存在中介变量和调节变量，同时纳入中介变量和调节变量时，是调节中介还是中介调节等问题。

四　探究新生代农民工人力资本纵向作用的机制

新人力资本理论认为：人力资本存在纵向性，即自我补充性与动态补充性，前期人力资本影响后期人力资本。本书的数据为截面数据，未能对人力资本的纵向性进行探究。

在未来研究中，可通过追踪调查的方式，比较新生代农民工不同时期的人力资本状况，并分析前期人力资本状况对后期人力资本状况的影响，探讨新生代农民工人力资本纵向作用的机制。

五　展开新生代农民工人力资本追踪调查

不管是探讨新生代农民工人力资本不同要素之间的相互作用机制，还是探究新生代农民工人力资本纵向作用机制，抑或是进行新生代农民工人力资本投资的绩效评估，均需要借助纵向调查数据。因此，在后续的相关研究中，可继续展开新生代农民工人力资本纵向调查。

六　分析新生代农民工子女早期发展的家庭教育与社会支持

本书研究显示：新生代农民工早期面临的环境如政府学业支持、家庭关系、家庭饮食等对新生代农民工当前的人力资本水平仍然存在影响。新人力资本理论亦认为：人力资本投资越早，人力资本投资收

益率越高。因此，对新生代农民工人力资本的研究，可重点关注 0–6
岁的新生代农民工子女。因家庭投资、政府投资对新生代农民工人力
资本存在影响，当研究新生代农民工子女早期发展时，可从家庭教育
入手，探讨家庭教育对新生代农民工子女早期发展的影响，结合社会
支持对家庭教育的影响，探寻促进新生代农民工子女早期发展的家庭
教育支持体系。

参考文献

一　中文文献

（一）著作

[奥] 阿尔弗雷德·阿德勒:《自卑与超越》, 闫寇男、熊戈尔译, 人民邮电出版社 2016 年版。

[美] 艾尔·巴比:《社会研究方法》, 邱泽奇译, 华夏出版社 2012 年版。

[美] 艾伦·B.克鲁格:《收入不平等——一本万利的事情》, 载 [美] 詹姆斯·J.赫克曼、艾伦·B.克鲁格《美国的不平等　人力资本政策的角色》, 奚秀岩译, 中国人民大学出版社 2020 年版。

[美] 戴维·迈尔斯:《社会心理学》, 侯玉波、乐国安、张智勇等译, 人民邮电出版社 2009 年第 8 版。

戴晓阳主编:《常用心理评估量表手册》, 人民军医出版社 2015 年版。

风笑天:《现代社会调查方法》, 华中科技大学出版社 2016 年版。

郭龙、付泳:《人力资本理论问题研究》, 电子科技大学出版社 2014 年版。

[美] 加里·贝克尔、凯文·墨菲、罗伯特·田村所:《人力资本、生育率和经济增长》, 载 [美] 加里·贝克尔《人力资本》, 陈耿宣等译, 机械工业出版社 2016 年版。

兰迪·拉森、戴维·巴斯:《人格特质》, 郭永玉、陈继文译, 人民邮电出版社 2012 年版。

兰迪·拉森、戴维·巴斯:《人格心理学——人性的科学探索》, 郭永玉等译，人民邮电出版社 2017 年版。

[美] 理查德·P. 鲁尼恩、凯·A. 科尔曼、戴维·J. 皮腾杰:《行为统计学基础》，王星译，中国人民大学出版社 2007 年版。

李晓曼、涂文嘉:《新人力资本：测量、形成与作用》，经济管理出版社 2020 年版。

刘传江、程建林、董延芳:《中国第二代农民工研究》，山东人民出版社 2009 年版。

罗胜强、姜嬿:《管理学问卷调查研究方法》，重庆大学出版社 2015 年版。

[美] 佩德罗·卡内罗、詹姆斯·J. 赫克曼:《人力资本政策》，载 [美] 詹姆斯·J. 赫克曼、艾伦·B. 克鲁格《美国的不平等 人力资本政策的角色》，奚秀岩译，中国人民大学出版社 2020 年版。

彭聘龄主编:《普通心理学》，北京师范大学出版社 2020 年版。

沈水生:《中国农民工市民化问题研究》，中国社会保障出版社 2016 年版。

谭跃进主编:《定量分析方法》，中国人民大学出版社 2018 年版。

王得劲:《人力资本的代际传递问题研究：以教育人力资本为例》，西南财经大学出版社 2020 年版。

王亚南:《资产阶级古典政治经济学选辑》，商务印书馆 1979 年版。

吴明隆:《问卷统计分析实务——SPSS 操作与应用》，重庆大学出版社 2010 年版。

[美] 西奥多·W. 舒尔茨:《对人进行投资——人口质量经济学》，吴珠华译，商务印书馆 2017 年版。

[美] 西奥多·W. 舒尔茨:《论人力资本投资》，吴珠华等译，北京经济学院出版社 1990 年版。

[美] 西奥多·W. 舒尔茨:《改造传统农业》，梁小民译，商务印书馆 2016 年版。

张发明主编:《综合评价基础方法及应用》，科学出版社 2018 年版。

张凤林:《人力资本理论及其应用研究》，商务印书馆 2011 年版。

张笑秋:《新生代农民工流动行为研究——以湖南省为例》,厦门大学出版社 2016 年版。

郑日昌、孙大强主编:《实用心理测验》,开明出版社 2012 年版。

（二）期刊论文

曹欢:《成人智力研究及测量的局限》,《社会心理科学》2002 年第 4 期。

陈俊峰、杨轩:《农民工融入城镇能力测评指标体系研究》,《城市问题》2012 年第 8 期。

陈文彬、佟雪峰:《双性化教育视角下学生学业成绩性别失衡的对策》,《教育与考试》2018 年第 5 期。

陈延秋、金晓彤:《新生代农民工市民化意愿影响因素的实证研究——基于人力资本、社会资本和心理资本的考察》,《西北人口》2014 年第 4 期。

程菲、李树苗、悦中山:《文化适应对新老农民工心理健康的影响》,《城市问题》2015 年第 6 期。

程虹、李唐:《人格特征对于劳动力工资的影响效应——基于中国企业—员工匹配调查（CEES）的实证研究》,《经济研究》2017 年第 2 期。

程名望、Jin Yanhong、盖庆恩、史清华:《农村减贫：应该关注教育还是健康？——基于收入增长和差距缩小双重视角的实证》,《经济研究》2014 第 11 期。

崔红、王登峰:《中国人的事物指向、他人指向和自我指向特点》,《北京大学学报》（哲学社会科学版）2002 年第 4 期。

崔红、王登峰:《中国人人格结构的确认与形容词评定结果》,《心理与行为研究》2003 年第 2 期。

崔宇杰、张云婷等:《我国儿童早期发展工作现状分析及策略建议》,《华东师范大学学报》（教育科学版）2019 年第 3 期。

党佳娜、魏凤:《欠发达地区返乡农民工创业能力评价及比较——基于陕西省、四川省的问卷调查》,《广东农业科学》2012 年第 6 期。

董金秋、孟祥林:《新生代农民工市民化水平及影响因素分析——基于河北 691 个新生代农民工的调查》,《甘肃行政学院学报》2010 年第 4 期。

董新稳、李兴洲:《企业视角下新生代农民工培训的应然、困境与路径》,《教育与职业》2021 年第 8 期。

方杰、温忠麟等:《基于多元回归的调节效应分析》,《心理科学》2015 年第 3 期。

冯俏彬:《农民工市民化的成本估算、分摊与筹措》,《经济研究参考》2014 年第 8 期。

葛莹玉、李春平:《基于潜变量的新生代农民工人力资本测度研究》,《统计与信息论坛》2016 年第 10 期。

何珺子、王小军:《认知能力和非认知能力的教育回报率——基于国际成人能力测评项目的实证研究》,《经济与管理研究》2017 第 5 期。

何思颖、何光全:《终身教育百年:从终身教育到终身学习》,《现代远程教育研究》2019 年第 1 期。

何一鸣、罗必良、高少慧:《农业转移人口的市民化——基于制度供给视角的实证分析》,《经济评论》2014 年第 5 期。

侯海波、吴要武、宋映泉:《低龄寄宿与农村小学生人力资本积累——来自"撤点并校"的证据》,《中国农村经济》2018 年第 7 期。

胡军生、王登峰:《人格特质和社会支持与心理健康的关系模型》,《中国临床心理学杂志》2006 年第 4 期。

黄国英、谢宇:《认知能力与非认知能力对青年劳动收入回报的影响》,《中国青年研究》2017 年第 2 期。

焦开山:《健康不平等影响因素研究》,《社会学研究》2014 年第 5 期。

乐君杰、胡博文:《非认知能力对劳动者工资收入的影响》,《中国人口科学》2017 年第 4 期。

李德明、陈天勇等:《认知能力的毕生发展及其分离性和个体差异性研究》,《心理科学》2004 第 6 期。

李海峥、李波等:《中国人力资本的度量:方法、结果及应用》,《中央财经大学学报》2014年第5期。

黎红艳、徐建平等:《大五人格问卷（BFI-44）信度元分析——基于信度概化方法》,《心理科学进展》2015第5期。

李练军:《中小城镇新生代农民工市民化意愿影响因素研究——基于江西省1056位农民工的调查》,《调研世界》2015年第3期。

李练军:《新生代农民工融入中小城镇的市民化能力研究——基于人力资本、社会资本与制度因素的考察》,《农业经济问题》2015年第9期。

李培林、李炜:《近年来农民工的经济状况和社会态度》,《中国社会科学》2010年第1期。

李强、梁栋、徐玮:《农民工的一般自我概念和人际健康素质及其对心理健康的预测作用》,《中国临床心理学杂志》2017年第2期。

李荣彬、袁城等:《新生代农民工市民化水平的现状及影响因素分析——基于我国106个城市调查数据的实证研究》,《青年研究》2013年第1期。

李晓曼、曾湘泉:《新人力资本理论——基于能力的人力资本理论研究动态》《经济学动态》2012年第11期。

李晓曼、于佳欣等:《生命周期视角下新人力资本理论的最新进展:测量、形成及作用》,《劳动经济研究》2019年第6期。

李艺敏、李永鑫:《12题项一般健康问卷（GHQ-12）结构的多样本分析》,《心理学探新》2015年第4期。

梁波、王海英:《城市融入:外来农民工的市民化——对已有研究的综述》,《人口与发展》2010年第4期。

梁宇亮、胡浩、江光辉:《性格决定命运:非认知能力对农民工就业质量影响及机制研究》,《西北人口》2021年第2期。

刘传江、程建林:《我国农民工的代际差异与市民化》,《经济纵横》2007年第4期。

刘传江、程建林:《第二代农民工市民化:现状分析与进程测度》,《人口研究》2008年第5期。

刘传江:《当代中国农民发展及其面临的问题（二）农民工生存状态的边缘化与市民化》,《人口与计划生育》2004 年第 11 期。

刘杰、张红艳、陈政:《新生代农民工市民化程度的测度及其影响因素——基于人力资本与社会资本耦合的视角》,《长沙大学学报》2018 年第 4 期。

刘林平、王苗:《新生代农民工的特征及其形成机制——80 后农民工与 80 前农民工之比较》,《中山大学学报》（社会科学版）2013 年第 5 期。

刘小年:《农民工市民化的影响因素：文献述评、理论建构与政策建议》,《农业经济问题》2017 年第 1 期。

刘杨、陈舒洁、林丹华:《歧视与新生代农民工心理健康：家庭环境的调节作用》,《中国临床心理学杂志》2013 年第 5 期。

刘中一:《聚焦农村欠发达地区项目引领促进儿童早期发展》,《人口与健康》2021 年第 9 期。

卢冲、伍蔓霖:《收入差距、社会支持与新生代农民工心理健康》,《人口与发展》2019 年第 4 期。

陆舜华:《对心理健康与身体健康关系的研究》,《内蒙古农业大学学报》（社会科学版）2004 年第 4 期。

罗恩立:《就业能力对农民工城市居留意愿的影响——以上海市为例》,《城市问题》2012 年第 7 期。

罗建利、郑阳阳:《农民专业合作社自主创新能力影响因素分析——一个多案例研究》,《农林经济管理学报》2015 年第 3 期。

罗杰、戴晓阳:《"大五"人格测验在我国使用情况的元分析》,《中国临床心理学杂志》2011 年第 6 期。

罗杰、戴晓阳:《中文形容词大五人格量表的初步编制Ⅰ：理论框架与测验信度》,《中国临床心理学杂志》2015 年第 3 期。

罗小锋、段成荣:《新生代农民工愿意留在打工城市吗？——家庭、户籍与人力资本的作用》,《农业经济问题》2013 年第 9 期。

穆桂斌、沈翔鹰:《农民工生存质量、满意度与心理健康状况调查——

以河北省为例》,《调研世界》2013 年第 4 期。

倪鹏飞:《新型城镇化的基本模式、具体路径与推进对策》,《江海学刊》
2013 年第 1 期。

欧阳忠明、徐卓玥等:《终身学习何以贯穿生命历程? ——经合组织
〈2021 年度技能展望:终身学习〉之思考》,《远程教育杂志》2022
年第 2 期。

彭国甫、李树丞、盛明科:《应用层次分析法确定政府绩效评估指标权
重研究》,《中国软科学》2004 年第 6 期。

钱雪亚、胡琼、宋文娟:《农民工享有的城市基本公共服务水平研究》,
《调研世界》2021 年第 5 期。

邱东:《最大隶属原则的有效度与加权平均原则的运用——模糊统计评
判中判评原则的比较分析》,《统计研究》1989 年第 2 期。

任娟娟:《新生代农民工市民化水平及影响因素研究——以西安市为
例》,《兰州学刊》2012 年第 3 期。

单茂洪:《正确使用 SCL-90、16PF 量表测查心理健康水平》,《中国心
理卫生杂志》1998 年第 2 期。

单卓然、黄亚平:《"新型城镇化"概念内涵、目标、规划策略及认知误
区解析》,《城市规划学刊》2013 年第 2 期。

尚越、石智雷:《城乡迁移与农民工心理健康——基于中国劳动力动态
调查数据的分析》,《西北人口》2020 年第 4 期。

盛卫燕、胡秋阳:《认知能力、非认知能力与技能溢价——基于
CFPS2010-2016 年微观数据的实证研究》,《上海经济研究》2019
年第 4 期。

苏静静、张大庆:《世界卫生组织健康定义的历史源流探究》,《中国科
技史杂志》2016 年第 4 期。

苏丽锋:《中国流动人口市民化水平测算及影响因素研究》,《中国人口
科学》2017 年第 2 期。

孙博文、李雪松、伍新木:《社会资本的健康促进效应研究》,《中国人
口科学》2016 年第 6 期。

唐永霞、罗卫国:《外出务工对贫困地区农村已婚妇女家庭地位影响探究——以甘肃省定西市通渭县为例》,《南京航空航天大学学报》(社会科学版)2015 年第 3 期。

唐永霞:《改革开放 40 年中国农村已婚女性家庭地位的变化——基于中国妇女社会地位抽样调查数据的分析》,《甘肃高师学报》2020 年第 3 期。

田蕾、郑敏等:《不同人格特质与躯体健康状况相关性探索》,《辽宁中医药大学学报》2018 年第 7 期。

王春超、张承莎:《非认知能力与工资性收入》,《世界经济》2019 年第 3 期。

王春光:《新生代农村流动人口的社会认同与城乡融合的关系》,《社会学研究》2001 年第 3 期。

王德、叶晖:《1990 年以后的中国人口迁移研究综述》,《人口学刊》2004 年第 1 期。

王登峰、崔红:《中国人的人格特点与中国人人格量表(QZPS 与 QZPS - SF)的常模》,《心理学探新》2004 年第 4 期。

王登峰、崔红:《中西方人格结构差异的理论与实证分析——以中国人人格量表(QZPS)和西方五因素人格量表(NEOPI-R)为例》,《心理学报》2008 年第 3 期。

王桂新、沈建法、刘建波:《中国城市农民工市民化研究——以上海为例》,《人口与发展》2008 年第 1 期。

王洪亮、邹凯、孙文华:《中国居民健康不平等的实证分析》,《西北人口》2017 年第 1 期。

王孟成、戴晓阳、姚树桥:《中国大五人格问卷的初步编制 I:理论框架与信度分析》,《中国临床心理学杂志》2010 年第 5 期。

汪娜、李强、徐晟:《农民工信任对心理健康的影响:领悟社会支持的中介作用及性别差异》,《中国临床心理学杂志》2017 年第 3 期。

王素、浦小松:《异质性、教育发展与国家创新能力——基于面板分位数模型的研究》,《教育研究》2015 年第 6 期。

王孝莹、王目文:《新生代农民工市民化的微观影响因素及其结构——基于人力资本因素的中介效应分析》,《人口与经济》2020 年第 1 期。

魏后凯、苏红键:《中国农业转移人口市民化进程研究》,《中国人口科学》2013 年第 5 期。

吴培新:《经济增长理论的突破性进展(下)——评卢卡斯〈论经济发展的机制〉》,《外国经济与管理》1995 年第 5 期。

吴炜:《干中学:农民工人力资本获得路径及其对收入的影响》,《农业经济问题》2016 年第 9 期。

习近平:《谋求持久发展 共筑亚太梦想——在亚太经合组织工商领导人峰会开幕式上的演讲》,《人民日报》2014 年 11 月 10 日第 2 版。

徐建玲:《农民工市民化进程度量:理论探讨与实证分析》,《农业经济问题》2008 年第 9 期。

徐玮、董婷婷:《农民工"可行能力"的贫困》,《中国矿业大学学报》(社会科学版)2009 年第 1 期。

杨桂宏、熊熠:《户籍制度与农民工就业歧视的实证分析》,《中国农业大学学报》(社会科学版)2014 年第 3 期。

杨国枢、彭迈克:《中国人描述性格所采用的基本向度》,转引自王登峰《人格特质研究的大五因素分类》,《心理学动态》1994 年第 1 期。

杨亮:《2014 年中央 1600 亿元投向义务教育均衡发展》,《光明日报》2015 年 2 月 10 日第 8 版。

杨廷忠、黄丽、吴贞一:《中文健康问卷在中国大陆人群心理障碍筛选的适宜性研究》,《中华流行病学杂志》2003 年第 9 期。

杨昕:《影响农民工享有公共服务的若干非制度性因素分析》,《社会科学》2008 年第 10 期。

杨政怡、杨进:《社会资本与新生代农民工就业质量研究——基于人情资源和信息资源的视角》,《青年研究》2021 年第 2 期。

尹奎、王文娟、张凯丽:《新生代农民工培训问题研究——基于个体企业的微观视角》,《中国人力资源开发》2014 年第 19 期。

俞国良、张亚利:《大中小幼心理健康教育一体化:人格的视角》,《教育研究》2020 年第 6 期。

袁小平、王娜:《农民工培训政策研究述评——社会政策的视角》,《成人教育》2018 年第 11 期。

张斐:《新生代农民工市民化现状及影响因素分析》,《人口研究》2011 第 6 期。

张红梅、李善同、许召元:《改革开放以来我国区域差距的演变》,《改革》2019 年第 4 期。

张洪霞:《新生代农民工市民化的影响因素研究——基于全国 797 位农民工的实证调查》,《调研世界》2014 年第 1 期。

张丽艳、陈余婷:《新生代农民工市民化意愿的影响因素分析——基于广东省三市的调查》,《西北人口》2012 年第 4 期。

张苏、曾庆宝:《教育的人力资本代际传递效应述评》,《经济学动态》2011 年第 8 期。

张笑秋:《农民工流动动机及其代际比较分析——基于湖南省的调查数据》,《湖湘论坛》2016 年第 3 期。

张笑秋:《新常态下农民工市民化的挑战及其应对》,《湖南科技大学学报》(社会科学版)2016 年第 3 期。

张笑秋:《农民工能力的类型、测量、影响因素与提升路径:——基于文献研究的视角》,《求索》2016 年第 5 期。

张笑秋:《农民工市民化解释视角的代际变迁:从制度到人力资本》,《贵州大学学报》(社会科学版)2017 年第 2 期。

张笑秋:《新生代农民工人力资本与市民化研究——以新人力资本理论为视角》,《学海》2022 年第 4 期。

张永丽、黄祖辉:《中国农村劳动力流动研究述评》,《中国农村观察》2008 年第 1 期。

张占斌:《新型城镇化的战略意义和改革难题》,《国家行政学院学报》2013 年第 1 期。

张展新:《社会保险均等化:农民工平等参保、城乡制度整合与持有居住证人口社保覆盖》,《福祉研究》2021 第 00 期。

赵华杰:《良好睡眠身体机能最优的基础》,《江苏卫生保健》2019 年第 4 期。

赵建国、周德水:《教育人力资本、互联网使用与新生代农民工职业选择》,《农业经济问题》2019 年第 6 期。

赵忠:《我国农村人口的健康状况及影响因素》,《管理世界》2006 年第 3 期。

郑加梅、卿石松:《非认知技能、心理特征与性别工资差距》,《经济学动态》2016 年第 7 期。

郑京平:《中国经济的新常态及应对建议》,《中国发展观察》2014 年第 11 期。

周春芳、苏群、王翌秋:《农户分化背景下农村家庭子女教育投资的异质性研究——兼论影子教育对教育结果均等化的影响》,《教育与经济》2017 年第 2 期。

周金燕:《人力资本内涵的扩展:非认知能力的经济价值和投资》,《北京大学教育评论》2015 年第 1 期。

周密、张广胜、黄利:《新生代农民工市民化程度的测度》,《农业技术经济》2012 年第 1 期。

周绍森、胡德龙:《保罗·罗默的新增长理论及其在分析中国经济增长因素中的应用》,《南昌大学学报》(人文社会科学版)2019 年第 4 期。

周小刚、李丽清:《新生代农民工社会心理健康的影响因素与干预策略》,《社会科学辑刊》2013 年第 2 期。

周小刚:《劳动力市场分割、培训机会获取与新生代农民工培训收益率差异》,《晋阳学刊》2014 年第 5 期。

朱志胜:《非认知能力与农民工城市创业回报——事实与机制》,《人口与经济》2021 年第 3 期。

庄赟、黄怡潇:《基于泰尔指数的中国大陆区域经济差异变动》,《集美大学学报》(哲学社会科学版)2019 年第 1 期。

（三）其他中文文献

林伊人:《国家发改委：2020 年发放 1 亿多张居住证 超 1 亿农业转移人口在城镇落户》，2021 年 1 月 19 日，http://news.china.com.cn/txt/2021-01/19/content_77130665.htm，2022 年 2 月 2 日。

乔晓春:《应用线性回归分析》，2014 年"社会科学研究方法暑期班"课程讲义。

熊丰:《"十三五"期间，我国户籍制度改革顺利、成效显著》，2020 年 10 月 7 日，http://www.mzyfz.com/html/1332/2020-10-07/content-1441425.html，2022 年 2 月 2 日。

新华网:《25 省出台居住证实施办法 你能享受哪些福利?》，2017 年 2 月 23 日，http://www.xinhuanet.com//fortune/2017-02/23/c_129493610.htm，2017 年 3 月 7 日。

章珂:《中国社科院解析"社会新常态"：面临六大阶段性转折》，2014 年 12 月 25 日，http://news.sohu.com/20141225/n407260126.shtml，2015 年 4 月 13 日。

二 英文文献

Kate L., Antonovics and Arthur S. Goldberger, "Does Increasing Women's Schooling Raise the Schooling of the Next Generation Comment" *American Economic Review*, Vol.95, No.5, December 2005.

Lex Borghans,Angela Lee Duckworth, James J.Heckman, Bas ter Weel, "The Economics and Psychology of Personality Traits" *The Journal of Human Resources*, Vol.43, No.4, Fall 2008.

Brent W. Roberts ,"Back to the Future: Personality and Assessment and Personality Development", *Journal of Research in Personality*, Vol.43, No.2, April 2009.

Marcus Credé , Peter Harms , Sarah Niehorster, Andrea Gaye-Valentine, "An Evaluation of the Consequences of Using Short Measures of the Big

Five Personality Traits", *Journal of Personality and Social Psychology*, Vol.102, No.4, April 2012.

Daniela Del Boca, Christopher Flinn , Matthew Wiswall, "Household Choices and Child Development", *Review of Economic Studies*, Vol.81, No 1, January 2014.

Eric A. Hanushek, "Developing a Skill-based Agenda for 'New Human Capital'Research", August 2011,https://papers.ssrn.com/sol3/papers.cfm? abstract_id=1889200.

Flavio Cunha,James J. Heckman, Susanne M. Schennach, "Estimating the Technology of Cognitive and Noncognitive Skill Formation", *Econometrica*,Vol.78, No.3, May 2010.

Flavio Cunha, James J. Heckman, Lance Lochner, Dimitriy V. Masterov, "Interpreting the Evidence on Life Cycle Skill Formation", in Eric A. Hanushek and Finis Welch, eds.,*Handbook of the Economics of Education,* North Holland: Amsterdam, 2006.

James J. Heckman, "Policies to Foster Human Capital", *Research in Economics*, Vol.54, No.1, March 2000.

James J. Heckman and Chase O. Corbin, "Capabilities and Skills", *Journal of Human Development and Capabilities*, Vol.17, No.3, July 2016.

James J. Heckman and Dimitriy V. Masterov, "The Productivity Argument for Investing in Young Children", *Review of Agricultural Economics*, Vol.29, No.3, Autumn 2007.

James J. Heckman and Ganesh Karapakula, "The Perry Preschoolers at Late Midlife: A Study in Design-Specific Inference", *NBER Working Paper* No. 25888 ,May 2019, https://www.nber.org/papers/w25888.pdf..

James J. Heckman, Jora Stixrud, Sergio Urzua, "The Effects of Cognitive and Noncognitive Abilities on Labor Market Outcomes and Social Behavior", *Journal of Labor Economics*, Vol.24, No.3, July 2006.

James J., Heckman and Tim Kautz, "Fostering and Measuring Skills:

Interventions That Improve Character and Cognition", *NBER Working Paper,* No.19656, November 2013, https://www.nber.org/papers/w19656.pdf..

James J.Heckman,Tim Kautz, "Hard Evidence on Soft Skills", *Labour Economics*, Vol.19, No.4, August 2012.

Jacob Mincer, "Investment in Human Capital and Personal Income Distribution", *Journal of Political Economy*, Vol. 66, No.4, August 1958.

Lewis R. Goldberg, "Language and Individual Differences: The Search for Universals in Personality Lexicons", in L. Wheeler, eds., *Review of personality and social psychology*, Vol.2, Beverly Hills, CA: Sage,1981.

Linda S.Gottfredson, "Mainstream Science on Intelligence: An Editorial With 52 Signatories, History,and Bibliography", *Intelligence*, Vol.24, No.1, January-February 1997.

Margo Coleman and Thomas Deleire, "An Economic Model of Locus of Control and the Human Capital Investment Decision", *The Journal of Human Resources*, Vol. 38, No.3, Summer 2003.

Michael Grossman, "On the Concept of Health Capital and the Demand for Health", *Journal of Political Economy,* Vol.80, No. 2, March-April 1972.

Ellen K., Nyhus and Empar Pons, "The Effects of Personality on Earnings", *Journal of Economic Psychology*, Vol.26, No.3, June 2005.

Oliver P., John and Sanjay Srivastava, "The Big-Five Trait Taxonomy: History, Measurement, and Theoretical Perspective", in L. Pervin and O. P. John ,eds., *Handbook of Personality: Theory and Research* ,New York: Guilford Press, 1999.

Paul M.Romer, "Increasing Returns and Long-Run Growth", *Journal of Political Economy*, Vol. 94, No.5, October, 1986.

Paul M.Romer, "Endogenous Technological Change", *Journal of Political Economy*, Vol.98, No.5, October 1990.

Robert E.Lucas, "On the Mechanics o f Economic Development", *Journal of Monetary Economics* , Vol.22, No.1, July 1988.

Samuel Bowles, Herbert Gintis, Melissa Osborne, " The Determinants of Earnings: A Behavioral Approach", *Journal of Economic Literature,* Vol. 39, No.4, December, 2001.

Selma J.Mushkin, "Health as an Investment", *Journal of Political Economy*, Vol.70, No.5, October 1962.

Kristin L., Sommer and Roy F. Baumeister, "Self-evaluation, Persistence, and Performance Following Implicit Rejection: The Role of Trait Self-esteem", *Personality and Social Psychology Bulletin*, Vol.28, No.7, July 2002.

Theodore W. Schultz, "Investment in human capital", *The American Economic Review*, Vol.51, No.1, March 1961.

Tim Kautz, James J.Heckman, Ron Diris, Baster Weel, Lex Borghans, "Fostering and Measuring Skills:Improving Cognitive and Non-cognitive Skills to Promote lifetime Success", *OECD Education Working Papers*, No.110, November 2014, http://dx.doi.org/10.1787/5jxsr7vr78f7-en.

附录1 新生代农民工市民化与人力资本调查问卷

尊敬的朋友：

您好！

我是湖南科技大学张笑秋老师主持的"基于市民化的新生代农民工人力资本提升研究"课题组的调查员。为探究人力资本与市民化的关系，并就如何提升新生代农民工（**1980年及以后出生、户口登记地在农村且在本乡镇外从事非农业超过半年，不包括接受全日制教育但户口仍在农村的大学毕业生。**）人力资本以促进市民化进程、提高市民化质量向相关部门提供建议，特进行此次调查。希望得到您帮助。

本次调查采用匿名形式，所有结果仅用于统计分析，请您放心填写。**请在符合您实际情况的选项下打钩**，或者在____上填写；涉及务工情况的问题，请以**现务工情况**为准；如正在找工作，请以找工作前的情况为准。

您是我国市民化进程的主体，您的参与将对我国新生代农民工人力资本提升、市民化发展提供重要帮助。衷心感谢您的支持！祝您工作顺利！生活幸福！

注：接受调查并完成问卷需占用您宝贵的时间，受条件所限，给予五元的酬谢金。

一 基本情况

A1 您的性别

1. 男　　　　2. 女

A2 您的年龄_____岁

A3 您的婚姻状况

1. 已婚　　　2. 未婚　　　　3. 其他

A4 您的户籍所在地_____省_____市

A5 您的现务工地_____省_____市

A6 您务工的行业

1. 制造业　　2. 建筑业　　　3. 批发、零售业

4. 住宿和餐饮业　　　　　5. 交通运输、仓储和邮政业

6. 居民服务、修理和其他服务业（如家政）

7. 采矿业　　8. 其他

A7 务工时，您是

1. 工人　　　2. 服务员　　　3. 销售员

4. 技术员（如司机、厨师、电工等）

5. 管理员　　6. 老板（有无雇工均可）　　　　7. 其他

二 市民化情况

B1 近三个月您月平均工资（如是老板，为月平均收入）约为_____元

B2 近三年务工收入的变化是

1 不断下降　　2 时高时低　　　3 没有变化　　　4 不断升高

B3 近一年更换工作的次数是_____次

B4 务工时住房类型是

1 自购房　　　2 出租房　　　3 单位宿舍、亲友家或雇主家

4 单位工棚或自搭简易房　　5 其他

B5 务工时的住房有（多选）

1 自来水　　　2 电　　　　　　　3 厕所

4 洗澡设施　　5 网络　　　　　　6 以上都没有

B6 有无家人与您在务工地一起居住

1 有　　　　　　2 没有

B7 下列事项，您的情况是：

	是	否	备注
1. 是否在务工城市有自购房			
2. 是否签订劳动合同			自己做老板不用选择
3. 是否参加职工养老保险			
4. 是否参加职工医疗保险			
5. 是否参加失业保险			
6. 是否参加住房公积金			
7. 随迁子女是否在**公办**小学或初中就读			无随迁上学子女不用选择
8. 是否参与过务工居住社区的居委会选举			

B8 单位是否为您购买了工伤保险

1 是　　　　　2 否　　　　　3 不知道（**自己做老板不用选择**）

B9 单位是否为您购买了生育保险

1 是　　　　　2 否　　　　　3 不知道（**自己做老板不用选择**）

B10 所在单位是否有工会

1 有　　　　　2 不知道　　3 没有（**如没有，请从 C1 继续选择**）

B11 是否参加所在单位工会

1 是　　　　　2 否

三　人力资本情况

C1 您的受教育程度是

1 未上学　　　2 小学　　　　　3 初中

4 高中（中专）　　　　　　　5 大专及以上

C2 您有___门技术

C3 您外出务工___年

C4 您近两年因病住院次数____

C5 您觉得自己的身体健康状况是

1 非常不好　　2 不好　　　　　3 一般

4 好　　　　　　　　　　　5 非常好

C6 近一个月内，您对下列陈述的感觉是：

	完全没有	与平时一样	比平时多一些	比平时多很多
1. 因担忧而失眠				
2. 总是感到压力				
3. 觉得不能克服困难				
4. 觉得心情不愉快和情绪低落				
5. 对自己失去信心				
6. 想到自己是一个没有价值的人				

C7 近一个月内，您对下列陈述的感觉是：

	比平时好	与平时一样	比平时差一些	比平时差很多
1. 做事时能集中精力				
2. 觉得生活中是有用的人				
3. 能够面对目前面临的问题				
4. 觉得对需要做出决策的问题能做出决定				
5. 总的来说心情还是愉快的				
6. 能够享受日常的生活				

C8 在您务工时的工作生活中，下列情况发生的频率是：

	从不	一月少于1次	一月至少1次但一周少于1次	每周至少1次但不是每天	每天
1. 读通知、说明或指南					
2. 读信件或注意事项					
3. 读报纸、杂志或图书					
4. 读专业期刊					
5. 读财务账单					
6. 读原理图或其他图表					

	从不	一月少于1次	一月至少1次但一周少于1次	每周至少1次但不是每天	每天
	从不	一月少于1次	一月至少1次但一周少于1次	每周至少1次但不是每天	每天
7. 写信					
8. 写通知等应用文					
9. 写工作计划与总结					
10. 写工作方案或策划书					
11. 用百分比或比例					
12. 计算个人或家庭收支					
13. 计算成本或收益或做预算					
14. 制作统计图表					
15. 使用网络收发邮件					
16. 上网搜寻与工作相关的信息					
17. 在网上进行买卖					
18. 用电脑（手机）做图表					
19. 用电脑（手机）编辑文档					
20. 使用电脑编程					

C9 下表是一些描述人们性格特点的形容词，请根据自己的真实感受选出最能描述自己的一极的认可程度，并在对应的数字下打钩。

例如：有点接近缄默，在 3 下打钩；有点接近健谈，在 4 下打钩，一行只选一个哦。

	完全接近	比较接近	有点接近	有点接近	比较接近	完全接近	
1. 缄默的	1	2	3	4	5	6	健谈的
2. 猜疑的	1	2	3	4	5	6	信赖的
3. 杂乱无章的	1	2	3	4	5	6	有条不紊的
4. 焦虑的	1	2	3	4	5	6	镇静的
5. 按部就班的	1	2	3	4	5	6	喜欢探索的
6. 孤独的	1	2	3	4	5	6	乐群的
7. 掩饰的	1	2	3	4	5	6	坦诚的

续表

	完全接近	比较接近	有点接近	有点接近	比较接近	完全接近	
8. 动摇的	1	2	3	4	5	6	坚定的
9. 忧心的	1	2	3	4	5	6	开心的
10. 循规蹈矩的	1	2	3	4	5	6	开拓创新的
11. 孤僻的	1	2	3	4	5	6	好交际的
12. 刻薄的	1	2	3	4	5	6	宽厚的
13. 无恒心的	1	2	3	4	5	6	有恒心的
14. 将信将疑的	1	2	3	4	5	6	坚信不疑的
15. 墨守成规的	1	2	3	4	5	6	标新立异的
16. 沉寂的	1	2	3	4	5	6	活跃的
17. 冷淡的	1	2	3	4	5	6	平易的
18. 大意的	1	2	3	4	5	6	小心的
19. 低落的	1	2	3	4	5	6	高昂的
20. 保守的	1	2	3	4	5	6	开放的

四 人力资本投资情况

D1 在您读书期间，家庭收入与邻居相比，主要情况是

1 比邻居低　　2 与邻居一样　　3 比邻居高

D2 您父亲的受教育程度是

1 未读书　　　2 小学　　　　3 初中

4 高中（中专）　　　　5 大专及以上

D3 您母亲的受教育程度是

1 未读书　　　2 小学　　　　3 初中

4 高中（中专）　　　　5 大专及以上

D4 您家兄弟姐妹（包括您）共____个

D5 在您 15 岁之前，父亲与您在一起的时间是

1 很少　　　2 比较少　　　3 一般

4 比较多　　5 很多

D6 在您15岁之前，母亲与您在一起的时间是

1 很少　　　2 比较少　　　　3 一般

4 比较多　　5 很多

D7 您务工后，是否参加了继续教育（如自考、夜校、电大等）

1 是　　　　2 否（如未参加，请从D11继续选择）

D8 您参加继续教育的付费主体是（多选）

1 务工单位　　2 家庭　　　　3 自己

D9 您参加继续教育，务工单位是否提供时间支持？

1 是　　　　2 否

D10 您参加继续教育后，务工单位会给予（多选）

1 物质奖励　　2 晋升奖励　　　3 没有奖励

D11 您 D11 务工后，是否参加培训？

1 是　　　　2 否**（如未参加，请从D15继续选择）**

D12 您参加培训的付费主体是（多选）

1 政府　　　2 务工单位　　3 家庭　　　　　4 自己

D13 您参加培训时，务工单位是否提供时间支持？

1 是　　　　2 否

D14 您参加培训后，务工单位会给予（多选）

1 物质奖励　2 晋升奖励　　　3 没有奖励

D15 您开始连续外出务工的年龄是＿＿＿＿岁

D16 请根据您的实际情况，对下列陈述做出选择

	是	否
1.您在接受义务教育阶段，是否享受过政府提供的营养餐		
2.务工单位是否为您提供了健康服务（如定期体检、健康宣传、定时餐食供应、心理辅导等）		
3.务工单位工作环境是否健康（如有无噪音、灰尘、光线、化学等污染与安全风险）		
4.在您未成年时，您家庭的饮食结构是否健康（如种类多样、低盐低油等）		
5.在您未成年时，您的家庭关系总体上是否和谐		
6.您现在的饮食结构是否健康		

D17 您每月的健康支出（如健身、保健品购买）大约＿＿元

D18 您每周大约锻炼＿＿次

D19 一般情况下，您每天的睡眠时间大约＿＿小时

D20 一般情况下，您每天的工作时间大约＿＿小时

D21 工作之余，您主要的休息方式是（限选 3 项）

1 看电视　　　　2 打牌　　　　　　3 上网

4 看书报　　　　5 逛街　　　　　　6 健身　　　　　　7 其他

D22 您可以讲知心话的朋友大概有＿＿个

D23 您单位是否为您提供了旨在提高能力（除知识、技术外）的培训或指导？

1 是　　　　　　2 否

D24 您所在单位在您能力提高时会给予（多选）

1 物质奖励　　2 晋升奖励　　　3 没有奖励

D25 在务工的工作生活中，您认为下列事项的重要性是：

	很不重要	不重要	一般	重要	很重要
1. 知识					
2. 经验					
3. 技能					
4. 身体健康					
5. 心理健康					
6. 读写、技术应用等认知能力					
7. 除认知能力外的能力（如尽责性、情绪稳定性、外向性、宜人性、开放性）					

调查到此结束，非常感谢您的支持！

附录 2　新生代农民工市民化与人力资本指标重要程度判断专家咨询表

尊敬的专家：

您好！

我是国家社科基金项目"基于市民化的新生代农民工人力资本提升研究"的主持人张笑秋。为探讨新生代农民工市民化的现状及其与新生代农民工人力资本的关系，特对新生代农民工市民化与人力资本进行测量，拟通过层次分析法，确定市民化指标的权重以及人力资本指标的权重。您是该研究领域的专家，特邀请您进行**指标重要性程度判断**。

请在附件中填写您的银行卡信息，后续将进行模糊综合评价，模糊综合评价后，专家咨询费将打入您所填写的银行卡中。本校专家敬请告知员工号。

非常感谢您的大力支持！

重要性程度判断说明：

将**横行**所列项目与逐一与纵行所列项目比较，判断**横行**项目与纵行项目相比较的重要程度，将重要程度使用分值填入**横行项目对应的单元格**中，赋值与说明如下所示：

赋值	定义
1	因素 A 与因素 B 同等重要
3	因素 A 比因素 B 稍微重要
5	因素 A 比因素 B 明显重要
7	因素 A 比因素 B 强烈重要

续表

赋值	定义
9	因素 A 比因素 B 极端重要
2.4、6、8	以上两相邻程度之间的中间值
1~9 的倒数	因素 B 与因素 A 比较时，赋值为 A 与 B 比较的倒数

一 新生代农民工市民化指标重要性程度判断矩阵

（一）一级指标重要性程度判断矩阵

	就业	居住	公共服务	政治权利
就业	1			
居住		1		
公共服务			1	
政治权利				1

注：就业指收入及其稳定性、工作稳定性；居住指住房购买、打工时住房类型与设施；公共服务指是否签订劳动合同、是否参与五险一金、随迁义务教育学龄子女是否在公办学校就读；政治权利指是否参加居委会选举与单位工会。

（二）二级指标重要性程度判断矩阵

1. 就业下属二级指标重要性程度判断矩阵

	收入	收入稳定性	就业稳定性
收入	1		
收入稳定性		1	
就业稳定性			1

2. 居住下属二级指标重要性程度判断矩阵

	住房购买	务工时住房情况	家庭随迁
住房购买	1		
务工住房情况		1	
家庭随迁			1

注：住房购买是指在务工城市购买住房，务工住房情况是指务工时住房类型与设施。

3. 公共服务下属二级指标重要性程度判断矩阵

	劳动合同签订	社会保险参与	住房公积金参与	随迁子女教育
劳动合同签订	1			
社会保险参与		1		
住房公积金参与			1	
随迁子女教育				1

4. 政治权利下属二级指标重要性程度判断矩阵

	社区选举参与	工会参与
社区选举参与	1	
工会参与		1

二 新生代农民工人力资本指标重要性程度判断矩阵

（一）新生代农民工人力资本一级指标重要性程度判断矩阵

	知识	技能	经验	健康	能力
知识	1				
技能		1			
经验			1		
健康				1	
能力					1

注：**健康**指身体健康与心理健康，**能力**指认知能力（读写能力、计算能力、高技术环境下的问题解决能力）与非认知能力（人格特质，如开放性、尽责性、外向性、宜人性与情绪稳定性）。

（二）新生代农民工人力资本二级指标重要性程度判断矩阵

1. 健康下属二级指标重要性程度判断矩阵

	身体健康	心理健康
身体健康	1	
心理健康		1

2. 能力下属二级指标重要性程度判断矩阵

	认知能力	非认知能力
认知能力	1	
非认知能力		1

再次感谢您的大力支持！祝工作顺利！

附录 3　新生代农民工市民化与人力资本水平评价专家咨询表

尊敬的专家：

您好！

非常感谢您前期对本研究市民化指标体系的权重与人力资本指标体系的权重所做的判断！根据调查数据，本研究计算出了新生代农民工（**不包括户口在农村且又接受了全日制高等教育的群体**）市民化和人力资本各个指标的水平，现请您对其水平高低进行判断。

本研究将新生代农民工市民化、人力资本的水平分为五个层次，请您结合每一个指标的最低值和最高值，以及您对新生代农民工群体市民化和人力资本现状的了解，**判断其平均值的水平**，并请在相应等级下划√，一个指标只选一个等级。

衷心感谢您对本研究的大力支持！敬祝身体健康！工作顺利！

一　新生代农民工市民化水平的评估（说明：各个数值是新生代农民工在相应指标上相当于市民的倍数，例如，收入比值为 0.61（该值为中位数，其他为算术平均数），表明新生代农民工收入是市民收入的 0.61 倍。但有两个指标略有不同，一是就业稳定性，近一年未更换工作或更换 1 次赋值为 1，其他是更换工作次数的倒数；二是随迁子女教育指标的对象是有随迁子女且随迁子女处于义务教育阶段的新生代农民工，而非全体新生代农民工。）

指标名称	平均值	最小值	最大值	很高	高	中	低	很低
收入比值	0.61	0.15	40.4					
收入稳定性	0.52	0	1					
就业稳定性	0.89	0.13	1					
住房购买	0.18	0	1					
住房情况	0.72	0	1					
家庭随迁	0.43	0	1					
劳动合同签订	0.60	0	1					
社会保险参与	0.35	0	1					
住房公积金参与	0.20	0	1					
随迁子女教育	0.49	0	1					
社区选举参与	0.07	0	1					
工会参与	0.25	0	1					

二　新生代农民工人力资本的水平评估（**说明：所有指标均采用了线性比例法进行无量纲化处理，数值越大，表明人力资本越高；知识采用中位数，其他采用平均数**）

指标名称	平均值	最小值	最大值	很高	高	中	低	很低
知识	60	20	100					
技能	11.75	0	100					
经验	25.16	1.92	100					
身体健康	77.16	18	100					
心理健康	79.22	25	100					
认知能力	39.76	20	100					
非认知能力	66.91	25.49	100					